노동관계법규

노기남 · 박주월

KNOWLEDGE COMMUNITY 공동체

머리말

인류는 존재하면서 역사가 생긴다. 오래전부터 우리는 뜻하지 않게 자본가와 근로자와 간에 대립·조화 속에서 살아오고 있다. 그 뒤안길에는 항상 일상생활이 힘이 들고, 가난과 질병으로 인해 고통을 받고 시름하는 분들……, 사회로부터 소외되어 삶이 외롭고 절망에 처해 있는 분들…… 등이 곳곳에 너무나도 많이 있다. 이러한 사회현상(社會現象)들을 통해 얻은 교훈은 우리 사회구조가 얼마나 낙후된 노동의 법제를 유지하고 있었는가를 알게 된다.

이 책에서 법은 개인의 생존권적 기본권을 보장하기 위한 근로기본권의 실현을 목표로 하여 노동법이 현재까지 새로이 꾸준히 제정·개정되어 오고 있다. 그만큼 노동법제가 노동영역의 실천과정에서 중요한 기준이 되고 있다. 그리하여 국가와 사회가 개인 각자의 특수상황에 맞춰 세심하게 지원하는 법제가 필요하다는 것의 인식하에 『국민의 경제민주화』의 틀을 구축하고자 『노동법제론』을 집필하게 되었다.

이에 『노동관계법규』는 직업상담사 등 노동실천 현장에서 흔히 겪을 수 있는 문제들을 쉽고 재미있게 설명하고 있어, 평소 법을 어렵게 느끼는 분들에게 적극 추천하면서 우리 모두가 법을 친근하게 여기고 올바르게 활용하는 법의 주인으로 만들어 줄 것이라 확신한다.

특징

이 책은 재미없고 외울 것만 많은 노동관계법규를, 재미있고 감동이 살아있는 수업을 만들기 위하여 노력하였다.

① 방대한 양과 복잡한 내용을 혼자 반복적으로 읽어도 좋을 만큼 쉽게 체계적으로 엮은 효율적인 교재이다. - 주요 단락별로 확실하게 이해능력을 최대화할 수 있도록 하였다.

② 직업상담사 자격증에 따른 노동관계법규 시험내용을 법제별 출제비율과 깊이에 따라 기초 개념부터 서술하였다. 대학교재는 물론 국가시험인 직업상담사 시험이 동시에 이루어질 수 있도록 꾸며진 교재이다.

우선적으로 이 책 구성의 순서대로만 반복 학습한다면, 노동법학에 대한 흥미가 생기게 될 것이라 확신한다.

구성

① 노동관계법규에 해당하는 근로기준법을 비롯한 10여 개 법령을 수록하고, 중요한 이론과 법령의 주요 내용을 핵심으로 수험생의 눈높이에 맞추어 기출성향에 적합한 이론 구성으로 짜임새 있게 정리하였다.

이 책은 난해하고 복잡하게 구성되어 있는 노동법학을 보다 쉽고 체계적으로 서술하여 처음 공부하는 학생들에게는 접근이 용이하게 하고, 한편으로는 기본적이고 중요한 개념을 비교적 상세하게 다룸으로써 노동법학을 공부하는 학생과 직업상담사를 준비하는 분들, 노동 관련 실무자분들을 위하여 유용한 교과서를 마련하기 위해 집필하였다.

② 지난 한 해 동안에도 법적 안정성이 취약한 노동 관련 법령은 지속적으로 제정 및 개정되었다. 따라서 2017년 7월 현재까지의 개정한 노동 관련 법령의 내용을 섭렵이 가능한 범위에서 모두 정리하여 반영함으로써 최신 법령의 동향 파악에 유의하였다.

③ 제1부와 제2부로 나누었으며, 전체 12장으로 구성되어 있다.

제1부는 노동법학의 총론 부문으로서 제1장과 제2장으로 구성하여, 일반 법학과 노동법규에 대한 일반적 이론을 체계적으로 학습하도록 하고 있다.

또한 제2부에서는 노동법규의 각론 부문으로서 제3장부터 제12장까지 구성하여 노동 관련 개별법을 체계적으로 수록하여 노동실천 과정에서 노동법규의 적용과 실천과의 연계를 모색하고 있다.

공부하는 노동법학도들에게는 길잡이가 되고, 전체적으로는 체계적 · 통일적인 노동법규를 만들기 위해서 아직도 해야 할 일이 많고 욕심이 생긴다. 법의 제 · 개정에 따라 계속하여 수정 · 보완해 갈 것을 약속드린다.

교재에 대해 많은 조언을 해주신 선배 · 동료의 교수님과 함께한 학생 여러분께 감사드린다.

또한 출간을 흔쾌히 맡아준 공동체 김동근 전무님과 바쁜 일정 속에서도 편집과 원고 정리하는 등 노고를 아끼지 않은 편집부 여러분께 고마움의 마음을 전합니다.

2017년 7월 15일

저자 일동 드림

차례

PART 01 노동법학의 총론

PART 02 노동 관련 법규의 각론

PART 01

노동법학의 총론

노 · 동 · 관 · 계 · 법 · 규

CHAPTER

01 노동법학의 기초이론

1. 법의 일반

1) 법의 개념

법의 개념은 시대와 환경, 그리고 사람의 가치관에 의하여 달리 정의될 수 있다. 그러므로 법이란 무엇인가라는 문제에 대해 개념을 정립하기가 쉽지 않다.

법은 모든 사람이 평온하고 질서 있는 안정된 각자의 사회생활을 만족스럽게 잘 지내는 상태를 유지하기 위하여 국가 권력이 사회구성원들의 행동을 규율하는 행위준칙이다(법은 강제성이 있는 일련의 행위준칙인 사회규범).

※ 법의 필요성

① 분쟁해결의 잣대　② 자유로운 법률행위의 행사(계약자유의 원칙)
③ 사회정의의 실현　④ 인간의 기본적 권리와 자유 보장

2) 법규범의 성격

법의 규범은 행위규범, 강제규범이며, 조직규범인 동시에 사회규범, 재판규범 등의 성격을 가지고 있다.

(1) 행위규범

법은 행위규범이다. 법은 사람이 자기의 생각(의사)에 따라 행하는 신체의 외부적 동정(모습)의 행위준칙이다. 규범은 스스로 존재하는 것이 아니라 인간이 어떠한 목적을 달성하

기 위하여 만들어 낸 기준이다. 이러한 점에서 법규범은 자연법칙과 구별되며, 마땅히 하여야 할 당위를 말한다(당위규범).

(2) 강제규범

법은 강제규범이다. 법은 그 내용을 실현하기 위해 '강제'라는 수단을 가지고 있다. 법규범은 '…하여야 한다'고 하는 행위규범을 위반하면 '…처벌한다'는 강제규정으로 이루어져 있다. 예컨대 근로기준법에서 '사업자가 사고의 발생이나 그 밖의 어떠한 이유로도 근로자에게 폭행한 자는 5년 이하의 징역 또는 3천만 원 이하의 벌금에 처한다'라는 벌칙규정은 강제규범에 해당한다.

(3) 조직규범

법은 조직규범이다. 이것은 사람 행위의 기초 또는 수단이 되는 조직제도를 정하는 규범이다. 한 국가에 있어서 법규범의 제정, 적용, 집행을 담당하는 조직과 그 조직을 구성하는 기관에 일정한 권한을 부여하는 규범이다. 예컨대 정부조직법, 법원조직법 등의 규정이 이에 해당한다.

(4) 사회규범

법은 사회규범[1]이다. 법은 사람들 사이의 분쟁이나 갈등을 해결하고 사회의 안정과 질서를 유지하며, 사회정의를 실현함으로써 사회생활을 평화롭게 하는 준칙이다. 이처럼 사회에는 규범이 반드시 있어야 한다(사회규범의 개념).

사회규범은 인간이 사회생활을 하면서부터 형성되어 온 도덕(道德), 종교(宗教), 관습(慣習) 등의 제1차적 사회규범과 이것들로부터 분화 · 발전되어 온 사회생활의 행위규범인 제2차적 사회규범은 반드시 지켜야 할 법(法)이 다양한 형태로 구성되어 있다.

---

1) 모든 인간이 평화롭고 질서가 있는 사회생활을 누릴 수 있도록 하기 위해서는 구성원 각자에게 마땅히 "하여야 할 것, 어떠한 행위를 하라는 것, 법을 지켜라, 의무를 행하라(작위 : 作爲)" 또는 "하여서는 아니 될 것, 행위를 하지 말라는 것(부작위 : 不作爲)"을 명령과 금지하는 당위의 법칙이 있어 개인이 행동에 일정한 한계를 설정해 주는 행위의 준칙이 필요하다. 이것이 바로 사회규범이라고 할 수 있다.

(5) 재판규범

법은 재판규범이다. 이것은 법규범의 강제를 재판에 의하여 집행(실현)되므로 법원에서 법 선언하는 과정에서 법관이 따라야 할 준칙이다. 가령 근로기준법 제65조 제1항에서 '사업자는 임신 중이거나 산후 1년이 지나지 아니한 여성과 18세 미만자를 도덕상 또는 보건상 유해 · 위험한 사업에 고용한 자는 3년 이하의 징역 또는 2천만 원 이하의 벌금에 처한다'는 부분은 법관이 재판과정에서 따라야 할 규범이다.

2. 법의 목적

법의 목적이란 모든 법이 공통적으로 가지고 있는 일반적인 가치 내지 보편적 이념이다. 이는 법의 존재하는 이유, 효력의 근거, 법의 가치평가 척도 등이라 할 수 있다.

법의 일반적인 목적으로는 사회정의 실현, 법적 안정성, 법의 합목적성, 사회질서의 유지가 있다.

법의 목적	=	① 사회정의 실현	② 합목적성	③ 법적 안정성	④ 사회질서의 유지

1) 사회정의의 실현

(1) 개념

정의의 여신(Justitia)[3]

사회정의(social justice)의 개념은 시대, 장소와 학자에 따라 다소 다르게 표현되고 있기에 개념정립을 하기가 어렵다.

사회정의란 모든 사람에게 기본적으로 자유와 권리가 보장되고 법이 빈부귀천에 상관없이 동일한 잣대로 적용되는 평등한 상태를 말한다. 정의는 실정법이 나아가야 할 방향을 제시해 주는 것이다.

---

2) 여신이 오른손에 칼을 쥐고 있는 이유는 "법을 엄하게 집행한다"라는 의지의 표현이며, 인간의 행위에 대한 응분의 상벌을 의미한다. 왼손에는 저울을 들고 있는데, 그 저울 모습은 어느 쪽에도 기울어져 있지 않다. 이는 옳고 그름, 선과 악, 의와 불의를 정확히 비교형량을 평가하는 것, 즉 형평성, 공정성을 상징한다. 눈을 가린 이유는 누구에게나 편견을 버리고 평등하고 정의롭게 저울질하여 법을 집행하겠다는 의지의 표현이다.

(2) 아리스토텔레스의 정의

아리스토텔레스(Aristoteles, BC 384~322)는 저서 『정의론』에서 정의의 본질을 평등에 있다고 보고, 정의를 '평균적 정의'와 '배분적 정의'로 구분하였다(허영민, 1991).

평균적 (절대적 · 산술적 · 교환적 · 형식적) 정의	모든 사람에게 '같은 것은 같은 방법으로'의 원칙에 따라 공정하게 균형의 내용을 요구하는 것이다. 이는 절대적 평등을 그 본질로 한다. 개인 상호 간의 거래에 있어서 병렬관계로 급부와 반대급부, 손해와 배상, 범죄와 형벌 등이 공정하고 동등한 가치의 균형을 손해득실로 평균화하여 조정하는 것이다. ※ 평균적 정의(절대적 평등) : 등가교환의 원칙 적용. 예 1인당 1투표권 제공
배분적 (비례적 · 상대적 · 실질적 정의) 정의	개인 각자의 가치 및 능력에 따른 개인의 차이를 인정하고 그에 따라 개인의 권리와 이익을 배려하는 것으로서 국가와 사회에 공헌하는 명예와 이익, 재화를 비율에 따라 나누어 주는 것을 말한다. 즉, 빈부에 따른 차등과세, 능력과 책임에 상응하는 보수지급 등과 같이 상대적 평등, 비례적 평등으로서 실천적 평등을 그 목표로 이루어진다. ※ 배분적 정의(상대적 평등) : 인간의 실질적 차이 인정. 예 누진세, 성과급

※ 롤스(John Rawls, 1921~2002)의 정의론 사례[3)]

(3) 본 서의 정의 개념

사회정의(social justice)란 '우리 모두가 옳다고 생각하는 양심'의 표현이며, 사회가 모든 사람에 대하여 정당한 능력과 공헌에 따라 명예와 이익, 재화 등을 배분하고, 평균적인 가치의 균형[4)]을 유지하는 것이다. 즉, 개인의 몫(자유와 권리)을 각자에게 어떤 신분(인종, 살색, 빈부귀천, 연령, 성별, 사회적 지위 등)에 상관없이 동일한 잣대를 가지고 똑같이 나눠 주는 상태(평등)를 말한다.

---

3) 힘 있는 사람이 자신에게 가장 유리하게 사과를 쪼개는 방법은 똑같은 크기로 조각을 내는 것이다. 이것이 바로 롤스 이론의 핵심 중의 핵심이다. 즉, 못사는 사람에 대해 불쌍하기 때문에 도와주자는 감성적인 정의가 아니라, 자기 자신에게 이로운 대로 행동하는 이성적인 정의를 말한다.

4) 평균적인 가치의 균형이란 능력 등의 차이를 인정하되, 현실에서 인간존엄의 가치 실현과 자유와 권리의 보장을 위하여 지나친 차이는 안 된다는 것이다.

2) 합목적성

(1) 개념

합목적성(合目的性)은 어떤 목적에 알맞은 방향으로 결정하는 원리를 말한다. 이는 공공복리의 적합성으로서 추상적인 '정의'를 구체화하여 법이 요구하는 가치에 따라 현실화하는 것이다. 국민의 의식에 맞도록 나아가야 할 방향을 제시하는 것이다(김영옥, 1996).

따라서 노동법상에서 행정권의 재량행위가 법목적(공익)에 적합하게 되어야 하는 것을 말한다.

> **TIP 시대별 국가의 합목적성**
> ① 근대 자유방임국가 : 개인의 자유와 평등
> ② 사회주의국가 : 국가와 민족
> ③ 현대 복지국가 : 개인이익과 공공이익의 조화

(2) 헌법상의 합목적성

현재 국가와 사회가 처해있는 현실 속에서 지향해야 하는 목적이다. 헌법 제10조에서 '국가는 개인이 가지는 불가침의 기본적인 인권을 확인하고 이를 보장할 의무를 진다'고 규정하고 있다.

한편 헌법 제37조 제2항에서는 '국민의 모든 자유와 권리는 국가안전보장 · 질서유지 · 공공복리를 위하여 필요한 경우에 한하여 법률로써 제한할 수 있다'고 규정하여 사회공동체의 생활을 영위하는 자기와 타인과의 공존을 위하여 자유와 권리의 보장은 동시에 공공복리의 원칙과도 합치가 필요하다고 규정하고 있다.

3) 법적 안정성

법적 안정성(法的 安定性)은 개인들의 사회생활이 법에 의하여 보호 · 보장됨으로써 법에 따라 안심하고 사회생활을 할 수 있는 상태를 말한다.

법의 목적 중에서 사회법의 하나인 노동법이 비교적으로 약한 것은 법적 안정성이다.

(1) 법의 제정적 측면

법의 제정과 개정은 신중히 이루어져야 하며 널리 알려야 한다. 고로 일반성, 명확성, 무모순성(합리성), 지속성, 장래성을 갖추고 공포되어야 한다.

일반성	법의 규율하는 대상이 누구든지 규율되어야 한다. 예컨대 특정인을 지목한 법을 만들어서는 아니 된다(예 처분법 금지).
명확성	법의 내용은 알기 쉽고 간단해야 한다.
무모순성	법 내용의 모순이 되는 내용이 있어서는 아니 된다.
지속성	법이 자주 바뀌어서는 아니 된다. 법이 조령모개(朝令暮改)라면 국민의 생활에 혼란이 발생한다.
장래성	소급입법이 금지되어야 한다. 행위를 할 때의 존재하는 법에 따라 적용해야 하며, 새로 제정된 법에 따라 책임을 따져 묻는다면 안정성을 해칠 것이다.

(2) 법의 적용과 집행의 측면

법의 실효성을 확보하기 위해서는 법적 안정성이 먼저 바탕이 되어야 한다. 법은 제정목적에 따라 법의 적용·집행이 일치되지 않는다면 또는 법적용기관이나 법집행기관이 법을 왜곡한다면, 국민의 생활에 혼란을 초래하게 된다.

(3) 법적 안정성 확보의 요건

법적 안정성의 확보하기 위한 요건은 ① 법의 존재 여부와 그 내용이 명확하고 쉬워야 한다(명확성). ② 함부로 쉽게 변경되어서는 아니 된다(결정의 안정성). ③ 실제로 실행이 가능한 것이어야 한다(실효성). ④ 법의 내용은 선량한 국민의 법의식과 현실에 일치(합치)되어야 한다(사실의 안정성) 등이 있다.

요컨대 법은 국민이 잘 알 수 있도록 널리 공포해야 한다. 입법부는 정해진 절차에 따라 법의 제정·개정을 신중히 하고, 사법부는 법을 공정하면서도 엄격히 적용하고, 행정부는 법을 목적에 맞게 정확히 집행해야 한다.

4) 사회질서의 유지

법은 사회구성원이 사회공동체의 생활에 있어서 자발적 참여로 이루어지며, 법적 강제에 의해 사회질서가 유지 및 형성되는 것이 목적이며 가치이다. 사회질서는 사회적인 과정이 일관성이 있고, 사회의 각 부분이 각자의 기능을 수행하기 위해서 조화와 균형을 이루는 상태를 말한다.

법은 강제규범으로서 사회질서의 유지수단인 사회통제 기술로서 작용하게 된다. 예컨대 교통에 있어 일정한 방향(우측통행)으로 보행한다는 법규가 없다고 하자. 차량은 각자의 마음대로 다니려고 할 것이며, 그리하면 길은 매우 혼란스러울 것이다. 또한 부딪혔을 경우 다툼이 일어날 수도 있을 것이다. 따라서 우측통행의 법규는 이러한 문제를 해결해 준다.

※ 노동법의 존재목적

① 인간다운 생활의 보장(생존권적 기본권의 보장)
② 근로3권의 권리 보장
③ 근로조건의 최저기준 제시
④ 소득재분배를 통한 빈부격차 해소
⑤ 사회형평과 사회통합(사회연대)
⑥ 경영참여를 통한 노사상생공영

제 1 절 노동법의 개념

노동법은 짧은 역사와 사회적 환경의 빠른 변화로 인해 노동법의 개념을 규정하는 것은 쉽지 않다. 따라서 관점에 따라 개념이 다양할 수 있다.

다음에서는 일반적 법 개념의 정의에 따라 형식적 의미의 노동법과 실질적 의미의 노동법으로 나누어 살펴보고자 한다.

1. 형식적 의미(좁은 의미)의 개념

형식적 의미의 노동법은 좁은 의미의 노동법에 해당한다고 할 수 있다. 이는 '노동법전'이라는 이름으로 외적 형식으로 가진 법규를 말한다. 즉, 노동법전이라는 법규를 노동법으로 개념을 규정하는 것으로서, 국가의 실정법상 외형에 노동이라는 개념이 직접적으로 드러나면 노동법이라고 보는 것이다. 형식적 의미의 노동법의 개념은 근로기준법, 노동조합 및 노동관계조정법, 직업안정법 등의 개별법을 명시적으로 한정되어 있다.

우리나라의 경우 헌법전, 민법전 등과 같은 단일의 노동법전은 존재하지 않고 근로기준법, 노동조합 및 노동관계조정법 등의 다양한 개별법률로 구성되어 있다. 독일의 경우는 1970년에 난립되어 있는 사회법규를 사회법전 속에 통합하고 있기 때문에 명시적으로 알 수 있다. 그러나 우리나라의 노동법은 역사적 생성과정이 산발적 · 복합적 · 정략적으로 이루고 있다. 매우 최근에 급속하게 변화하고 있는 법이기 때문에 통일법전의 형식을 갖추지 못하고 있다. 이와 같이 독립적인 사회법전이 존재하지 않으므로 해당 범위가 명확하지 않은 단점이 있다.

2. 실질적 의미(넓은 의미)의 개념

실질적 의미의 노동법은 넓은 의미의 노동법에 해당한다고 할 수 있다. 이는 그 존재의 형식과 외형적 명칭에 관계없이 법규범의 내용, 목적, 기능에 따라 그 법규범에 내재하는 노동에 관련된 공통된 원리(사회정의, 사회형평, 사회연대, 사회통합, 인간다운 생활, 행복추구권, 노동기본권 보장 등) 내지 가치에 부합되는 법규를 노동법이라고 보는 것이다.

실질적 의미의 노동법은 형식적 의미의 노동법과 노동 관련의 목적 · 내용 · 기능으로 하는 그 밖에 노동 관련 법인 산업안전보건법, 노동위원회법, 최저임금법, 주택법, 교육법 등 노동의 기본 가치에 부합하는 모든 법을 의미한다.

실질적 의미의 노동법은 법규의 범위를 형식적으로 확립하는 데 어려움이 있어 노동법의 범위와 고유성을 분명히 하는 데 한계가 있고, 노동법의 명확한 경계의 부재로 실제상의 편의에 어려움이 있다.

3. 본 서의 노동법 정의

노동법은 노동[5]에 관한 법규(노동+법규)로서 건전한 노동의 목적을 달성하기 위한 제반

---

5) 노동(勞動, labor)은 사람이 사회생활에 필요한 물자를 얻기 위하여 육체적 노력이나 정신적 노력을 들이는 행위로 몸을 움직여 일을 하는 것을 의미한다.

법규를 말하며, 노사당사자 간의 노동관계를 규율하는 법규범의 총체이다. 국가에 의하여 법으로 승인된 실증적 법규범이다(법실증주의). 여기서 노동관계는 사업자의 통제 · 관리하에 근로자가 자신의 노동력을 제공하고 그 반대급부를 받는 관계를 말한다. 근로자의 인간다운 생활보장을 통한 노동재생산을 할 수 있도록 노동의 완성을 실현하는 것을 목적으로 한다. 또한 사회경제적 약자인 근로자의 사회권(생존권)을 보장함과 아울러 생산활동을 촉진하여 회사의 발전에 이바지하는 것을 목표로 한다.

제 2 절 노동법의 법원(재판기준)

1. 재판기준(법원 : 法源)의 의의

노동법의 근원인 재판기준(법원 : 法源)은 노동법의 존재형식,[6] 성립하는 근거, 인식하는 자료를 말하는 것이다. 그 법의 존재형식은 표현방식에 따라 크게 성문법과 불문법으로 구분한다(성문법과 불문법 구분).

2. 성문법의 존재형식

성문법(成文法, written law)은 법의 내용이 일정한 형식의 문장에 의해서 표현되는 법규범이다. 노동법의 성문법원이 될 수 있는 것은 헌법, 법률, 명령(대통령령, 총리령, 부령)과 자치법규(조례와 규칙), 국제법에는 헌법에 의해 체결 · 공포된 조약과 일반적으로 승인된 국제법규 등이 있다. 그 밖에 노동법의 법원 종류로는 회사규칙, 단체협약 · 취업규칙 · 조합규약 등이 있다. 특히 근로계약은 근로기준법과 노동조합 및 노동관계조정법 제33조의 규정에 따라 강행적 효력을 인정하고 있기 때문에 그 법원성이 인정된다.

---

6) 존재형식이란 법규범이 어떠한 방식으로 존재하는가를 의미하는 것으로 '법의 연원(淵源)'이라고도 한다.

※ **법률의 제정절차** – 제안권자 : 국회와 대통령, 제정권자 : 국회 의결

법률은 헌법의 범위에서 국민의 노동의 권리 · 의무에 관한 구체적 사항을 국민의 대표기관인 입법부에 의해서 일정한 형식과 절차(국회의 의결)를 반드시 거쳐 대통령이 서명 · 공포한 성문법이다. 우리나라에서는 법률을 제정하기 위해서는 반드시 국회의 의결을 거쳐야 한다. 즉, 개별 노동에 관한 법률은 가장 중요한 법원이 된다.

국회의원과 정부	국회의원 10인 이상 찬성으로 발의와 행정부의 대통령(국무회의의 심의를 거쳐 국무총리와 관계국무위원의 부서)이 제출한다.
↓ 제출	
국회의장	본회의에 보고(폐회 · 휴회 때는 생략 가능)한 후 소관 상임위원회에 회부한다.
↓ 회부	
상임위원회	관련위원회의 심의(재적의원 1/4 이상의 요구) 또는 소위원회를 구성하여 법률안을 심사한다(필요한 경우에는 연석회의, 공청회, 청문회 개최).
↓ 상정	법제사법위원회(법률안의 자구와 체계 심사) 최소한 15일 또는 20일 지난 후에만 상정 가능
본회의	소관 상임위원장의 심사보고를 듣고 질의와 토론을 거쳐 표결처리한다. 재적의원 과반수의 출석과 출석의원 과반수의 찬성으로 의결한다. 재의결의 경우 : 재적 과반수 출석, 출석 2/3 이상 찬성으로 의결한다.
↓ 이송	
대 통 령 ⇕ 국무회의의 심의(부서)	15일 이내에 대통령이 공포하고 국회에 통보한다. 재의결의 경우 : 지체 없이 공포, 5일 이내에 대통령이 공포하지 않으면 국회의장이 공포 한다. [참고] 의결된 법률안에 이의가 있는 경우 이송된 날로부터 15일 이내에 국회의장에게 환부거부를 할 수 있다.
↓ 공포	
효력 발생	특별한 규정이 없는 한 공포(관보에 게재)된 날로부터 20일을 경과하면 효력이 발생한다.

3. 불문법의 존재형식

성문법이 모든 인간생활의 사회현상에 관한 사항을 빠짐없이 규정한다는 것은 불가능하다. 사회는 끊임없이 유동적으로 변화하고 있기 때문에 그 법률 속의 불분명한 규정에 대한 구체적인 실현을 위해서는 보충적으로 불문법이 필요하다.

불문법(不文法, unwritten law)은 문장(문자)의 형식으로 표현되지 않은 법규범이다. 성문법이 아닌 법으로 입법기관에 의하여 일정한 절차에 따라 제정 · 공포된 법이 아니며, 비제정

법(非制定法)이라고도 한다. 여기에 노동관습법, 노동판례법, 조리 등이 해당한다(자연법 ⇒ 불문법 = 관습법, 판례법, 조리).

4. 성문법과 불문법과의 관계

우리나라의 법원은 프랑스와 독일을 중심으로 한 유럽대륙의 법계(대륙법계)를 계수하였다. 원칙적으로 성문법주의를 취하고 있으나 불문법주의를 가미하고 있다. 성문법이 우선 적용하고, 불문법은 성문법이 없는 경우에 보충적인 효력을 가지고 있다.

따라서 불문법으로서의 관습법, 판례법과 조리의 법원성이 보충적으로 인정되며 강제력이 있다고 볼 수 있다. 우리나라의 법원은 성문법주의 국가이며, 보충적으로 불문법주의를 인정하고 있다.

※ **우리나라의 법원 효력** : 원칙 – 성문법주의, 예외 – 불문법주의(보충적 효력 인정)

제 3 절 노동법의 체계와 분류

1. 법의 일반체계

법의 체계는 일정한 법의 이념 내지 원리에 따라 통일된 법질서를 말한다. 법의 체계는 일정한 조직체계를 단계(계층, 위계)적으로 이루고 있다.

법의 수직적 체계는 제정하는 자에 따라 법단계적으로 법구조가 '헌법(국민) → 법률(입법부/ 대통령) → 명령(행정기관) → 자치법규 조례(지방의회) → 자치법규 규칙(지방자치단체장)' 순으로 구성되어 있다. 특히 지방의회가 제정하는 조례와 지방자치단체장이 제정하는 규칙이 있다.

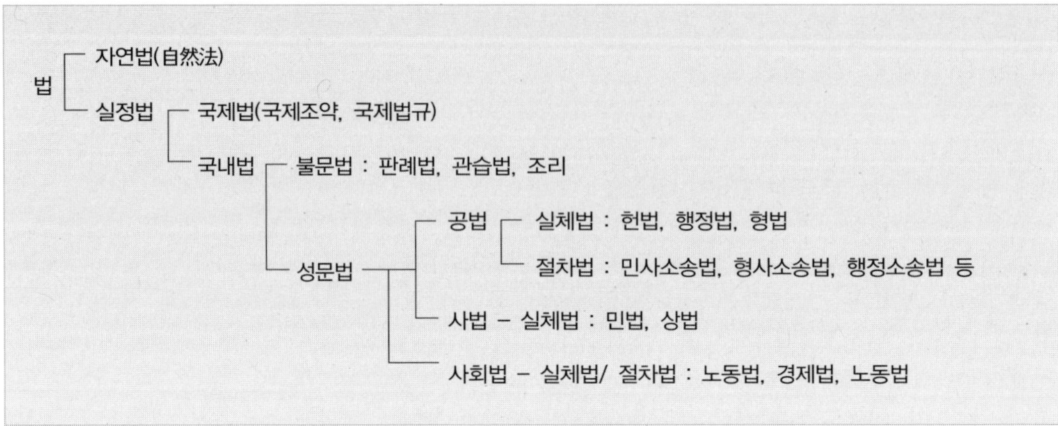

| 그림 1-1 | 법의 일반체계

2. 노동법의 체계와 성격

1) 노동법의 체계

노동법의 체계는 실정법의 사회법으로서 노동에 관한 법의 위계구조이며, 실정법, 성문법, 사회법(실체법)에 속한다. 국내법과 국제법(협약, 권고, 선언) 등에서 존재하는 법이다. 노동법은 공법 · 사법의 성격이 혼합된 사회법 영역에 속한다.

따라서 우리나라 노동법의 체계는 실정법상 분류로 보면 '헌법 – 사회법 – 노동법(근로기준법, 「남녀고용평등과 일 · 가정 양립 지원에 관한 법률」, 고용보험법, 직업안정법, 고용정책 기본법, 근로자퇴직급여 보장법, 근로자직업능력 개발법, 「고용상 연령차별금지 및 고령자고용촉진에 관한 법률」, 「기간제 및 단시간근로자 보호 등에 관한 법률」)' 등으로 구성되어 있다.

한편 우리나라의 노동법은 독일의 사회법전(SGB 1970년)과 같은 통일된 단행법전의 체계로 구성되지 않고, 개별법의 형태로 구성되어 있다. 즉, 우리나라에는 별도의 노동법전(단일법전)이 존재하지 않는다.

노동법의 체계는 개별적 근로관계법, 집단적 노사관계법, 협력적 노사관계법, 고용에 관한 관련법 등으로 구분된다.

※ 노동법의 체계

<table>
<tr><th colspan="2">구 분</th><th>관련 법률</th><th>비 고</th></tr>
<tr><td rowspan="3">개별적
근로관계법
(개별근로자와
사업자 관계)</td><td>고용에
관한 법</td><td>직업안정법, 고용정책 기본법, 근로자직업능력 개발법, 고용상 연령차별금지 및 고령자고용촉진에 관한 법률</td><td rowspan="3">헌법 제32조
(근로권리)와 제15조
(직업선택의 자유)
규정 구체화</td></tr>
<tr><td>근로에
관한 법</td><td>근로기준법, 남녀고용평등과 일 · 가정 양립 지원에 관한 법률, 최저임금법, 근로자퇴직급여보장법, 기간제 및 단시간근로자 보호 등에 관한 법률</td></tr>
<tr><td>사회복지에
관한 법</td><td>고용보험법, 산재보험법</td></tr>
<tr><td colspan="2">집단적 노사관계법
(단체근로자와 사업자 관계)</td><td>노동조합 및 노동관계조정법, 노동위원회법, 교원노동조합법, 공무원노동조합법</td><td>헌법 제33조
(근로3권)와 제21조
(결사의 자유)
규정 구체화</td></tr>
<tr><td colspan="2">협력적 노사관계법</td><td>경제사회발전노사정위원회법, 근로자참여 및 협력증진에 관한 법률</td><td>산업안정 기여목적
(간접적 개입)</td></tr>
<tr><td colspan="2">고용에 관한 관련법</td><td>고용보험법, 고용상 연령차별금지 및 고령자고용촉진에 관한 법률</td><td>고용안정 : 생활안정</td></tr>
</table>

(1) 개별적 근로관계법

① 근로자 개인과 사업자와의 근로관계를 정해놓고 있는 법을 개별적 근로관계법으로 분류한다(헌법 제32조를 근거로 함).

② 개별적 근로관계법은 사업자와 근로자 개인 간의 근로계약의 체결, 근로관계의 내용 및 변경 · 종료절차 등에 일정한 법적 기준을 정해 놓음으로써, 근로자의 근로조건을 보호하는 것을 목적으로 한다.

③ 개별적 근로관계법에 해당하는 법으로는 '근로기준법', 비정규직보호법인 '「기간제 및 단시간근로자 보호 등에 관한 법률」' 및 '「파견근로자보호 등에 관한 법률」', '최저임금법', '산업안전보건법', '산업재해보상보험법', '「남녀고용평등과 일 · 가정 양립 지원에 관한 법률」', '근로자퇴직급여보장법' 등이 있다.

(2) 집단적 노사관계법

① 집단적 노사관계법이란 노동조합 또는 근로자 대표 등의 근로자 집단과 사업자 간의 노사관계를 규율하는 법을 말한다(헌법 제33조를 근거로 함).

② 집단적 노사관계법은 사업자에 비해 경제적 · 사회적으로 열등한 위치에 있는 근로자들의 단결을 보장하여 사업자와 실질적으로 대당한 관계를 유지할 수 있도록 해줌으로써 노사 간의 문제를 자율적으로 해결할 수 있도록 하는 법이다.

③ 집단적 노사관계법으로는 '노동조합 및 노동관계조정법', '노동위원회법', '「교원의 노동조합 설립 및 운영 등에 관한 법률」', '「공무원의 노동조합 설립 및 운영 등에 관한 법률」' 등이 있다.

(3) 협력적 노사관계법

① 협력적 노사관계법은 협력적 노사관계의 증진을 위한 법이며, 사업자와 근로자 쌍방이 참여와 협조를 통하여 노사공동의 이익을 증진함으로써 기업의 영속적 발전을 이룩하고 나아가 산업평화 및 국민경제 발전에 기여함을 목적으로 하는 법이다.

② 협력적 노사관계법은 집단적 노사관계법이 노사 간의 실질적 대등관계의 형성 및 노사자치원칙을 실현함에 있어 많은 공헌을 하였지만 노사 간의 대립 · 투쟁적 성격을 지양하고 노사관계를 한 단계 승화시키지 못하는 한계를 극복하기 위한 법이다.

③ 협력적 노사관계법으로는 대표적으로 '「근로자 참여 및 협력 증진에 관한 법률」'과 '경제사회발전노사정위원회법' 등을 들 수 있다.

(4) 고용에 관한 법

① 고용에 관한 법은 노동시장의 인력수급의 균형과 고용안정을 통하여 근로자의 생활안정에 도움을 주기 위한 법을 말한다.

② '근로의 권리', '인간다운 생활을 할 권리'라는 헌법정신을 구체적으로 구현하는 법이다(헌법 제32조, 제34조를 근거로 함).

③ 고용에 관한 법은 크게 능력개발, 고용안정, 한계근로자 보호의 세 가지 영역으로 나눌 수 있다.

④ 고용에 관한 법에 속하는 법률에는 '고용정책 기본법', '직업안정법', '고용보험법', '장애인고용촉진 및 직업재활법', '「고용상 연령차별금지 및 고령자고용촉진에 관한 법률」', '근로자직업능력 개발법', '「외국인근로자의 고용 등에 관한 법률」' 등이 있다.

※ 고용관계법의 체계

구 분	관련법률	내 용
기본 정책	고용정책 기본법	• 고용과 직업능력개발 전반을 포괄하는 노동시장의 기본법 • 고용관계법의 세 가지 분야(고용안정, 능력개발, 한계근로자 보호)에 관한 기본 원칙을 정한 법
	고용보험법	• 적극적 고용안정사업, 직무수행 능력을 체계적으로 개발하기 위한 직업능력개발사업, 전통적 의미의 실업급여, 모성보호를 위한 산전후휴가급여 및 육아휴직급여의 5대 보장체계 명시 • 고용관계법의 세 가지 분야에 대한 구체적 실현수단 규정
고용안정	직업안정법	취업알선, 인력의 수급 조절, 노동시장의 조절과 조직화 등에 대한 규정
능력개발	근로자직업능력 개발법	직업능력개발훈련의 종류, 국가 · 사업자 등의 의무, 직업능력개발훈련 교사 등에 대한 규정
	국가기술자격법	기술자격에 관한 기준과 명칭 통일, 자격제도 확립
	기능장려법	기술습득 장려, 기능 향상 촉진
	기능대학법	고급기능인력 양성을 위한 기능대학 설치
한계 근로자 보호	장애인고용촉진 및 직업재활법	장애인고용촉진과 직업재활 지원
	고용상 연령차별금지 및 고령자고용촉진에 관한 법률	고용상 연령차별 금지 및 고령자고용 촉진
기타 관련 법률	근로기준법	균등처우, 해고제한, 연수자 및 여성취업 보호, 취업방해 금지, 취업최저연령 등 규정
	남녀고용평등과 일 · 가정 양립 지원에 관한 법률	남녀고용평등, 일·가정 양립 지원, 직장 내 성희롱 등 규정

2) 노동법의 체계적 성격

(1) 노동법은 헌법의 추상적인 내용을 구체화한 법이다. 이는 헌법의 추상적인 노동 관련 규정을 실현하기 위하여 구체적으로 각 영역에 해당하는 법률을 제정한 것이다.

(2) 노동법은 자연법이 아닌 실정법에 해당하는 노동에 관한 실정법이다.

(3) 노동법은 주로 노동에 관한 실체법적 규정을 두고 있으며 절차법적 규정도 두고 있다. 이는 노동 관련 조직과 작용 및 권리구제에 관한 법이다.

(4) 노동법은 노동에 관한 국내법이다. 국내법이란 한 국가의 내에서만 적용되는 법규범을 말한다.

(5) 노동법은 국내법의 체계에서 공·사법의 성격이 혼재된 사회법 영역에 속한다. 사회법은 공법과 사법의 원리가 혼재되어 있어 중간적 법 영역에 있다. 여기에는 노동법, 경제법, 사회복지법이 있다.

> ※ **노동법의 성격**
>
> ① 근로자의 인간다운 생활 보장　② 노사의 종속근로관계 규율
> ③ 근대시민법 원리 수정　④ 노사의 대등한 관계 실현
> ⑤ 자본주의 체제의 기본적으로 유지·발전
>
> 사회법은 자본주의 경제의 기본적인 기초는 그대로 유지하되, 근대시민법의 원리를 수정함으로써 실질적 자유와 평등을 꾀하는 한편, 자본주의 경제를 지속적으로 발전시키는 것이다.

3. 노동법의 분류

1) 자연법과 실정법 - 법의 실증적으로 제정되는 여부에 따라 구분

(1) 자연법(自然法)

자연법은 인간과 사물의 본성에 근거하여 시간과 공간을 초월하는 영구불변의 초경험적·초현실주의적·이상적인 법칙을 말한다. 제도상의 실정법에 대응되는 의미로서 모든 시대·장소에 보편성·타당성, 항구성 등이 적용되는 영구불변의 초실정법적 성격을 갖는다. 자연법의 역사는 매우 오래되었지만, 실제로 근대자연법 사상은 18세기에 제창된 보통법(common law)에서 불문법(판례법, 관습법, 조리)에 해당한다.

(2) 실정법[7]

실정법은 현실에 제도적으로 제정 · 시행되고 있는 법으로서, 사회질서 유지의 목적 달성을 위해 사회적 여건에 따라 생성 · 발전된 법을 말한다. 제정법 등과 같이 시간과 공간에 한정된 현실사회의 역사적 · 경험적 사실에 의해 성립되고 있다(법실증주의). 예컨대 노동법은 주로 실정법에 해당한다.

2) 국내법과 국제법 - 국가의 주권이 미치는 범위에 따라 구분

(1) 국내법

한 국가에 의하여 인정되어 그 국가의 주권이 미치는 범위 안에서만 일정한 절차에 의해 효력을 가지는 법이다.

(2) 국제법

국제기관에 의하여 인정되어 국가와 국가 사이에 권리 · 의무를 규율하는 법규범을 말하며 국제조약과 국제법규로 구분될 수 있다. 국내법보다 위반에 대한 제재력이 약하고, 입법절차가 불완전하다. 따라서 국제적 관습법이 많은 역할을 한다.

3) 공법과 사법 및 사회법 - 규율대상인 생활관계의 실체 기준에 따라 구분

(1) 공법

공법은 공익을 목적으로 국가 또는 그 밖의 공공단체와 사인의 관계 및 공공단체 상호간의 법률관계를 규율하며 원칙적으로 지배복종의 관계를 정하는 법을 말한다. 다만, 국가나 지방자치단체가 개인과 대등한 자격으로 법률관계를 맺게 되는 경우에는 사법관계가 적용한다. 공법의 종류로는 헌법, 행정법,[8] 형법, 소송법 등이 있다.

---

7) 법의 목적을 달성하기 위해 제정 · 적용하며, 국가 · 장소 · 시대의 상황에 따라 변천하는 법이다.
8) 행정법 : 행정에 관한 국내 공법을 의미하며, 행정권의 조직과 작용 및 행정구제에 관한 내용을 규정한다.

(2) 사법

사법은 사익을 목적으로 사인(국민)의 상호 간의 법률관계를 규율하며 원칙적으로 대등한 관계를 정하는 법을 말한다. 주로 당사자의 의사(합의)를 중요시하므로 임의법[9]이 많다. 사법의 종류로는 민법, 상법, 국제사법 등이 있다.

(3) 사회법

사회법은 공익과 사익의 목적을 동시에 추구하는 법으로서, 공법(국가기관과 국가기관, 국가기관과 개인)과 사법(개인과 개인)의 내용을 모두 포함하고 있는 혼합 내지 상호보완으로 이루진 제3의 법 영역에 속하는 규범을 말한다. 사회법은 자본주의 모순에 대하여 국가가 공평의 원칙에 따라 수정 · 보완을 개입하는 것이 그 특색이 있다. 사회법의 종류로는 노동법, 경제법, 사회복지법 등이 있다(사회법의 발달순서 : 노동법 → 경제법 → 사회복지법).

※ 사회법의 구성

① 노동법 : 헌법이 보장하는 근로의 권리와 노동3권을 구체적으로 실현하기 위한 법이다. 여기에는 근로기준법, 최저임금법, 산재보험법, 고용보험법, 남녀고용평등법, 직업안정법 등이 있다.
[참조] 산재보험법과 고용보험법은 노동법에도 속하면서 사회보험법에도 해당한다.

② 경제법 : 국가가 자본주의 모순의 극복과 경제생활의 안정을 위하여 국민경제생활에 개입 · 규제하는 법이다. 여기에는 소비자보호법, 「독점규제 및 공정거래에 관한 법률」, 「방문판매 등에 관한 법률」, 「물가안정에 관한 법률」 등이 있다.

③ 사회복지법 : 국민의 사회보장 권리 및 이를 실현하여야 할 국가의 권리의무를 규정한 복지제도에 관련된 법의 총체이다. 여기에는 사회보장기본법, 사회보험법, 공공부조법, 사회서비스법 등이 있다.

4) 일반법과 특별법 - 법의 효력이 미치는 범위에 따라 구분

(1) 개념과 구분

일반법과 특별법의 구별은 고정불변의 정해진 것이 아니라 각 법률을 비교할 때마다 달라지는 상대적 개념이라 할 수 있다. 따라서 이 구별은 비교대상에 따라 일반법이 특별법으로 될 수도 있고, 특별법이 일반법으로 되는 경우도 있다.

---

9) 임의법 : 당사자 법규정과 다른 내용으로 합의를 한 경우, 그 합의가 우선하여 적용되는 법을 말한다.

일반법	법의 효력이 미치는 범위, 사람, 사물, 장소, 사항이 일반적이고 제한이 없는 법을 말한다. 즉, 법의 적용이 특별한 제한이 없이 일반적으로 넓은 효력의 범위를 갖는 법이다.
특별법	법의 효력이 미치는 범위, 사람, 사물, 장소, 사항이 특정적이고 제한이 있는 법을 말한다. 법의 적용이 일정하게 한정된 사람, 장소, 사항에 따라 구별되어 적용되는 법이다.

※ 일반법과 특별법의 상대적 구별 예시
근로기준법과 「남녀고용평등과 일 · 가정 양립 지원에 관한 법률」이 충돌하면 「남녀고용평등과 일 · 가정 양립 지원에 관한 법률」을 우선 적용한다.

(2) 일반법과 특별법의 구별실익(특별법 우선적용의 원칙)

일반법과 특별법을 구별하는 실익은 '특별법은 일반법에 우선 적용한다'는 특별법 우선적용의 원칙에 있다. 적용범위가 좁은 법률(특별법)부터 우선 적용하는 원칙이다. 법의 적용은 특별법 우선적용의 원칙을 준수해야 한다. 가령 구법인 특별법과 신법인 일반법 간에 충돌이 있는 경우에는 구법인 특별법이 우선 적용된다.

5) 강행법규와 임의법규 - 법의 효력기준에 따라 구분

법의 적용이 강제적인가, 임의적인가를 기준으로 분류된다. 노동법령은 강행법규와 임의법규가 혼합적으로 규정되어 있다.

(1) 강행법규

강행법규는 법률행위 당사자의 의사를 묻지 않고 절대적으로 법의 적용이 강요되어 효력이 발생하는 법을 말한다. 법규형식상으로는 "~해야 한다"라고 규정되어 있다. 그 종류로는 헌법, 행정법, 형법, 형사소송법, 민사소송법 등의 공법분야 대부분에서 강행규정이 많이 있다.

(2) 임의법규

임의법규는 법률행위 당사자의 의사에 따라 자유롭게 적용될 수도 있고, 배제할 수도 있는 법을 말한다. 법규형식상으로는 "~할 수 있다"라고 규정되어 있다. 그 종류로는 민법, 상법 등의 사법 분야에서 임의규정이 많이 있다.

6) 실체법과 절차법 - 법의 규정내용에 따라 구분

실체법과 절차법은 법이 규율하는 내용에 따라 나눌 수 있다. 실체법상의 권리는 절차법을 통하여 구체적으로 실현된다. 노동법은 주로 실체법에 해당하지만 절차법적 규정도 두고 있다.

(1) 실체법

법규정의 실질적인 내용인 권리나 의무를 실현하기 위하여 법률의 규정내용에 대해 발생, 변경, 소멸, 성질, 내용, 범위 등의 실체적 법률관계를 규정하는 법으로 주법(主法)이라고도 한다. 그 종류로는 헌법, 형법, 행정법, 민법, 상법 등이 있다.

(2) 절차법

실체법상의 권리나 의무의 실질적 내용을 구체적으로 실현하기 위하여 필요한 권리구제의 절차를 규정한 법으로 조법(助法)이라고도 한다. 그 종류로는 헌법소송법, 형사소송법, 행정소송법, 민사소송법, 비송사건절차법, 파산법, 부동산등기법 등이 있다.

7) 상위법과 하위법(상위법 우선적용의 원칙) - 법의 수직적 체계에 따라 구분

법은 상·하위법의 수직적(위계적)으로 체계화되어 있다. 최고의 상위법인 헌법은 노동법의 법원으로 가장 상위의 법이며, 헌법 → 법률 → 명령(시행령-시행규칙) → 자치법규(조례-규칙) 순으로 되어있다.

> **※ 상위법 우선의 적용 원칙**
> 상위법의 이념 및 목적에 위반하여서는 아니 된다. 하위법은 상위법의 추상성을 구체화시켜 주지만, 상위법을 위반하면 위헌 또는 위법이 된다(효력발생 : 무효). 여기에 위헌법률심사제도와 법률심사제도가 해당된다.

8) 원칙법과 예외법 - 일정한 사항에 대하여 일반적으로 기준이 적용 여부에 따라 구분

원칙법	일정한 사항에 대하여 일반적으로 적용되는 법(법규정의 본문)
예외법	일정한 사항에 대하여 특별한 사정이 있는 경우에 그 원칙법을 적용하지 않을 것을 규정한 법 (단서조항 - 예 다만 ~ 한다 : 확장해석의 금지)

제 4 절 노동법의 적용원칙과 해석

대부분의 법조문은 그 스스로 현실에 적용될 목적을 갖고 규정된다. 하지만 법이 적용될 구체적 현실은 매우 다양하고 유동적이다. 전과 동일한 상황은 유지하지 않는다. 따라서 법조문을 현실에 실현하기 위해서는 해석이라는 작업이 필요하고 그 법의 효력이 발생해야 한다. 법의 실현은 사실관계를 확정하고, 재판근거인 법을 해석하고 적용하여 법적인 결론이 내려지게 되어 효력을 가지게 된다.

1. 노동법의 적용원칙

1) 상위법 우선의 원칙

상위법과 하위법 간에 서로 충돌이 생기면 상위법이 먼저 적용한다는 원칙을 말한다. 이 원칙은 헌법에서도 간접적으로 표현되고 있다. 즉, 헌법재판소는 법률이 헌법에 위반되는 여부를 심판한다고 규정하고 있고(헌법 제107조 제1항), 대법원은 명령 · 규칙이 법률에 위반되는 여부를 최종적으로 결정한다고 규정하고 있는 것(헌법 제107조 제2항)은 상위법과 하위법이 상충되는 경우 상위법이 우선한다는 것을 전제로 하고 있다.

가령 헌법 → 법률 → 명령(시행령 → 시행규칙) → 단체협약 → 취업규칙 → 근로계약 → 사업자의 지시 순이다.

2) 신법 우선의 원칙

이는 대등한 법령 간에 충돌이 생긴 경우에는 나중에 만들어진 법령(신법)이 먼저 만들어진 법령(구법)에 우선·적용한다는 원칙이다. 신법과 구법의 판단기준은 원칙적으로 그 법령의 제정시기(제정일 기준)에 따른다. 가령 법률을 국회에서 의결된 날짜와 시간의 선후에 의하며, 법률의 공포일이나 시행일을 기준으로 하지 않는다는 점이다.

3) 특별법 우선의 원칙

특별법이 일반법보다 우선적으로 적용된다는 원칙을 말한다. 판례는 신법 우선의 원칙과 특별법 우선의 원칙이 충돌될 경우에는 특별법 우선의 원칙이 적용된다고 하였다. 가령 구법인 특별법과 신법인 일반법 간에 충돌이 있는 경우에는 구법인 특별법이 우선한다. 가령 「기간제 및 단시간근로자 보호 등에 관한 법률」 〉 근로기준법, 사업장단위의 단체협약 〉 기업단위 단체협약 등이다.

4) 법률 불소급의 원칙

새로이 만들어진 법률 시행 이전에 발생한 사실에 대하여는 소급하여 적용할 수 없다는 원칙을 말한다. 모든 법률에 공통된 원칙이지만, 특히 형법에서 문제된다. 죄형법정주의의 파생원칙의 하나로서 '형법불소급의 원칙' 또는 '소급입법금지의 원칙'이라고도 하고, 영미법에서는 '사후입법의 금지'라고도 한다.

그러나 예외적으로 중대한 공익상 사유, 사회의 실정, 정의, 형평성에서 요구가 있는 때에는 예외적으로 소급효가 인정될 수도 있다. 예컨대 4·19혁명 후 3·15 부정선거 관련자와 반민주행위자 및 부정축재자, 「2004년 일제강점기하 반민족행위 진상규명에 관한 특별법」을 제정하여 소급 처벌한 일 등이다.

5) 기득권 보호의 원칙

기득권 보호의 원칙(유리한 내용의 우선적용 원칙)은 동일한 사건에 대하여 일반적으로 상급법원의 판결내용이 확정되면 하급법원의 판결은 효력이 없어지지만 하급법원이 상급의 법원보다 유리한 내용을 판결하고 있을 경우에는 하급의 법원의 판결내용이 우선 적용된다.

문제

노동법의 법 적용원칙으로서 새롭게 만들어진 법률 시행 이전에 발생한 사실에 대하여 소급하여 적용할 수 없다는 원칙과 관련이 있는 원칙은?

① 상위법 우선의 원칙 ② 유리한 내용의 우선적용원칙 ③ 법률 불소급의 원칙
④ 신법 우선의 원칙 ⑤ 특별법 우선의 원칙

정답 ③

2. 노동법의 해석

1) 법의 해석 개념

법의 해석은 일반적 · 추상적으로 규정되어 있는 내용을 구체적 사실에 적용하기 위하여 구체적으로 무엇을 뜻하는가를 법의 목적에 따라 법의 의미를 명확하게 밝히는 작업을 말한다.

대부분의 법은 외형적인 법조문으로 문장의 형식을 갖추어 규정되어 있다. 어떤 내용의 법인지를 알기 위해서는 무엇보다 법조문의 내용을 정확하고 올바르게 파악해야 한다. 법의 명확한 파악은 곧 법의 해석이라 할 수 있다.

2) 법해석의 방법

법해석의 방법은 법적 구속력을 가지는가의 여부와 해석주체의 기준에 따라 크게 나누어 유권해석과 무권해석(학리해석)으로 나눌 수 있다. 그리고 무권해석은 해석방법의 기준에 따라 문리해석과 논리해석으로 나누어진다.

(1) 유권해석(공권해석) – 권력분립에 따라 실시하는 입법 · 행정 · 사법해석 구분

유권해석이란 법적 구속력을 가지는 국가기관이 내리는 해석으로서 입법해석은 효력의 범위가 가장 크고, 행정해석은 행정부와 대외적 구속력이 있다. 사법해석은 최종적인 유권해석이다.

가. 입법해석

입법해석은 입법기관이 입법의 형식으로 하는 법조문상의 해석으로서, 입법자가 법규정 자체에 해석규정을 둠으로써 특정한 법규의 내용 또는 문구의 의미를 밝히는 해석을 말한다. 예컨대 입법자가 민법 제98조에서 "본 법에서 물건이라 함은 유체물 및 전기, 기타 관리할 수 있는 자연력을 말한다"라고 용어 자체를 확정하는 것이다.

나. 행정해석

행정해석은 행정기관에서 의해서 행하여지는 해석으로서, 상급 행정관청에서 하급관청에 대한 훈령 · 지침 · 회신의 형식으로 행하는 해석을 말한다. 예컨대 법을 집행할 때 내리는 고용노동부장관(상급관청)의 훈령 · 지침, 지방노동사무소(하급관청)의 질의에 대한 상급관청의 회신 등은 관청 상호 간에서 일정한 구속력을 갖는다.

다. 사법해석

사법해석은 법원이 내린 해석으로서, 특히 대법원의 판결의 결정, 판시형식으로 내린 해석을 말한다. 법원은 판결의 형식으로 법을 해석하여 적용하면 당사자의 분쟁에 대하여 가장 최종적 구속력을 가지게 된다. 재판과정은 사실을 확정한 다음에 법을 발견하여 해석한다. 그 다음 해석한 법을 사실에 적용한다.

※ 사실의 확정 → 법의 발견 → 법의 해석 → 사실에 대한 법 적용(재판과정)

(2) 무권해석(학리해석)

학리해석(學理解釋)[10]은 법조문이나 적용대상을 기초로 하여 강제력이 없는 학자들의 학문이론(학설 : 학문적 이치)에 따라 법규의 뜻을 확정하는 것을 말한다(학문적 해석). 학리해석에도 해석방법에 따라 문리해석과 논리해석의 둘로 나눌 수 있다.

---

10) 학리해석은 학자들이 법조항의 내용과 의미 · 입법취지 · 입법배경 · 상하위법 간의 관계 등을 종합적으로 고려하여 내리는 학술적 해석이다.

가. 문리해석

문리해석(文理解釋)은 가장 기초적이며 1차적인 해석으로서, 법규정의 문구(자구) 및 문장의 내용을 검토하여 그 내용의미를 언어학적 의미에 의하여 밝히는 해석방법이다(문언해석). 가령 우리가 흔히 쓰는 '선의 및 악의'와 같은 단어의 정의는 법적 정의와 다를 수 있다. 즉, '악의로'를 '어떤 사정을 알면서'라고 해석하는 것이다.

나. 논리해석(체계해석)

논리해석(論理解釋)은 입법의 목적이나 사회적 요구(합리성) 등을 고려하여 법질서 전체와 법규정의 내용을 논리적 방법을 기초로 하여 법규의 의미를 확정하는 방법이다. 이는 법률을 하나의 통일된 체계로 해석하는 체계해석이라 할 수 있다.

논리해석 종류에는 유추해석(유사한 법문을 적용해 비슷하게 해석하는 것), 확대해석(법에 규정된 의미보다 넓게 해석하는 것), 축소해석(법에 규정된 의미보다 좁게 해석하는 것), 반대해석(법의 규정한 것과 반대로 해석하는 것), 물론해석(=당연해석 : 당연히 포함된다고 하는 해석, 전체와 부분관계에 있는 경우, 부분도 전체와 같이 보아 해석하는 것), 비교해석(다른 것과 비교하여 해석하는 것), 목적해석(법의 목적에 따라 해석하는 것), 보정(보충)해석(=변경해석 : 법문이 잘못되어 있는 경우 이를 바로 잡아 해석하는 것), 연혁해석(=역사해석 : 법의 제안이유서나 의사록 등을 참작하여 해석하는 것) 등의 여러 가지 방법이 있다.

특히 유추해석은 어떤 사항에 대하여 직접적인 법의 규정이 없는 경우에 이와 성질이 유사한 사항에 대하여 규정한 법규정을 적용하여 같은 법적 효과를 인정하는 해석방법이다. 이 해석방법은 경우에 따라서는 심각한 인권침해를 가져오기 때문에 형법에서는 죄형법정주의에 따라 유추해석이 금지되고 있다.

※ 유추와 준용

- 유추 : 법의 흠결인 경우 그 사항과 유사한 사항을 규정한 법규를 적용하여 동일한 법적 효과를 인정하는 것
- 준용 : 입법기술상의 하나이며, 필요한 변경을 가하여 적용한다는 것

- 법해석
  - 유권해석
    - 입법해석 : 법의 내용이나 개념의 해석을 법규정의 형태로 정하는 해석이다.
      - 예 본 법에서 물건은 유체물 및 전기, 기타 관리할 수 있는 자연력을 말한다(민법 제98조). – 입법부
    - 행정해석 : 행정기관이 법 집행권에 근거하여 법의 내용을 규정하는 해석이다.
      - 예 상급관청의 하급관청에 대한 회답 · 훈령 · 지침 등 – 행정부
    - 사법해석 : 사법권에 근거하여 판결의 형식으로 내리는 해석이며, 해당 사건에 대한 최종적인 구속력을 갖는다.
      - 예 형사상 공소제기나 민사상 제소 후에 법원이 내리는 판결 – 사법부
  - 무권해석(학리해석)
    - 문리해석 : 법규정의 문구 · 문장을 그대로 충실하게 파악하는 해석이다.
    - 논리해석
      - 축소해석 : 법문의 언어적 표현 자체보다 더 좁게 해석하는 것
        - 예 절도죄는 재물을 동산만 한정함
      - 확대해석 : 법문의 언어적 표현의 의미를 보다 넓게 해석하는 것
        - 예 재물손괴죄는 물건의 형태를 파괴한 것뿐만 아니라 재물의 자질을 훼손하는 것도 포함, 양어장의 고기방류, 밥그릇에 방뇨하는 것
      - 유추해석 : 법령규정이 없는 사항에 대하여 그와 유사한 사항에 관한 규정을 적용하는 것
        - 예 소, 돼지의 도축금지 – 말, 흑염소 도축금지 해당, 마차통행 금지 – 우차도 포함
      - 반대해석 : 법문이 규정하는 요건과 반대의 요건이 존재하는 경우에 법문의 규정과 반대로 추론하여 해석하는 것
        - 예 차량통행 금지 – 사람은 통행할 수 있다고 해석하는 것, 19세 미만자에게 담배판매 금지 – 19 이상자는 판매 가능
      - 물론해석(=당연해석) : 법문의 내용, 그 밖의 사항도 당연히 포함되는 것으로 해석하는 것
        - 예 大는 小를 포함함. 청소년보호법상 19세 미만자는 청소년 – 17세의 자도 청소년 포함, 쓰레기 투기 금지 – 담배꽁초 투기 금지도 포함
      - 비교해석 : 외국의 입법례(立法例)와 비교하여 해석하는 것
      - 보정해석 : 법문의 용어에 착오(錯誤)가 명백한 경우에 그 자구를 보정(補正)하여 해석하는 것
      - 목적해석 : 법의 목적을 고려하여 그에 합당하게 해석하는 것
      - 연혁해석 : 법의 제안이유서나 의사록 등을 고려하여 해석하는 것

| 그림 1–2 | 노동법의 해석방법

학습 핵심문제

01 노동법의 개념 및 성격에 관한 설명으로 옳지 않은 것은?

① 관점에 따라 개념이 다양할 수 있다.
② 노동법은 헌법을 구체화한 법이다.
③ 노동법은 공·사법의 성격이 혼재된 사회법 영역에 속한다.
④ 우리 실정법상 근로의 정의규정은 존재하지 아니한다.

02 법의 목적 중에서 사회법의 일종인 노동법이 상대적으로 약한 것은?

① 사회정의
② 합목적성
③ 사회질서의 유지
④ 법적 유동성

03 노동법의 법원(法源)에 관한 설명으로 옳은 것은?

① 노동법의 근거가 되는 헌법규정은 선언적일 뿐 규범적 효력은 없다.
② 노동법령은 임의법규이다.
③ 우리나라의 경우 단일 노동법전은 존재하지 않고 여러 개별 법률로 구성되어 있다.
④ 위헌위법인 노동법령은 무효 또는 취소가 된다.

04 노동법의 성문법원(成文法源)이 될 수 있는 것을 모두 고른 것은?

ㄱ. 관습법	ㄴ. 헌법에 의해 체결·공포된 조약	ㄷ. 조리	ㄹ. 대통령령

① ㄱ, ㄴ, ㄷ
② ㄱ, ㄷ
③ ㄴ, ㄹ
④ ㄱ, ㄴ, ㄷ, ㄹ

05 우리나라의 법령 제정에 관한 설명으로 옳은 것은?

① 시행령은 행정 각부의 장이 발하는 명령이다.
② 법률을 제정하기 위해서는 반드시 국회의 의결을 거쳐야 한다.

③ 대통령은 법률에서 구체적으로 범위를 정하여 위임받은 사항에 대해서만 대통령령을 발할 수 있다.
④ 법률안 제출은 국회의원만 할 수 있다.

06 노동법원에 관한 설명으로 옳은 것은?

① 우리나라에서는 관습법은 인정하지 않는다.
② 판례는 법원으로 인정되지 않는다.
③ 우리나라에는 별도의 노동법전이 존재한다.
④ 헌법에서 연소자에 대한 국가의 의무를 규정하고 있다.

07 노동법 체계에 대한 설명 중 옳은 것은?

① 시행령은 부처장관이 제정하는 명령이다.
② 근로기준법은 헌법에 우선하여 적용한다.
③ 시행규칙은 지방자치단체가 제정하는 법규범이다.
④「남녀고용평등과 일 · 가정 양립 지원에 관한 법률」은 근로기준법에 우선하여 적용한다.

08 다음 중 우선 적용될 법률부터 차례로 나열된 것은?

①「기간제 및 단시간근로자 보호 등에 관한 법률」 – 근로기준법
② 기업단위 단체협약 – 사업장단위의 단체협약
③「기간제 및 단시간근로자 보호 등에 관한 법률」 – 사업장단위의 단체협약
④ 근로기준법 –「기간제 및 단시간근로자 보호 등에 관한 법률」

09 노동법에 관한 설명으로 옳은 것은?

① 헌법에는 근로 관련 조항이 없다.
② 시민법은 노동법의 한계를 극복하기 위하여 출현하였다.
③ 생존권 보장은 노동법의 이념 중 하나이다.
④ 헌법에 의하여 체결 · 공포된 노동 관련 조약은 노동법의 법원(法源)에 포함되지 않는다.

10 **노동법 체계에 관한 설명으로 옳지 않은 것은?**

① 근로기준법은 국회에서 제정한 법률이다.
② 조약은 법원의 판결에 의해 효력이 생긴다.
③ 헌법은 노동법의 법원으로 가장 상위의 법규범이다.
④ 고용보험법 시행규칙은 보건복지부장관이 제정한다.

11 **우리나라 노동법의 법원에 관한 설명으로 옳은 것은?**

① 통일된 사회법전이 존재한다.
② 관습법은 법원으로 인정되지 않는다.
③ 판례는 사안에 따라 달라지므로 법원으로 될 수 없다.
④ 근로기준법은 근로기본권에 관한 일반법적인 역할을 한다.

정답 01. ④ 02. ④ 03. ③ 04. ③ 05. ② 06. ④ 07. ④ 08. ① 09. ③ 10. ② 11. ④

노·동·관·계·법·규

CHAPTER

02 근로기본권의 헌법적 기초

제 1 절 시민권과 인권 및 기본권

1. 마샬의 시민권

영국의 사회학자인 마샬(Thomas H. Marshall, 1893~1982)은 노동제도의 변천을 시민권의 범위가 확대되면서 노동제도가 발전해 왔다고 주장한 바 있다. 즉, 시민권은 18세기의 공민권(평등 · 자유권), 19세기의 정치권(참정권), 20세기의 사회권(복지권) 순으로 기본권이 발전해 왔다고 보고 있다. 또한 마샬은 사회권을 노동권, 경제권, 복지권과 함께 사용하였다.

※ **마샬의 시민권 구성**(시민권과 사회계급, 1950년)

공민권(18세기⇒ 평등 · 자유권)	언론의 자유, 신앙의 자유, 사유재산권, 남녀고용평등권 등과 같이 모든 인간이 태어나면서 보장받을 수 있는 권리
정치권(19세기⇒참정권)	개인이 정치활동에 참여할 수 있는 권리, 투표권과 공직에 참여할 수 있는 권리
사회권(20세기⇒ 노동권 · 경제권 · 복지권)	모든 국민이 인간다운 생활을 누리기 위하여 복지서비스를 국가로부터 보장받을 권리, 즉 사회의 지배적인 기준에 합당한 시민생활을 누릴 수 있는 권리, 사회권은 노동권, 경제권, 복지권을 의미함

2. 인권과 기본권

1) 인 권

인권이라는 개념은 17세기와 18세기에 유럽에서 본격적으로 형성된 개념으로서, 자연법 사상[1]에 따른 권리로서 자연권에서 나왔다. 인권(人權, human rights)은 사람이 사람답게 살 수 있는 권리를 천부적으로 당연히 갖는 생태적 자연권을 말한다. 인권은 인간으로서 존엄하고 소중한 가치를 가지며 행복하게 살고자 하는 모든 권리이다. 인권이 천부적인 자유와 권리로 인식되고 보장된 것은 미국의 1776년 Virginia 권리장전이 최초이며, 그 후 1789년 프랑스의 인권선언, 그리고 1948년 세계인권선언이 선포되었다.

TIP 세계인권선언문 제1조

"모든 사람은 날 때부터 자유롭고 동등한 존엄성과 권리를 가지고 있다. 사람은 천부적으로 이성과 양심을 가지고 있으며 서로 형제애의 정신으로 행동하여야 한다." 이 조항의 의미는 사람 위에 사람 없으며 사람 아래 사람이 존재할 수 없다는 자유 평등의 인류 양심적인 태도이다.

※ 인권보장의 역사

① 영국의 인권보장 : 1212년 대헌장(마그나카르타), 일정한 귀족의 권리와 자유가 국민의 자유와 권리로 확대되었고, 이것은 왕권과의 싸움에 의하여 얻어졌다.

② 미국의 인권선언 : 1776년 6월의 Virginia 권리장전, 1776년 7월의 독립선언

③ 프랑스의 인권선언 : 1789년의 '인간과 시민의 권리선언(프랑스 혁명)'

2) 기본권

(1) 기본권의 개념

기본권은 국가 안에서 모든 국민이 인간답게 살기 위해 누려야 할 기본적 권리이며 헌법에 따라 보장되는 권리를 말한다. 헌법상의 기본권은 기본권 보장의 대원칙을 규정하고, 생존권 보장의 기본 원칙과 근로기본권을 구체적으로 규정하여 근로자의 생존권 보장과 소득분배 관련되어 있는 권리이다. 즉, 기본권은 인권과 달리 헌법에서 보장하는 실정법상

1) 자연법 이론은 국가의 권력이 실정법(헌법과 법률)을 근거로 개인의 권리를 제한할 경우에, 그 개인은 자연법을 근거로 해서 이에 대하여 소송이나 저항권을 행사할 수 있다. 이러한 자연법의 근거는 미국 연방 대법원에서 적법절차의 원리로 인정해 주고 있다. 자연법의 사상은 세계인권선언과 헌법 속에서 불가침적 · 불가양적 · 절대적 천부인권 또는 자연권 등으로 인정되고 있다.

인간의 기본적인 권리이다. 그러나 국가적 위기상황이나 꼭 필요한 상황에서는 일정 부분을 법률로써 제한할 수 있다.

(2) 기본권의 종류

전통적으로 기본권은 내용상 포괄적 기본권, 개별적 기본권(자유권, 참정권, 사회권, 청구권) 등으로 분류된다.

가. 포괄적 기본권 - 인간의 존엄과 가치, 행복추구권, 평등권

포괄적 기본권은 최고의 헌법 원리이기 때문에 헌법 개정에 의해서도 폐지할 수 없는 개정금지권리이다. 특히 평등의 원칙은 법 적용의 대상이 되는 모든 인간을 원칙적으로 평등하게 다루어야 한다는 법원칙이다. 그 내용은 '같은 것은 평등하게, 다른 것은 불평등하게' 다룸으로써 사회정의를 실현하려는 원리이다(기회균등, 자의금지).

나. 개별적 기본권 - 자유권적 · 사회권적 · 청구권적 · 참정권적 기본권

자유권적 기본권	자유권은 개인의 신체 및 재산에 대하여 국가 공권력으로부터 구속(침해나 간섭)을 받지 아니할 권리이다. → 헌법에서는 자유권적 기본권으로서 신체의 자유, 사회 · 경제적 자유(거주 · 이전의 자유, 직업 선택의 자유, 주거의 자유, 사생활 비밀의 자유, 통신의 자유, 재산권의 보장), 정신적 자유(양심의 자유, 종교의 자유, 언론 · 출판의 자유, 집회의 자유, 결사의 자유, 학문의 자유, 예술의 자유, 소비자의 권리) 보장
사회권적 기본권 (=생존권적 기본권)	사회권은 국민이 국가에 대하여 일상생활에서 인간다운 수준과 최저한의 생활 보장을 적극적으로 요구할 수 있는 권리이다. 헌법상에 규정된 것은 세계 최초로 사회권적 기본권을 1919년 독일의 바이마르헌법(제151조)에서 경제생활의 질서, 인간다운 생활, 정의의 원칙 등을 규정하고 있다. 사회권은 ① 자유권을 기초로 한 자본주의 사회가 생산수단을 갖지 못한 근로자 계층에 대한 권리이다. ② 국민의 생존을 유지하거나 생활을 향상시켜 인간다운 생활을 위한 권리이다. ③ 생존권, 근로기본권의 내용을 포함하고 있다.
청구권적 기본권	청구권은 기본권으로 보호되는 법익에 대한 침해가 있거나 침해가 우려될 경우 국가에 대해 일정한 행위를 청구할 수 있는 권리(기본권 보장을 위한 기본권, 절차적 기본권)이다. 그 종류로는 청원권, 재판청구권, 국가배상청구권, 손실보상청구권, 범죄피해자구조청구권, 형사보상청구권 등이 있다.
참정권적 기본권	참정권은 국가의 의사형성에 직접 참여하거나 선거투표에 참여해서 공무원으로 선임될 수 있는 국민의 주관적 공권이다. 참정권의 종류에는 간접참정권(선거권, 피선거권, 공무담임권)과 직접참정권(국민투표권은 예외적 인정)이 있다. 헌법에 보장된 이상 모든 국가 권력을 구속한다. 우리나라 국가 형태의 특색은 간접민주정치를 원칙으로 하면서, 예외로 직접민주정치를 적용하고 있다.

문제

헌법에서 규정한 기본권 중 사회권에 해당하지 않는 기본권은?

① 교육권 ② 재산권 ③ 근로권
④ 환경권 ⑤ 인간다운 생활을 할 권리

정답 ②

3. 인권과 기본권의 관계

인권은 인간의 존엄과 소중한 존재 가치로 평등하다고 헌법에 명시함으로써 법적 구속력을 가지고 있다. 누구도 인간의 존엄한 권리, 즉 인권을 침해할 수 없다.

인권은 기본권을 포괄하고 있지만 인권과 기본권은 그 개념과 내용에 있어서 반드시 일치하는 것은 아니다. 그러나 각국 헌법에서 보장하고 있는 기본권은 인권사상에 바탕을 두고 인간의 권리를 실현하려고 하는 것이므로, 인권이 기본권을 포함하고 있다. 이는 대체적으로 인권이 기본권보다 그 내용에 있어서 넓다고 볼 수 있다.

제 2 절 근로기본권의 헌법규정과 법적 성격

1. 근로기본권 개념

사회권(생존권)으로서의 근로기본권은 헌법과 노동법령으로 정하는 바에 따라 근로자의 생존권 확보를 위하여 구체적으로 규정하고 있는 기본적인 권리로서 헌법상 명시된 근로의 권리(근로권)와 단결권, 단체교섭권, 단체행동권(근로3권)을 한다. 근로자는 모든 생산수단의 소유로부터 분리되어 오로지 노동력만을 소유, 그것을 판매함으로써 생활하여야 하는 사람들이다.

1919년에 제정된 독일의 바이마르 헌법에서 근로기본권을 보장하는 규정을 시초로 두었다. 다음은 근로기본권의 헌법규정과 법적 성격에 관하여 살펴보고자 한다.

2. 근로기본권의 성격

1) 근로의 권리와 의무관계

헌법상 기본권 중에서 권리에 상응하는 의무가 제시되는 것은 6대 의무 중에서 교육의 권리와 의무(제31조) 규정과 근로의 권리와 의무(제32조) 규정이 있다. 즉, 헌법상 모든 국민의 권리와 의무는 별개 개념으로 볼 수 없다. 헌법상 대부분의 기본권에 관한 규정은 권리에 상응하는 의무를 제시되지 않는다(비대칭적 관계).

2) 외국인에 관한 판례

외국인은 '인간의 권리'로서 헌법상 권리의 주체로 볼 수 있으나 모든 기본권이 무한정 인정(전면적 인정)될 수 있는 것이 아니라 '국민의 권리'로서의 내국인보다 더 많은 제한을 받을 수 있다는 것이 판례의 입장이다(성질상 제한, 상호주의에 의한 제한).[2] 즉, 국민의 권리에 대하여 외국인이 그 주체가 될 수 없음이 원칙이다. 외국인은 '헌법상 근로의 권리의 주체가 될 수 없다'는 것이 판례의 입장이다.

3. 근로기본권의 헌법적 기초

1) 사회권의 헌법 규정

헌법은 사회권(생존권)적 기본권보장(근로기본권)에 관한 규정을 두고 있다. 헌법에는 근로와 관련된 조항이 있다. 근로기본권은 헌법에서 근로자에게 보장된 기본적 권리이다. 헌법은 근로의 범위와 내용을 규정한 최상위의 규범이다.

2) 헌재 2001.11.29. 99헌마494 참조.

〈표 2-1〉 헌법상 사회권적 기본권 보장의 내용

조 항	내 용
전 문(前文)	기회균등 제공 : 국민생활의 균등한 향상과 자유와 행복을 확보할 것
헌법 제10조	기본권 보장의 대원칙 규정(인간으로서의 존엄과 가치, 행복추구권)
헌법 제31조	교육을 받을 권리
헌법 제32조	모든 국민의 근로권리(생존권 보장)
헌법 제33조	근로자의 근로기본3권(단결권, 단체교섭권, 단체행동권)
헌법 제34조	생존권 보장의 기본 원칙 및 사회복지수급권을 구체적으로 규정
헌법 제35조	환경권 및 주거권(쾌적한 환경에서 생활할 권리)
헌법 제36조	혼인과 가정생활의 보호, 모성보호 및 보건권
헌법 제119조 제2항	경제권(적정한 소득분배 유지와 경제의 민주화 : 경제에 관한 규제와 조정 가능)

TIP 생존권과 행복추구권, 기본적 인권

제10조 모든 국민은 인간으로서의 존엄과 가치를 가지며, 행복을 추구할 권리를 가진다. 국가는 개인이 가지는 불가침의 기본적 인권을 확인하고 이를 보장할 의무를 진다. 1981년 제정된 제5공화국 헌법 제10조에 추가되었다.

2) 근로의 권리 - 제32조 규정에 대한 분석

(1) 근로의 권리의 본질(본원)적 내용

국민의 기본적 권리를 규정하는 최상위 규범인 헌법은 사회권(생존권 : 인간다운 생활을 할 권리)에 대한 기본 방향을 제32조에서 규정하고 있다. 근로의 권리는 개별적 근로관계법(개별근로자와 사업자 관계)로서, 인간이 자신의 의사와 능력에 따라 근로관계를 형성하고, 타인의 방해를 받음이 없이 근로관계를 계속 · 유지하며, 국민(자연인만 의미)이 자주적으로 근로의 기회를 얻지 못한 경우에 국가에 대하여 근로의 기회 또는 생활유지에 필요한 자금의 제공을 요구할 수 있는 권리를 말한다.[3)]

3) 김명수(2014). 노동법. 중앙경제, p. 31.

근로의 권리에 관한 본원적 내용에는 취업청구권, 해고의 제한, 생활비지급청구권 등이 있다.

① 근로기회청구권 또는 취업청구권(해고의 제한 포함) : 근로의 의사와 능력이 있는 사람은 누구든지 국가에 대하여 근로의 기회를 청구할 수 있다. 근로자가 취업할 수 있는 권리뿐만 아니라 취업 중에 있는 근로자가 부당하게 해고되지 않는 권리, 즉 '해고의 제한'까지 포함되는 것으로 본다.

② 생활비지급청구권 : 근로의 기회를 제공받지 못하는 경우 국가에 대하여 그에 상응하는 생계비의 지급을 청구할 수 있다.

(2) 근로의 권리의 파생적 내용

헌법 제32조 규정은 '모든 국민은 근로의 권리를 가진다'라는 근로의 권리로서, 사회적·경제적 약자인 근로자의 인간다운 생활을 보장하기 위한 일련의 규정을 두고 있다. 근로조건의 기준은 인간의 존엄성을 보장하도록 법률(명령 : 대통령령 X)로 정한다. 근로의 권리는 국가의 적극적인 입법형성에 의해 구체화된다. 이에 따라 근로의 권리를 구체화할 의무를 국가가 실현하고자 하는 법률로는 근로기준법, 「남녀고용평등과 일·가정 양립 지원에 관한 법률」, 고용보험법, 직업안정법, 고용정책 기본법, 근로자퇴직급여 보장법, 근로자직업능력개발법, 「고용상 연령차별금지 및 고령자고용촉진에 관한 법률」, 「기간제 및 단시간근로자 보호 등에 관한 법률」 등이 있다.

문제

헌법에 규정된 노동기본권에 관한 설명으로 옳은 것은?

① 근로의 권리와 근로3권을 포함한다.
② 외국인도 근로의 권리주체가 될 수 있다.
③ 근로의 권리는 생존권적 성격보다 자유권적 성격이 강하다.
④ 근로의 권리는 국가의 적극적인 입법형성에 의해 구체화된다.

정답 ④

(3) 헌법 제32조 규정의 분석

현행 헌법에 제32조 규정되어 있는 내용을 분석해 보면 다음과 같다.

※ **근로에 관한 헌법규정**(제32조) **– 근로의 권리**

1항	모든 국민은 근로의 권리를 가진다. 국가는 사회적 · 경제적 방법으로 근로자의 고용의 증진과 적정임금의 보장에 노력하여야 하며, 법률이 정하는 바에 의하여 최저임금제를 시행하여야 한다(고용증진의 의무, 적정임금의 보장, 최저임금제 시행 : 생존권적 기본권 보장).
2항	모든 국민은 근로의 의무를 진다. 국가는 근로의 의무의 내용과 조건을 민주주의 원칙에 따라 법률로 정한다(근로조건 기준의 법정주의, 근로의무).
3항	근로조건의 기준은 인간의 존엄성을 보장하도록 법률로 정한다(인간존엄성 보장).
4항	여자의 근로는 특별한 보호를 받으며, 고용 · 임금 및 근로조건에 있어서 부당한 차별을 받지 아니한다(여자근로자의 보호, 차별의 금지).
5항	연소자의 근로는 특별한 보호를 받는다(연소자의 근로 특별한 보호).
6항	국가유공자 · 상이군경 및 전몰군경의 유가족은 법률이 정하는 바에 의하여 우선적으로 근로의 기회를 부여받는다(국가유공자 등의 유가족 우선적 근로기회 부여, 장애인 X).

제1항부터 제4항까지는 국가 의무의 규정(~에 시행하여야 한다. 또는 ~아니한다)을 강력히 명시하고 있으나, 제5항과 제6항은 국가의 의무를 명시적으로 규정하고 있지 않다.
구체적으로 내용을 보면 제5항 '연소자의 근로는 특별한 보호를 받는다'라고 규정함으로써 국가의 책임은 거의 없다고 볼 수 있다. 법적 권리로서의 성격이 약하다고 볼 수 있다(추상적 권리설 : 판례의 입장).

[참조] 법적 권리설 입장에서 권리가 침해되는 때에는 보호받을 수 있는 사항
- 추상적 권리설 : 입법의 요구 가능(→ 국기법상 급여) – 판례 입장
- 구체적 권리설 : 입법의 요구 + 구체적 급여에 대한 재판 가능(→ 사회보험법상 급여, 재산권 성격) – 학설

(4) 헌법상 근로의 권리기능

근로의 의무는 모든 국민에게 일을 통해 스스로 생활을 기본적인 수요를 자조적으로 충족시킬 수 있는 기회를 제공함으로써 자본주의 경제질서의 이념적 방법적 기초가 되며, 생활무능력자 보호, 노동정책 · 복지정책의 방향지표가 된다. 가령 근로기회의 제공을 통하여 생활무능력자에 대한 국가적 보호의무를 감소시킨다.

※ **헌법상 근로의 권리기능**
① 근로를 통하여 개성과 자주적 인간성을 제고하고 함양하게 한다.
② 근로의 상품화를 허용함으로써 자본주의 경제의 이념적 기초를 제공한다.
③ 국민으로 하여금 근로를 통하여 생활의 기본적 수요를 스스로 충족하게 한다.
④ 근로기회의 제공을 통하여 생활무능력자에 대한 국가적 보호의무를 감소시킨다.

3) 근로3권 - 제33조 규정에 대한 분석

(1) 근로3권의 내용

헌법 제33조에 명시된 근로3권은 근로자의 근로조건 향상을 위한 자주적인 단결권 · 단체교섭권 및 단체행동권의 보장을 강조한다. 즉, 근로3권은 근로자(노조법상 근로자만 해당함)가 근로조건 향상을 위하여 자주적으로 단결하고 교섭하며(자주적인 단체교섭권의 보장), 단체행동을 할 수 있는 단결권 · 단체교섭권 · 단체행동권을 총칭하는 개념이다. 오늘날 대부분의 국가에서 단결권, 단체교섭권, 단체행동권을 헌법상 명문으로 보장하고 있는 것은 아니다.

근로자는 노동조합의 결성을 통하여 집단으로 사업자에 대항함으로써 사업지와 대등한 세력을 이루어 근로조건의 형성에 영향을 미칠 수 있는 기회를 가지는 의미에서 근로3권은 사회권적 성격을 자유권이라고 할 수 있다. 헌법은 국민의 근로3권을 제33조에서 규정하고 있다.

※ 근로에 관한 헌법규정(제33조) - 근로3권

1항	근로자는 근로조건의 향상을 위하여 자주적인 단결권 · 단체교섭권 및 단체행동권을 가진다(근로3권 보장 : 자주적인 단결권 · 단체교섭권 및 단체행동권 보장).
2항	공무원인 근로자는 법률이 정하는 자에 한하여 단결권 · 단체교섭권 및 단체행동권을 가진다(공무원의 근로3권 보장).
3항	법률이 정하는 주요 방위산업체에 종사하는 근로자의 단체행동권은 법률이 정하는 바에 의하여 이를 제한하거나 인정하지 아니할 수 있다(근로자의 단체행동권 제한 등). 따라서 법률이 정하는 주요 방위산업체에 종사하는 근로자의 단체행동권은 원칙적으로 제한하는 것은 아니다. 단결권과 단체교섭권은 제한할 수 없다.

헌법 제33조의 규정은 근로자 자신의 사회권(생존권)을 스스로 보장받고자 근로자의 사업자에 대한 실질적 종속관계를 인정하고 근로자의 집단적 자조를 통해 노사 간의 실질적 자치주의를 구현하기 위해 규정한 것이다.

헌법상 근로3권(노동3권)은 단결권, 단체교섭권, 단체행동권 등이 해당한다(이익균점권, 평등권 X).

① 단결권	단결권은 시민법하의 형식적 평등관계를 시정하고 실질적인 노사대등관계의 형성을 목적으로 한다. 근로자들이 자주적으로 노동조합(노동단체)을 결성할 수 있는 권리로서 근로자들이 스스로 단결하여 사업자(사업자)에 대항할 힘을 모을 수 있도록 한 것으로서 실질적 평등의 보장에 해당한다. 근로자 개인의 단결권과 노동조합의 단결권은 서로 불가분의 관계에 있으나 때로는 대립하는 경우도 있다. 법률이 정하는 주요 방위산업체에 종사하는 근로자의 단결권은 법률이 정하는 바에 의하여 이를 제한하거나 인정하지 아니할 수 없다.
② 단체 교섭권	근로조건의 유지 · 개선과 근로자의 사회적 · 경제적 지위의 향상을 직접적인 목적으로 한다. 근로자들의 단결체가 사업자와 협상을 통해 근로조건을 유지 · 개선하는 것으로서 인간존엄의 한 부분인 자기결정권의 보장에 해당한다. 법률이 정하는 주요 방위산업체에 종사하는 근로자의 단체교섭권은 법률이 정하는 바에 의하여 이를 제한하거나 인정하지 아니할 수 없다.
③ 단체 행동권	단체교섭을 유리하게 이끌기 위하여 근로자에게 보장된 집단적 행동에 관한 권리이며, 실력행사를 허용한 것으로서 실질적 평등의 보장에 해당한다. 가령 노동쟁의권은 근로3권 중 단체행동권(태업, 파업, 보이콧, 피켓시위 등)의 내용에 해당된다. 법률이 정하는 주요 방위산업체에 종사하는 근로자의 단체행동권은 법률이 정하는 바에 의하여 이를 제한하거나 인정하지 아니할 수 있다.

📖 독일의 기본법은 단결권만 명시하고 있으나 여기에 단체교섭권과 단체행동권까지 포함되는 것으로 해석된다.

(2) 근로3권의 법적 성격

헌법 제33조 제1항에 규정된 근로3권은 근로자가 자주적으로 단결하여 근로조건의 유지 · 개선과 근로자의 복지증진, 기타 사회적 · 경제적 지위의 향상을 도모함을 목적으로 단체를 자유롭게 결성하고, 이를 바탕으로 사업자와 근로조건에 관하여 자유롭게 교섭하며, 때로는 자신의 요구를 관철하기 위하여 단체행동을 할 수 있는 자유를 보장하는 자유권적 성격과 사회 · 경제적으로 열등한 지위에 있는 근로자로 하여금 근로자단체의 힘을 배경으로 그 지위를 보완 · 강화함으로써 근로자가 사업자와 실질적으로 대등한 지위에서 교섭할 수 있도록 해주는 기능을 부여하는 사회권적 성격도 함께 지닌 기본권이다. 따라서 근로3권은 근로자의 근로조건을 개선하여 경제적 · 사회적 지위의 향상을 위한 것으로, 자유권적 기본권 성격과 사회권적 기본권 성격을 동시에 가지고 있다. 다만, 자유권적 성격보다는 사회권(생존권, 생활권)적 성격으로서의 측면이 강하다.

따라서 근로3권은 근로자가 노동조합과 같은 근로자단체의 결성을 통하여 집단으로 사업자에 대항함으로써 사업자와 대등한 세력을 이루어 근로조건의 형성에 영향을 미칠 수 있는 기회를 가지게 되므로 이러한 의미에서 근로3권은 '사회적 보호기능을 담당하는 자유권' 또는 '사회권적 성격을 띤 자유권'이라고 말할 수 있다.[4]

이러한 근로3권의 법적 성격은 국가가 단지 근로자의 단결권을 존중하고 부당한 침해를 하지 아니함으로써 보장되는 자유권적 측면인 국가로부터의 자유뿐이 아니라, 근로자의 권리행사의 실질적 조건을 형성하고 유지해야 할 국가의 적극적인 활동을 필요로 한다. 따라서 근로3권의 사회권적 성격은 입법조치를 통하여 근로자의 헌법적 권리를 보장할 국가의 의무에 있다.[5]

※ **근로3권의 법적 성격**(학설)

① 자유권설 : 국가로부터 부당한 방해 · 간섭을 받지 않는 소극적인 자유권의 일종으로 이해한다.

② 생존권설 : 국가에 대하여 근로3권의 보장을 적극적으로 요구할 수 있는 권리로 이해한다.

③ 혼합권설 : 근로3권을 행사함에 있어서 국가로부터 부당한 간섭 · 제재를 받지 아니하는 측면(국가적 제재로부터의 자유)은 자유권의 성격을 가지나, 근로자의 인간다운 생활을 확보하기 위하여 국가적 배려와 보호를 요구할 수 있는 측면(부당노동 행위의 방지 등)은 사회권의 성격을 가진다(다수설).

④ 헌법재판소 결정 : 판례 헌재결 1991.7.22. 89헌가106

> 헌법 제32 및 제33에 각 규정된 근로기본권은 근로자의 근로조건을 개선함으로써 경제적 · 사회적 지위 향상을 기하기 위한 것으로서 자유권적 기본권으로서의 성격보다는 생존권 내지 사회권적 기본권으로서의 측면이 보다 강한 것이다. "권리의 실질적 보장을 위해서는 국가의 적극적인 개입과 뒷받침이 요구되는 기본권이다"라고 판시하여 생존권적 기본권으로 보고 있다.

⑤ 맺는 말

현대사회적 법치국가에 있어서 '자유권의 생존권화 현상'이 심화되고 있는바, 근로3권에서도 '자유권과 생존권의 교차효과'를 존중해야 하며, 생존권은 자유권적 성격이 보장되지 아니하고서는 그 실현이 구체화될 수 없으므로 근로3권은 자유권 · 생존권적 성격을 함께 갖고 있다는 복합적인 성질의 기본권이다(다수설, 헌재).

근로3권의 행사에 대해서는 형사책임과 민사책임이 면제되며(자유권적 효과), 국가가 적극적으로 개입하여 사업자의 부당노동 행위 등에 대한 법적 구제(노동위원회 등에 의한 구제)가 요구된다(생존권적 효과). 사회적 법치국가에서는 근로3권의 생존권적 성격 측면이 보다 중시된다.

---

4) 헌법재판소 1998.2.27. 94헌바13 · 26,95헌바44(병합) 전원재판부.

5) 이는 입법자가 근로자단체의 조직, 단체교섭, 단체협약, 노동쟁의 등에 관한 노동조합 관련법의 제정을 통하여 노사 간의 세력균형이 이루어지고 근로자의 근로3권이 실질적으로 기능할 수 있도록 하기 위하여 필요한 법적 제도와 법규범을 마련하여야 할 의무가 있다는 것을 의미한다.

(3) 근로3권의 기능

① 합리적 근로조건과 적정한 임금에 관한 권리를 실효성 있게 보장해 주는 역할을 한다.
② 인간다운 생활을 보장해 주는 제도적 장치로서의 기능을 한다.
③ 사회평화와 사회정의의 실현에 이바지한다.
④ 노사관계의 실질적 평등을 실현하는 수단이 된다.

(4) 근로3권의 제한

근로3권은 어떠한 경우에도 제한할 수 없는 절대적 권리가 아니므로 제한이 가능하다. 따라서 현행법은 근로의 성질이나 그 사업의 특성에 따라 근로3권의 일부를 제한하고 있다. 헌법 제33조 제1항은 근로3권이 근로조건의 향상을 위하여 자주적으로 행사될 것을 규정하고 있으므로, 근로조건과 상관없는 것은 권리의 성격에서 비롯되는 내재적 한계에 의해 제한을 받는다. 가령 근로조건의 향상과 무관한 근로3권의 행사는 내재적 한계에 의해 제한될 수 있다. 헌법의 일반적 유보조항이 적용되고, 권리의 주체나 근로 또는 사업의 성질에 따라 제한되며, 헌법의 다른 기본권과 조화를 이루어야 한다. 단결권, 단체교섭권, 단체행동권은 일체를 이루는 기본권이 아니므로 단결권이 인정되는 근로자에게는 예외 없이 단체교섭 및 단체행동권까지 인정되어야 하는 것은 아니다. 여기에는 공무원과 교원(단체행동권은 없고 단체교섭권 · 단결권은 제한적), 주요 방위사업체(단체행동권 없음) 등은 근로3권에 있어서 제한을 받는다. 현역 · 군인 · 경찰관 등에게 근로3권을 인정하지 않는 것은 헌법위반이라고 볼 수 없다.

그러나 근로3권은 헌법에 직접 명시된 기본권이다. 그러므로 근로3권을 제한하는 경우 필요한 최소한에 그쳐야 하고, 근로3권의 전면적 부인이나 본질적인 내용의 침해는 인정될 수 없다. 따라서 과잉제한은 허용되지 않는다.

- 헌법 제37조 제2항 : 국민의 모든 자유와 권리는 국가안전보장 · 질서유지 또는 공공복리를 위하여 필요한 경우에 한하여 법률로써 제한할 수 있으며, 제한하는 경우에도 자유와 권리의 본질적인 내용을 침해할 수 없다.
- 헌법 제33조 제2항 : 공무원인 근로자는 법률이 정하는 자에 한하여 근로3권(단결권 · 단체교섭권 및 단체행동권)을 가진다(공무원의 근로3권 보장).
- 헌법 제33조 제3항 : 법률이 정하는 주요 방위산업체에 종사하는 근로자의 단체행동권은 법률이 정하

는 바에 의하여 이를 제한하거나 인정하지 아니할 수 있다(근로자의 단체행동권 제한 등). 그러나 단체교섭권에 대한 제한 규정은 없다.

가. 헌법상 일반적 조항에 의한 제한

근로3권은 국민의 기본권의 일반적 제한기준인 국가안전보장·질서유지 또는 공공복리를 위하여 필요한 경우에 한하여 법률로써 제한할 수 있다. 즉, 헌법에 명시된 제한 이상으로 기본권에 대한 일반적인 제한은 허용된다. 가령 국가안전보장·질서유지 또는 공공복리를 위하여 기본권이 제한될 수 있음을 규정하고 있으므로 근로3권도 제한을 받는다. 그러나 이때에도 근로3권의 본질적인 내용을 침해할 수는 없다(헌법 제37조 제2항). 또한 긴급명령 및 비상계엄과 관련된 국가 비상시에도 제한된다.

나. 공무원의 근로3권 제한

근로3권은 자유권적 성질과 사회권적 성질을 함께 가지며, 이 주체는 광의의 근로자(실직자 및 외국인 근로자 포함)다. 그러나 공무원과 교원(단체행동권은 없고 단체교섭권·단결권은 제한적) 등은 근로3권에 있어서 제한을 받는다.

공무원인 근로자에 대하여는 헌법 제33조 제2항에 의하여 직접 제한조항을 두고 있다. 가령 공무원인 근로자는 법률이 정하는 자에 한하여 단결권·단체교섭권 및 단체행동권을 가진다.

다. 주요 방위산업체에 종사하는 근로자의 근로3권 제한

법률이 정하는 주요 방위산업체에 종사하는 근로자의 단체행동권(단체교섭권 X)은 법률이 정하는 바에 의하여 이를 제한하거나 인정하지 아니할 수 있다. 주요 방위사업체(단체행동권 없음) 등은 근로3권에 있어서 제한을 받는다. 주요 방위산업체 종사 근로자에 대하여는 헌법 제33조 제3항에 의하여 직접 제한조항을 두고 있다.

가) 공무원의 근로3권 제한

(1) 헌법 제33조 제2항 : 법률이 정하는 자에 한하여 근로3권 인정

(2) '사실상 노무에 종사하는 공무원'에 대해서는 근로3권을 모두 인정

(3) 국가공무원법 제66조 제1항(집단행위의 금지)
공무원은 노동운동이나 그 밖에 공무 외의 일을 위한 집단행위를 하여서는 아니 된다.
다만, 사실상 노무에 종사하는 공무원은 예외로 한다.

(4) 공무원의 노동조합 설립 및 운영에 관한 법률

1) 일정 범위의 공무원에게 단결권과 단체교섭권 인정(쟁의행위는 금지)

2) 일정 범위의 근로자

① 일반경력직공무원(A. 6급 이하 - 일반직 공무원, 상당의 특정직공무원/ B. 기능직 공무원)

② 특수경력직공무원(A. 6급 이하 - 별정직, 계약직 공무원/ B. 고용직 공무원)

cf) 모든 공무원의 단체행동을 금지하는 것은 위헌이다.

나) 주요 방위산업체에 종사하는 근로자(헌법 제33조 제3항)

단체행동권에 한해 법률이 정하는 바에 의하여 이를 제한하거나 인정하지 아니할 수 있다. 아예 인정하지 않는다면 위헌이다.

다) 사립학교 교원의 근로3권 제한 - 교원의 노동조합 설립 및 운영에 관한 법률

(1) 국공립, 사립 초중등학교에서의 노조설립 허용

(2) 특별시, 광역시, 도 단위 또는 전국단위에 한하여 설립(학교단위로 설립 X)

(3) 단결권과 단체교섭권에 한해 인정 - 제8조(쟁의행위의 금지) 노동조합과 그 조합원은 파업, 태업 또는 그 밖에 업무의 정상적인 운영을 방해하는 일체의 쟁의행위를 하여서는 아니 된다.

[헌판]

1) 전교조의 NEIS 반대집회 참가 - 근로조건의 유지·향상을 위한 것이 아니므로 노동조합법상의 쟁의행위에 해당하지 않고 그 결과는 교원노조법에도 위반이 아니다.

2) 사립학교 개별 단체 교섭 금지, 반드시 연합하여 교섭(합헌) - 소극적 의미의 결사의 자유를 제한하지만 위반은 아니다.

[대판] 전교조 '족벌재단 퇴진' 내용의 리본, 배지, 조끼는 내부적 결단이 아닌 외부적 집단행동이기에 금지 可

라) 공익사업에서의 근로3권의 제한

[헌판] 공익사업장에서의 강제중재제도(합헌) → 법률개정; 필수공익사업장에서만 강제중재제도 채택 → 필수공익사업장에서의 강제중재제도(합헌) → '06년 제3자 개입금지규정 모두 삭제 - 필수사업장에 대한 강제제도 폐지, 대신 필수공익 사업에 대체근로 허용 - 필수공익사업 중 정당한 운영을 정지, 폐지, 방해 행위는 쟁의행위로 못함

(5) 헌법상 보장된 쟁의행위

① 쟁의행위의 정당성의 의의

쟁의행위는 헌법상 보장된 노동3권(단체행동권)의 행사로서 그것이 정당한 쟁의행위에 대해 민·형사상 책임이 면제된다. 그리고 불이익 취급이 금지된다.

쟁의권은 근로3권 중에서 단체행동권의 내용에 해당한다. 노동조합 및 노동관계조정법 제3조는 민사책임, 제4조는 형사책임, 제81조 제5호에서는 불이익 취급 금지를 규정하고 있다.

그 반면 쟁의행위가 정당한 범위를 벗어나 불법쟁의 행위가 나아간다면 위와 같은 법적인 보호를 받을 수 없다는 점에서 쟁의행위의 정당성 판단은 중요한 의의를 지닌다.

② 쟁의행위의 정당성 판단기준

노조법 제37조는 '쟁의행위의 기본 원칙'이라는 표제하에서 쟁의행위의 정당성 기준으로 주체, 목적, 절차 및 방법을 제시하고 있으며 판례도 아래와 같은 취지의 판단기준을 제시하고 있다.

판례는 노동조합의 쟁의행위가 정당하기 위해서는 ① 그 주체가 단체교섭의 주체로 될 수 있는 자이어야 하고, ② 노동조합과 사업자의 교섭과정에서 노사대등의 입장에서 근로조건의 향상 등 근로자의 경제적 지위를 향상시키려는 목적에서 나온 것이어야 하며, ③ 사업자가 근로자의 근로조건 개선에 관한 구체적인 요구에 대하여 단체교섭을 거부하거나 단체교섭에서 분명히 반대하고 있는 경우에 개시할 수 있으며, ④ 특별한 사정이 없는 한 법령이 규정한 절차를 밟아야 하고, ⑤ 그 수단과 방법에 있어 사업자의 재산권과 조화를 이루어야 할 뿐만 아니라 ⑥ 다른 기본적 인권을 침해하지 아니하는 등 그 밖의 헌법상의 요청과 조화되어야 한다.

③ 쟁의행위의 정당성에 대한 구체적인 판단

가. 단체교섭대상의 의의

단체교섭의 대상이란 근로자 측이 단체교섭권에 근거하여 사업자와 교섭하는 사항으로서 사업자에게 교섭의무가 있는 사항을 의미한다. 이러한 사항에 대하여 사업자가 교섭을 거부하는 경우 노동조합 및 노동관계조정법 제81조 제3호의 부당노동 행위에 해당되고 노동조합은 쟁의활동을 할 수 있게 된다.

나. 단체교섭대상의 판단근거 규정

헌법 제33조 제1항에서는 "근로조건의 향상을 위하여" 근로자에게 단체교섭권을 보장하고 있다. 이에 따라 근로자들은 근로조건의 유지, 개선과 근로자의 경제적 · 사회적 지위 향상을 도모하기 위하여(노동조합 및 노동관계조정법 제1조 및 제4조 본문) 노동조합을 결성하여 사업자와 교섭을 한다.

이러한 목적을 달성하기 위하여 노동조합은 '노동조합을 위한 사항'과 '조합원을 위한 사항'에 대하여 사업자와 교섭을 한다(노조법 제29조 제1항).

다. 판례의 태도

판례는 단체교섭의 대상은 헌법 제33조 제1항과 노조법 제29조에서 "근로조건의 향상을 위하여" 근로자에게 단체교섭권을 보장하고 있는 취지에 비추어 판단하여야 한다는 입장에서 단체교섭의 대상에 대해 "사업자가 처분할 수 있는 사항 중에서 근로자의 근로조건, 기타 근로자의 대우뿐만 아니라 집단적 노사관계에 관한 사항을 의미한다"고 판시하였다.

라. 소결

단체교섭대상에 대한 판례와 법리를 비춰볼 때 집단적 노사관계에 관한 사항은 근로자의 근로조건과도 밀접한 관련이 있기 때문에 단체교섭의 대상이 된다고 보아야 할 것이다. 여기서 단체행동권은 단체교섭이 결렬되어 노동쟁의가 발생하는 경우, 쟁의행위를 할 수 있는 권리를 의미한다. 근로자가 자신의 요구를 관철하기 위해 업무의 정상적인 운영을 저해하는 행위를 할 수 있는 권리로 볼 수 있다.

④ 쟁의행위의 5대 요건

헌법상 보장될 수 있는 쟁의행위로 볼 수 있는 것은 파업, 태업, 보이콧 등이 있으며, 근로자의 단체행동권에는 ① 파업, ② 태업, ④ 보이콧(boycott) 등이 포함된다.

한편 직장폐쇄는 사업자가 마지막으로 취할 수 있는 조치이며, 근로자의 단체행동권에 포함되지 아니한다. 노동조합 및 노동관계조정법은 사업자 측의 쟁의수단으로서 이를 인정하고 있다. 근로자 측의 쟁의행위에 대한 노동조합 및 노동관계조정법상의 보장이 헌법상의 노동3권 보장에 따른 법률적 보장이라 한다면, 직장폐쇄는 노사 간 교섭력의 균형유지를 위하여 법률이 보장하는 사업자의 대항수단이다. 따라서 직장폐쇄를 금지하는 단체협약은 위법이며 무효이다. 근로자들이 파업·태업(怠業) 등을 단행하여 직장을 점거한 상태에서, 사업자로 하여금 직장을 폐쇄하는 방어수단을 취할 수 있도록 하는 것은 형평의 원칙상 당연하다. 그러나 직장폐쇄는 임금을 지급하지 않는 것을 전제로 하는 경제적 압력수단이기 때문에 진정한 의미의 노사대등·쟁의대등을 실현하기 위해서는, 그 행사에 대하여 엄격한 제한을 가해야 한다. 그러므로 노동조합 및 노동관계조정법은 노동조합이 쟁의행위를 개시한 이후에만 직장폐쇄를 할 수 있도록 제한하고 있다.

가. 주체적 정당성 : 노동쟁위는 노동조합이 해야 한다.

나. 목적적 정당성 : 노동쟁위의 목적이 근로조건의 유지, 향상에 있어야 한다.

> ① 정리해고 철회를 위한 쟁위는 교섭대상이 되지 않는다.
> ② 권리분쟁 : 근로자에게 주어진 권리를 되찾기 위한 분쟁 → 불법
> (노동조합이 채권을 가지고 있는 것이 개별 근로자가 사업자에게 채권을 가진 경우로 근로자가 소송을 통해서 해결하게 한다. 즉, 직접적 구제를 할 수 없게 한다)
> ③ 이익분쟁 : 향후 이익을 더 많이 쟁취하기 위한 투쟁 → 합법

다. 수단적 정당성 : 목적을 실현하기 위한 수단은 목적적 정당성의 합치되어야 한다.

라. 절차적 정당성 : 조합원 찬반투표를 반듯이 거쳐야 한다.

마. 구성의 요건성 : 직장폐쇄는 일정한 요건이 필요하다.

> ① 방어적이어야 한다. : 쟁위행위가 개시된 이후에 해야 하며, 본격적으로 사업자가 재산권에 침해를 받아야 한다.
> ② 보충적이어야 한다.

문제

헌법상 보장될 수 있는 쟁의행위로 볼 수 없는 것은?

① 파업 ② 태업 ③ 직장폐쇄 ④ 보이콧(boycott)

정답 ③

학습 핵심문제

01 헌법상 근로의 특별한 보호 또는 우선적인 근로기회의 보장의 대상자로서 명시되어 있지 않은 것은?

① 연소자 ② 실업자 ③ 여자 ④ 국가유공자

02 헌법상 근로기본권에 관한 설명으로 옳지 않은 것은?

① 공무원인 근로자는 법률이 정하는 자에 한하여 단결권 · 단체교섭권 및 단체행동권을 가진다.
② 여자의 근로는 고용 · 임금 및 근로조건에 있어서 부당한 차별을 받지 아니한다.
③ 외국인은 헌법상 근로의 권리의 주체가 될 수 있다는 것이 판례의 입장이다.
④ 국가는 법률이 정하는 바에 의하여 최저임금제를 시행하여야 한다.

03 헌법상 근로기본권에 관한 설명으로 옳지 않은 것은?

① 근로조건의 기준은 인간의 존엄성을 보장하도록 법률로 정한다.
② 여자의 근로는 특별한 보호를 받으며, 고용 · 임금 및 근로조건에 있어서 부당한 차별을 받지 아니한다.
③ 국가는 법률이 정하는 바에 의하여 최저임금제를 시행하여야 한다.
④ 장애인은 법률이 정하는 바에 의하여 우선적으로 근로의 기회를 부여받는다.

04 다음 중 권리에 관한 설명으로 옳은 것은?

① 인권은 시민권을 가진 자에게만 인정된다.
② 기본권은 기본법상의 권리이다.
③ 기본권은 모두 인권이다.
④ 시민권은 반드시 법적 권리를 의미하지는 않는다.

해설 인권은 인간이기 때문에 인정되는 권리이기 때문에 시민권을 가진 사람에게만 한정되지 않는다. 기본권은 인권과 시민권 등의 개념이 헌법적으로 표현된 것이기 때문에 가장 좁은 범위의 개념이다. 그러므로 더 넓은 범위의 권리 순으로 배치하면 인권 → 시민권 → 기본권 등의 순이다.

05 생존권(사회권)의 성격에 해당하는 권리는?

가. 인간다운 생활을 할 권리
나. 교육을 받을 권리
다. 근로자의 권리
라. 국민투표에 참여할 권리

① 가, 나, 다
② 가, 다
③ 나, 라
④ 가, 나, 다, 라

06 다음 (　　)안에 알맞은 것은?

헌법 제32조 제2항에 의하면 국가는 근로의 의무의 내용과 조건을 (　　)에 따라 법률로 정한다.

① 민주주의 원칙
② 자유주의 원칙
③ 사회주의 원칙
④ 복지국가주의 원칙

07 헌법에 규정된 노동3권의 내용으로 옳은 것은?

① 공무원인 근로자는 어떠한 경우에도 단체행동권을 가질 수 없다.
② 근로조건의 기준은 인간의 존엄성을 보장하도록 대통령으로 정한다.
③ 연소자의 근로는 특별한 보호를 받는다.
④ 법률이 정하는 주요 방위산업체에 종사하는 근로자의 단체행동권은 원칙적으로 제한한다.

08 근로기본권에 관하여 헌법에 명시된 내용으로 틀린 것은?

① 근로자는 근로조건의 향상을 위하여 자주적인 단결권 · 단체교섭권 및 단체행동권을 가진다.
② 공무원인 근로자는 법률이 정하는 자에 한하여 단결권 · 단체교섭권 및 단체행동권을 가진다.
③ 법률이 정하는 주요 방위산업체에 종사하는 근로자의 단체행동권은 법률이 정하는 바에 의하여 이를 제한하거나 인정하지 아니할 수 있다.
④ 공익사업에 종사하는 근로자의 단체행동권은 법률이 정하는 바에 의하여 이를 제한하거나 인정하지 아니할 수 있다.

09 헌법상 근로의 권리에 관한 내용으로 옳지 않은 것은?

① 국가의 고용증진의무
② 근로조건 기준의 법정주의
③ 여자와 연소자의 근로의 특별보호
④ 국가유공자 등에 대한 근로기회의 평등보장

10 단결권에 관한 설명으로 틀린 것은?

① 단결권은 근로조건의 유지 · 개선과 근로자의 사회적 · 경제적 · 정치적 지위의 향상을 직접적인 목적으로 한다.
② 근로자 개인의 단결권과 노동조합의 단결권은 서로 불가분의 관계에 있으나 때로는 대립하는 경우도 있다.
③ 독일의 기본법은 단결권만 명시하고 있으나 여기에 단체교섭권과 단체행동권까지 포함되는 것으로 해석된다.
④ 단결권은 시민법하의 형식적 평등관계를 시정하고 실질적인 노사대등관계의 형성을 목적으로 한다.

11 헌법상 근로에 관한 설명으로 틀린 것은?

① 모든 국민은 근로의 권리를 가진다.
② 모든 국민은 근로의 의무를 진다.
③ 연소자의 근로는 특별한 보호를 받는다.
④ 근로기회의 제공을 통하여 생활무능력자에 대한 국가적 보호의무를 증가시킨다.

12 헌법상 근로3권과 그 제한에 대한 설명으로 옳지 않은 것은?

① 근로조건의 향상과 무관한 근로3권의 행사는 제한될 수 있다.
② 공무원인 근로자는 법률이 정하는 자에 한하여 단결권 · 단체교섭권 및 단체행동권을 가진다.
③ 법률이 정하는 주요 방위산업체에 종사하는 근로자의 단체교섭권 · 단체행동권은 법률이 정하는 바에 의하여 이를 제한할 수 있다.
④ 근로3권은 국민의 기본권의 일반적 제한기준인 국가안전보장 · 질서유지 또는 공공복리를 위하여 필요한 경우에 한하여 법률로써 제한할 수 있다.

13 헌법에 명시된 근로기본권으로만 짝지어진 것은?

① 근로의 권리(근로권), 단결권, 단체교섭권, 단체행동권
② 근로의 권리(근로권), 이익분배청구권, 단체교섭권, 단체행동권
③ 노동공동결정권, 단결권, 단체교섭권, 단체행동권
④ 근로의 권리(근로권), 이익분배청구권, 단체교섭권, 경영참여권

14 헌법상 근로기본권에 관한 설명으로 옳은 것은?

① 공무원인 근로자는 법률이 정하는 자에 한하여 단결권 · 단체교섭권 및 단체행동권을 가진다.
② 근로자는 근로자의 근로조건과 정치적 지위 향상을 위하여 자주적인 단결권 · 단체교섭권 및 단체행동권을 가진다.
③ 법률이 정하는 주요 방위산업체에 종사하는 근로자의 단체교섭권은 법률이 정하는 바에 의하여 인정하지 않을 수 있다.
④ 법률이 정하는 주요 방위산업체에 종사하는 근로자의 단결권은 법률이 정하는 바에 의하여 제한할 수 있다.

15 헌법상 노동3권과 관련이 있는 것은?

① 법률에 의해 최저임금제 보장
② 자주적인 단체교섭권의 보장
③ 연소근로자 특별한 보호
④ 국가유공자의 우선근로 기회 부여

16 헌법상 보장될 수 있는 쟁의행위로 볼 수 없는 것은?

① 파업
② 태업
③ 직장폐쇄
④ 보이콧(boycott)

17 다음 (　　)에 알맞은 것은?

> 국가는 (　)으로 근로자의 고용의 증진과 적정임금의 보장에 노력하여야 한다.

① 사회적 · 경제적 방법
② 사회적 방법
③ 법률적 방법
④ 경제적 방법

18 **헌법상 근로기본권에 관한 설명으로 옳은 것은?**

① 공무원인 근로자는 법률이 정하는 자에 한하여 단결권 · 단체교섭권 및 단체행동권을 가진다.

② 법률이 정하는 주요 방위산업체에 종사하는 근로자의 단결권은 법률이 정하는 바에 의하여 이를 제한하거나 인정하지 아니할 수 있다.

③ 법률이 정하는 주요 방위산업체에 종사하는 근로자의 단체교섭권은 법률이 정하는 바에 의하여 이를 제한하거나 인정하지 아니할 수 있다.

④ 근로자는 근로자의 근로조건과 정치적 지위 향상을 위하여 자주적인 단결권 · 단체교섭권 및 단체행동권을 가진다.

19 **헌법상 노동3권과 관련이 있는 것은?**

① 법률에 의해 최저임금제 보장

② 자주적인 단체교섭권의 보장

③ 연소근로자 특별한 보호

④ 국가유공자의 우선근로 기회 부여

20 **헌법상 근로의 권리와 관련하여 명시되어 있지 않은 것은?**

① 최저임금제 시행

② 국가유공자의 유가족에 대한 우선적 근로기회 부여

③ 여자 · 연소자의 근로에 대한 특별한 보호

④ 산업재해로부터 특별한 보호

21 **우리나라 헌법의 사회권적(생존권적) 기본권에 관한 내용으로 옳지 않은 것은?**

① 모든 국민은 인간다운 생활을 할 권리를 가진다.

② 국가는 신체적 자유와 정신적 자유를 보장해야 한다.

③ 국가는 여자의 복지와 권익의 향상을 위하여 노력하여야 한다.

④ 국가는 근로자의 고용증진과 적정임금 보장을 위해 노력해야 한다.

22 **헌법상 노동기본권에 관한 설명으로 옳은 것은?**

① 공무원인 근로자는 법률이 정하는 자에 한하여 노동3권을 가진다.
② 근로자는 근로자의 근로조건과 정치적 지위 향상을 위하여 자주적인 노동3권을 가진다.
③ 법률이 정하는 주요 방위산업체에 종사하는 근로자의 단체교섭권은 법률이 정하는 바에 의하여 인정하지 않을 수 있다.
④ 노동3권이라 함은 결사권, 단체교섭권, 단체행동권을 말한다.

23 **헌법상 근로3권에 관한 설명으로 옳은 것은?**

① 근로자는 자주적인 단결권, 단체교섭권, 단체행동권을 가진다.
② 공무원도 근로자이므로 근로3권을 당연히 갖는다.
③ 주요방위산업체 근로자는 국가안보를 위해 당연 단체행동권이 인정되지 않는다.
④ 미취업근로자가 개개인에게 주어지는 구체적 권리이다.

24 **헌법상 근로3권에 관한 설명으로 가장 적합한 것은?**

① 단결권, 단체교섭권, 단체행동권은 일체를 이루는 기본권이므로, 단결권이 인정되는 근로자에게는 예외 없이 단체교섭권 및 단체행동권까지 인정되어야 한다.
② 근로3권은 자유권적 성격과 생존권적 성격을 동시에 갖고 있다.
③ 근로3권에 대해서는 헌법에 명시된 제한 이상으로 기본권에 대한 일반적인 제한은 허용되지 아니한다.
④ 오늘날 대부분의 문명국가에서는 단결권, 단체교섭권, 단체행동권을 헌법상 명문으로 보장하고 있다.

정답 01. ② 02. ③ 03. ④ 04. ④ 05. ① 06. ① 07. ③ 08. ④ 09. ④ 10. ① 11. ④ 12. ③ 13. ① 14. ① 15. ② 16. ③ 17. ① 18. ① 19. ② 20. ④ 21. ② 22. ① 23. ① 24. ②

PART 02

노동 관련 법규의 각론

- 노동에 관한 개별법 -

Chapter 03 근로기준법

Chapter 04 남녀고용평등과 일 · 가정 양립 지원에 관한 법률

Chapter 05 고용상 연령차별금지 및 고령자고용촉진에 관한 법률

Chapter 06 파견근로자보호 등에 관한 법률

Chapter 07 기간제 및 단시간근로자 보호 등에 관한 법률

Chapter 08 근로자퇴직급여 보장법

Chapter 09 고용정책 기본법

Chapter 10 직업안정법

Chapter 11 고용보험법

Chapter 12 근로자직업능력 개발법

CHAPTER

03 근로기준법

[시행 2014.7.1] [법률 제12325호, 2014.1.21., 일부개정] 고용노동부(근로기준정책과)

1. 총 칙

1) 법의 목적

이 법은 헌법에 따라 근로조건의 기준을 정함으로써 근로자의 기본적 생활을 보장, 향상시키며 균형 있는 국민경제의 발전을 꾀하는 것을 목적으로 한다(제1조).

2) 용어의 뜻

① "근로자"란 직업의 종류와 관계없이 임금을 목적으로 사업이나 사업장에 근로를 제공하는 자를 말한다.

※ '근로자'의 개별법률상 규정에 따른 정의

- 「남녀고용평등과 일 · 가정 양립 지원에 관한 법률(약칭 : 남녀고용평등법)」
  "근로자"란 사업자에게 고용된 자와 취업할 의사를 가진 자를 말한다.
- 「고용상 연령차별금지 및 고령자고용촉진에 관한 법률(약칭 : 고령자고용법)」
  "근로자"란 근로기준법 제2조 제1항 제1호에 따른 근로자(직업의 종류와 관계없이 임금을 목적으로 사업이나 사업장에 근로를 제공하는 자)를 말한다.
- 「파견근로자보호 등에 관한 법률(약칭 : 파견법)」
  "파견근로자"라 함은 파견사업자가 고용한 근로자로서 근로자 파견의 대상이 되는 자를 말한다.
- 「기간제 및 단시간근로자 보호 등에 관한 법률(약칭 : 기간제법)」
  "기간제근로자"라 함은 기간의 정함이 있는 근로계약(기간제 근로계약)을 체결한 근로자를 말한다.
- 「근로자퇴직급여 보장법(약칭 : 퇴직급여법)」
  "근로자"란 근로기준법 제2조 제1항 제1호에 따른 근로자를 말한다.

> – 고용정책 기본법
> "근로자"란 사업자에게 고용된 사람과 취업할 의사를 가진 사람을 말한다.
> – 고용보험법
> "일용근로자"란 1개월 미만 동안 고용되는 자를 말한다.
> – 근로자직업능력 개발법(약칭 : 직업능력개발법)
> "근로자"란 사업자에게 고용된 사람과 취업할 의사가 있는 사람을 말한다.
> – 노동조합 및 노동관계조정법
> "근로자"란 직업의 종류를 불문하고 임금 · 급료, 기타 이에 준하는 수입에 의하여 생활하는 자를 말한다.

② "사업자(사용자)"란 사업자 또는 사업 경영 담당자, 그 밖에 근로자에 관한 사항에 대하여 사업자를 위하여 행위하는 자를 말한다.

③ "근로"란 정신노동과 육체노동을 말한다.

④ "근로계약"이란 근로자가 사업자에게 근로를 제공하고 사업자는 이에 대하여 임금을 지급하는 것을 목적으로 체결된 계약을 말한다.

⑤ "임금"이란 사업자가 근로의 대가로 근로자에게 임금, 봉급, 그 밖에 어떠한 명칭으로든지 지급하는 일체의 금품을 말한다.

⑥ "평균임금"이란 이를 산정하여야 할 사유가 발생한 날 이전 3개월 동안에 그 근로자에게 지급된 임금의 총액을 그 기간의 총일수로 나눈 금액을 말한다. 근로자가 취업한 후 3개월 미만인 경우도 이에 준한다. 산출된 금액이 그 근로자의 통상임금보다 적으면 그 통상임금액을 평균임금으로 한다.

⑦ "소정(所定)근로시간"이란 근로시간의 범위에서 근로자와 사업자 사이에 정한 근로시간을 말한다.

⑧ "단시간근로자"란 1주 동안의 소정근로시간이 그 사업장에서 같은 종류의 업무에 종사하는 통상 근로자의 1주 동안의 소정근로시간에 비하여 짧은 근로자를 말한다.

3) 근로조건의 기본 원칙

(1) 근로조건의 최저기준 원칙

이 법에서 정하는 근로조건은 최저기준이므로 근로관계 당사자는 이 기준을 이유로 근로조건을 낮출 수 없다.

(2) 근로조건의 노사대등 결정 원칙

근로조건은 근로자와 사업자가 동등한 지위에서 자유의사에 따라 (사업자의 의사에 따라 X) 결정하여야 한다.

(3) 근로조건의 준수 원칙

근로자와 사업자는 각자가 단체협약, 취업규칙과 근로계약을 지키고 성실하게 이행할 의무가 있다.

(4) 균등한 처우의 원칙

사업자는 근로자에 대하여 남녀의 성(性)을 이유로 차별적 대우를 하지 못하고, 국적·신앙 또는 사회적 신분을 이유로 근로조건에 대한 차별적 처우를 하지 못한다.

가령 근로기준법상 균등처우의 원칙에서 근로에 대한 차별이 금지되는 사유로는 ① 성, ② 신앙, ③ 사회적 신분, ④ 국적 등이 있다(나이 X).

(5) 강제근로의 금지 원칙

사업자는 폭행, 협박, 감금, 그 밖에 정신상 또는 신체상의 자유를 부당하게 구속하는 수단으로써 근로자의 자유의사에 어긋나는 근로를 강요하지 못한다.

(6) 폭행의 금지 원칙

사업자는 사고의 발생이나 그 밖의 어떠한 이유로도 근로자에게 폭행을 하지 못한다.

(7) 중간착취의 배제 원칙

누구든지 법률에 따르지 아니하고는 영리로 다른 사람의 취업에 개입하거나 중간인으로서 이익을 취득하지 못한다.

(8) 공민권 행사의 보장 원칙

사업자는 근로자가 근로시간 중에 선거권, 그 밖의 공민권 행사 또는 공(公)의 직무를 집행하기 위하여 필요한 시간을 청구하면 거부하지 못한다. 다만, 그 권리 행사나 공(公)의 직무를 수행하는 데에 지장이 없으면 청구한 시간을 변경할 수 있다.

4) 근로기준법의 적용범위

① 이 법은 상시 5명 이상의 근로자를 고용하는 모든 사업 또는 사업장에 적용한다. 다만, 동거하는 친족만을 고용하는 사업 또는 사업장과 가사(家事) 고용인에 대하여는 적용하지 아니한다.

② 상시 4명 이하의 근로자를 고용하는 사업 또는 사업장에 대하여는 [표 3－1]를 제외한 대통령령으로 정하는 바에 따라 이 법의 일부 규정을 적용할 수 있다.
가령 상시 4명 이하의 근로자를 고용하는 사업 또는 사업장에 대하여는 주휴일, 월차휴가, 연차휴가, 생리휴가, 출산전후휴가 등을 적용한다. 한편 상시 4명 이하의 근로자를 고용하는 사업 또는 사업장에 대하여는 연차유급휴가, 생리휴가 등은 적용하지 않는다.

〈표 3－1〉 상시 4명 이하의 근로자를 고용하는 사업 또는 사업장에 적용되지 않는 법규정

구 분	적용 법규정
제1장 총칙	제14조(법령 요지 등의 게시)
제2장 근로계약	제16조(계약기간), 제19조 제2항(근로조건의 위반), 제23조(해고 등의 제한), 제24조(경영상 이유에 의한 해고의 제한), 제28조(부당해고 등의 구제신청), 제34조(퇴직급여 제도)
제3장 임금	제46조(휴업수당)
제4장 근로시간과 휴식	제50조(근로시간), 제51조(탄력적 근로시간제), 제52조(선택적 근로시간제), 제53조(연장 근로의 제한), 제56조(연장 · 야간 및 휴일 근로), 제57조(보상 휴가제), 제58조(근로시간 계산의 특례), 제59조(근로시간 및 휴게시간의 특례), 제60조(연차 유급휴가), 제62조(유급휴가의 대체)

제5장 여성과 소년	제65조 제2항(임산부가 아닌 18세 이상의 여성근로자 보건상 유해 · 위험한 사업에의 고용 금지), 제73조(생리휴가), 제75조(육아시간)
제7장 기능 습득	제77조(기능 습득자의 보호)
제9장 취업규칙	제93조(취업규칙의 작성 · 신고), 제94조(규칙의 작성, 변경절차), 제95조(제재 규정의 제한), 제96조(단체협약의 준수), 제97조(위반의 효력)
제10장 기숙사	제98조(기숙사 생활의 보장), 제99조(규칙의 작성과 변경), 제100조(설비와 안전 위생)

출처 : 근로기준법 시행령 제7조에 의거 작성.

2. 근로계약 및 근로조건

1) 근로계약

근로계약이란 근로자가 사업자에게 근로를 제공하고 사업자는 이에 대하여 임금을 지급하는 것을 목적으로 체결된 계약을 말한다.

(1) 근로기준법을 위반한 근로계약

이 법에서 정하는 기준에 미치지 못하는 근로조건을 정한 근로계약은 그 부분에 한하여 무효로 한다. 무효로 된 부분은 이 법에서 정한 기준에 따른다.

(2) 계약기간

근로계약은 기간을 정하지 아니한 것과 일정한 사업의 완료에 필요한 기간을 정한 것 외에는 그 기간은 1년을 초과하지 못한다.

2) 근로조건

(1) 근로조건의 서면 명시

① 사업자는 근로계약을 체결할 때에 근로자에게 다음의 사항을 서면으로 명시하여야 한다. 근로계약 체결 후 다음의 사항을 변경하는 경우에도 또한 같다.

> ※ **근로기준법상 근로계약 체결할 때 서면으로 명시해야 할 근로조건**
> 1. 임금의 구성항목 · 계산방법 · 지급방법, 2. 소정근로시간, 3. 주휴일, 4. 연차유급휴가, 5. 취업의 장소와 종사하여야 할 업무에 관한 사항, 취업규칙의 작성 · 신고의 규정에서 정한 사항, 사업장의 부속 기숙사에 근로자를 기숙하게 하는 경우에는 기숙사 규칙에서 정한 사항

가령 근로기준법상 사업자가 근로계약 체결할 때 서면으로 명시해야 할 근로조건으로는 임금의 구성항목 · 계산방법, 취업의 장소 등이 있다. 근로기준법상 사업자가 근로계약 체결할 때 서면으로 명시해야 할 근로조건이 아닌 것은 휴게장소 등이 있다.

② 사업자는 임금의 구성항목 · 계산방법 · 지급방법 및 소정근로시간, 주휴일(1주일 평균 1회 이상의 유급휴일), 연차유급휴가까지의 사항이 명시된 서면을 근로자에게 교부하여야 한다.

(2) 단시간근로자의 근로조건

① 단시간근로자의 근로조건은 그 사업장의 같은 종류의 업무에 종사하는 통상 근로자의 근로시간을 기준으로 산정한 비율에 따라 결정되어야 한다.

② 4주 동안(4주 미만으로 근로하는 경우에는 그 기간)을 평균하여 1주 동안의 소정근로시간이 15시간 미만인 근로자에 대하여는 주휴일과 연차유급휴가를 적용하지 아니한다.

(3) 근로조건의 위반

① 명시된 근로조건이 사실과 다를 경우에 근로자는 근로조건 위반을 이유로 손해의 배상을 청구할 수 있으며 즉시 근로계약을 해제할 수 있다.

② 근로자가 손해배상을 청구할 경우에는 노동위원회에 신청할 수 있으며, 근로계약이 해제되었을 경우에는 사업자는 취업을 목적으로 거주를 변경하는 근로자에게 귀향여비를 지급하여야 한다.

3) 근로계약의 금지 및 제한

(1) 위약 예정의 금지 : 사업자는 근로계약 불이행에 대한 위약금 또는 손해배상액을 예정하는 계약을 체결하지 못한다.

(2) 전차금 상계의 금지 : 사업자는 전차금(前借金)이나 그 밖에 근로할 것을 조건으로 하는 전대(前貸)채권과 임금을 상계하지 못한다.

(3) 강제 저금의 금지 : 사업자는 근로계약에 덧붙여 강제 저축 또는 저축금의 관리를 규정하는 계약을 체결하지 못한다.

3. 근로 해고

1) 해고 등의 제한

① 사업자는 근로자에게 정당한 이유 없이 해고, 휴직, 정직, 전직, 감봉, 그 밖의 징벌(懲罰)(부당해고)을 하지 못한다.

② 사업자는 근로자가 업무상 부상 또는 질병의 요양을 위하여 휴업한 기간과 그 후 30일 동안 또는 산전(産前)·산후(産後)의 여성이 이 법에 따라 휴업한 기간과 그 후 30일 동안은 해고하지 못한다. 다만, 사업자가 일시보상을 하였을 경우 또는 사업을 계속할 수 없게 된 경우에는 그러하지 아니하다.

2) 경영상 이유에 의한 해고의 제한

① 사업자가 경영상 이유에 의하여 근로자를 해고하려면 긴박한 경영상의 필요가 있어야 한다. 이 경우 경영 악화를 방지하기 위한 사업의 양도·인수·합병은 긴박한 경영상의 필요가 있는 것으로 본다.

② 사업자는 해고를 피하기 위한 노력을 다하여야 하며, 합리적이고 공정한 해고의 기준을 정하고 이에 따라 그 대상자를 선정하여야 한다. 이 경우 남녀의 성을 이유로 차별하여서는 아니 된다.

③ 사업자는 해고를 피하기 위한 방법과 해고의 기준 등에 관하여 그 사업 또는 사업장에 근로자의 과반수로 조직된 노동조합이 있는 경우에는 그 노동조합(근로자의 과반수로 조직된 노동조합이 없는 경우에는 근로자의 과반수를 대표하는 자로서 "근로자 대표"라 함)에 해고를 하려는 날의 50일 전까지 통보하고 성실하게 협의하여야 한다.

④ 사업자가 제1항부터 제3항까지의 규정에 따른 요건을 갖추어 근로자를 해고한 경우

에는 정당한 이유가 있는 해고를 한 것으로 본다.

⑤ 사업자는 1개월 동안에 다음 각 호의 어느 하나에 해당하는 인원(일정한 규모 이상 인원)을 해고하려면 최초로 해고하려는 날의 30일 전까지 고용노동부장관에게 신고(승인, 허가 X)하여야 한다.

> ※ **경영상의 이유에 의한 해고 계획의 신고**
> 1. 상시 근로자 수가 99명 이하인 사업 또는 사업장 : 10명 이상
> 2. 상시 근로자 수가 100명 이상 999명 이하인 사업 또는 사업장 : 상시 근로자 수의 10% 이상
> 3. 상시 근로자 수가 1,000명 이상 사업 또는 사업장 : 100명 이상
>
> ☆ 근로기준법령상 고용노동부장관에게 경영상의 이유에 의한 해고계획의 신고를 할 때 포함해야 하는 사항 ① 해고 예정 인원, ② 해고 사유, ③ 해고 일정, ④ 근로자 대표와 협의한 내용퇴직금

⑥ 근로자를 해고한 사업자는 근로자를 해고한 날부터 3년 이내에 해고된 근로자가 해고 당시 담당하였던 업무와 같은 업무를 할 근로자를 채용하려고 할 경우 해고된 근로자가 원하면 그 근로자를 우선적으로 고용하여야 한다(우선 재고용 등).

3) 해고의 예고제도

사업자는 근로자를 해고(경영상 이유에 의한 해고 포함)하려면 적어도 30일 전에 예고를 하여야 하고, 30일 전에 예고를 하지 아니하였을 때에는 30일분 이상의 통상임금을 지급하여야 한다(원칙).

다만, 천재 · 사변, 그 밖의 부득이한 사유로 사업을 계속하는 것이 불가능한 경우 또는 근로자가 고의로 사업에 막대한 지장을 초래하거나 재산상 손해를 끼친 경우로서 고용노동부령으로 정하는 사유에 해당하는 경우에는 그러하지 아니하다(예외).

(1) 해고사유 등의 서면통지

① 사업자는 근로자를 해고하려면 해고사유와 해고시기를 서면으로 통지하여야 한다.

② 근로자에 대한 해고는 제1항에 따라 서면으로 통지하여야 효력이 있다.

③ 사업자가 해고의 예고를 해고사유와 해고시기를 명시하여 서면으로 한 경우에는 통지를 한 것으로 본다.

(2) 예고해고의 적용 예외

다음에 해당하는 근로자에게는 적용하지 아니한다. 가령 일용근로자로서 3개월을 계속 근무하지 아니한 자와 2개월 이내의 기간을 정하여 고용된 자가 해당된다. 다만, 예고해고 제도가 적용되는 근로자에 해당하는 사람은 일용근로자로서 3개월을 계속 근무한 자이다.

※ 예고해고의 적용 예외
1. 일용근로자로서 3개월을 계속 근무하지 아니한 자
2. 2개월 이내의 기간을 정하여 고용된 자
3. 월급근로자로서 6개월이 되지 못한 자(헌법에 위반)
4. 계절적 업무에 6개월 이내의 기간을 정하여 고용된 자
5. 수습 고용 중인 근로자

☞ [단순위헌, 2014헌바3, 2015.12.23., 근로기준법(2007. 4. 11. 법률 제8372호로 전부개정된 것)]

4. 부당해고의 구제신청 및 구제명령

1) 부당해고의 구제신청

① 사업자가 근로자에게 부당해고를 하면 근로자는 노동위원회에 구제를 신청할 수 있다.
② 구제신청은 부당해고가 있었던 날부터 3개월 이내에 하여야 한다.

2) 조 사

① 노동위원회는 구제신청을 받으면 지체 없이 필요한 조사를 하여야 하며 관계 당사자를 심문하여야 한다.
② 노동위원회는 심문을 할 때에는 관계 당사자의 신청이나 직권으로 증인을 출석하게 하여 필요한 사항을 질문할 수 있다.
③ 노동위원회는 심문을 할 때에는 관계 당사자에게 증거 제출과 증인에 대한 반대심문을 할 수 있는 충분한 기회를 주어야 한다.
④ 노동위원회의 조사와 심문에 관한 세부절차는 노동위원회법에 따른 중앙노동위원회가 정하는 바에 따른다.

3) 구제명령

① 노동위원회는 심문을 끝내고 부당해고가 성립한다고 판정하면 사업자에게 구제명령을 하여야 하며, 부당해고가 성립하지 아니한다고 판정하면 구제신청을 기각하는 결정을 하여야 한다.

② 판정, 구제명령 및 기각결정은 사업자와 근로자에게 각각 서면으로 통지하여야 한다.

③ 노동위원회는 구제명령(해고에 대한 구제명령만을 말한다)을 할 때에 근로자가 원직복직을 원하지 아니하면 원직복직을 명하는 대신 근로자가 해고기간 동안 근로를 제공하였더라면 받을 수 있었던 임금 상당액 이상의 금품을 근로자에게 지급하도록 명할 수 있다.

4) 구제명령 등의 확정

① 노동위원회법에 따른 지방노동위원회의 구제명령이나 기각결정에 불복하는 사업자나 근로자는 구제명령서나 기각결정서를 통지받은 날부터 10일(15일 X) 이내에 중앙노동위원회에 재심을 신청할 수 있다.

② 중앙노동위원회의 재심판정에 대하여 사업자나 근로자는 재심판정서를 송달받은 날부터 15일 이내에 행정소송법의 규정에 따라 소(訴)를 제기할 수 있다.

③ 위 기간 이내에 재심을 신청하지 아니하거나 행정소송을 제기하지 아니하면 그 구제명령, 기각결정 또는 재심판정은 확정된다.

5) 구제명령 등의 효력

노동위원회의 구제명령, 기각결정 또는 재심판정은 중앙노동위원회에 대한 재심 신청이나 행정소송 제기에 의하여 그 효력이 정지되지 아니한다. 가령 행정소송을 제기하더라도 중앙노동위원회에 대한 재심판정은 그 효력이 정지되지 아니한다.

6) 이행강제금[1]

① 노동위원회는 구제명령(구제명령을 내용으로 하는 재심판정을 포함)을 받은 후 이행기한까지 구제명령을 이행하지 아니한 사업자에게 2천만 원 이하의 이행강제금을 부과한다.

② 노동위원회는 이행강제금을 부과하기 30일 전까지 이행강제금을 부과 · 징수한다는 뜻을 사업자에게 미리 문서로써 알려주어야 한다.

③ 이행강제금을 부과할 때에는 이행강제금의 액수, 부과사유, 납부기한, 수납기관, 이의제기 방법 및 이의제기 기관 등을 명시한 문서로써 하여야 한다.

④ 이행강제금을 부과하는 위반행위의 종류와 위반 정도에 따른 금액, 부과 · 징수된 이행강제금의 반환절차, 그 밖에 필요한 사항은 대통령령으로 정한다.

⑤ 노동위원회는 최초의 구제명령을 한 날을 기준으로 매년 2회의 범위에서 구제명령이 이행될 때까지 반복하여 이행강제금을 부과 · 징수할 수 있다. 이 경우 이행강제금은 2년을 초과하여 부과 · 징수하지 못한다.

⑥ 노동위원회는 구제명령을 받은 자가 구제명령을 이행하면 새로운 이행강제금을 부과하지 아니하되, 구제명령을 이행하기 전에 이미 부과된 이행강제금은 징수하여야 한다.

⑦ 노동위원회는 이행강제금 납부의무자가 납부기한까지 이행강제금을 내지 아니하면 기간을 정하여 독촉을 하고 지정된 기간에 이행강제금을 내지 아니하면 국세 체납처분의 예에 따라 징수할 수 있다.

⑧ 근로자는 구제명령을 받은 사업자가 이행기한까지 구제명령을 이행하지 아니하면 이행기한이 지난 때부터 15일 이내에 그 사실을 노동위원회에 알려줄 수 있다.

⑨ 노동위원회법에 따른 노동위원회는 사업자에게 구제명령을 하는 때에는 이행기한을 정하여야 한다. 이 경우 이행기한은 구제명령을 한 날부터 30일 이내로 한다(구제명령의 이행기한).

---

1) 이행강제금은 노동위원회가 부당해고 등의 구제명령 또는 재심판정을 이행하지 않는 사업자에게 이행을 강제하기 위해 부과하는 징수금을 말한다.

5. 근로계약 종료 후 근로자 보호

1) 퇴직급여제도

사업자가 퇴직하는 근로자에게 지급하는 퇴직급여제도에 관하여는 근로자퇴직급여 보장법이 정하는 대로 따른다.

2) 금품 청산

사업자는 근로자가 사망 또는 퇴직한 경우에는 그 지급사유가 발생한 때부터 14일 이내에 임금, 보상금, 그 밖에 일체의 금품을 지급하여야 한다. 다만, 특별한 사정이 있을 경우에는 당사자 사이의 합의에 의하여 기일을 연장할 수 있다.

3) 임금채권의 우선변제

① 임금, 재해보상금 그 밖에 근로관계로 인한 채권은 사업자의 총재산에 대하여 질권·저당권 또는 담보권에 따라 담보된 채권 외에는 조세·공과금 및 다른 채권에 우선하여 변제되어야 한다. 다만, 질권·저당권 또는 담보권에 우선하는 조세·공과금에 대하여는 그러하지 아니하다.

② 제1항에도 불구하고 최종 3개월분의 임금 또는 재해보상금에 해당하는 채권은 사업자의 총재산에 대하여 다른 채권에 우선하여 변제되어야 한다.

4) 고용(사용)증명서의 교부 및 청구

① 사업자는 근로자가 퇴직한 후라도 고용기간, 업무종류, 지위와 임금, 그 밖에 필요한 사항에 관한 증명서를 청구하면 사실대로 적은 증명서를 즉시 내주어야 한다.

② 고용증명서에는 근로자가 요구한 사항만을 적어야 한다.

③ 고용증명서를 청구할 수 있는 자는 계속하여 30일 이상 근무한 근로자로 하되, 청구할 수 있는 기한은 퇴직 후 3년 이내로 한다(시행령 제19조 사용증명서의 청구).

5) 계약서류의 보존

사업자는 근로자 명부와 대통령령으로 정하는 근로계약에 관한 중요한 서류를 3년간 보존하여야 한다.

※ **보존 대상 서류** : 근로계약에 관한 중요한 서류(시행령 제22조)

1. 근로계약서
2. 임금대장
3. 임금의 결정 · 지급방법과 임금계산의 기초에 관한 서류
4. 고용 · 해고 · 퇴직에 관한 서류
5. 승급 · 감급에 관한 서류
6. 휴가에 관한 서류
7. 탄력적 근로시간제, 선택적 근로시간제, 근로시간 계산의 특례법 및 근로시간 및 휴게시간의 특례에 따른 서면 합의 서류
8. 연소자의 증명에 관한 서류

6. 임금의 지급

"임금"이란 사업자가 근로의 대가로 근로자에게 임금, 봉급, 그 밖에 어떠한 명칭으로든지 지급하는 일체의 금품을 말한다. 여기서 근로의 대가는 종속근로관계에서 제공되는 근로에 대한 보상을 말한다.

1) 평균임금

평균임금은 이를 산정하여야 할 사유가 발생한 날 이전 3개월 동안에 그 근로자에게 지급된 임금의 총액을 그 기간의 총일수로 나눈 금액을 말한다. 근로자가 취업한 후 3개월 미만인 경우도 이에 준한다.

① 산출된 금액이 그 근로자의 통상임금보다 적으면 그 통상임금액을 평균임금으로 한다.

② 일용근로자의 평균임금은 고용노동부장관이 사업이나 직업에 따라 정하는 금액으로 한다(일용근로자의 평균임금).

③ 평균임금을 산정할 수 없는 경우에는 고용노동부장관이 정하는 바에 따른다(특별한 경우의 평균임금).

> ※ **평균임금의 계산에서 제외되는 기간과 임금**(시행령 제2조)
> 평균임금 산정기간(3월) 중에 다음의 어느 하나에 해당하는 기간이 있는 경우에는 그 기간과 그 기간 중에 지급된 임금은 평균임금 산정기준이 되는 기간과 임금의 총액에서 각각 뺀다.
> 1. 수습고용 중인 기간
> 2. 사업자의 귀책사유로 휴업한 기간
> 3. 출산전후휴가 기간
> 4. 업무상 부상 또는 질병으로 요양하기 위하여 휴업한 기간
> 5. 육아휴직 기간
> 6. 쟁의행위 기간
> 7. 병역법, 예비군법 또는 민방위기본법에 따른 의무를 이행하기 위하여 휴직하거나 근로하지 못한 기간. 다만, 그 기간 중 임금을 지급받은 경우에는 그러하지 아니함
> 8. 업무 외 부상이나 질병, 그 밖의 사유로 사업자의 승인을 받아 휴업한 기간

☆ 근로기준법상 평균임금의 산정대상 기간에서 제외되는 기간에 해당하는 것은 병역의무를 이행하기 위하여 임금을 지급받으면서 휴직하거나 근로하지 못한 기간이다.

가령 평균임금의 계산에서 제외되는 기간은 3개월 이내 수습고용 중인 기간, 업무상 부상 또는 질병으로 요양하기 위하여 휴업한 기간, 사업자의 귀책사유로 휴업한 기간, 출산전후휴가 기간, 육아휴직 기간, 쟁의행위 기간, 병역법 등에 따른 의무를 이행하기 위하여 휴직하거나 근로하지 못한 기간 등이 있다. 다만, 병역 등에 따른 의무를 이행하기 위하여 임금을 지급받으면서 휴직한 기간은 해당하지 않는다.

2) 통상임금

통상임금은 근로자에게 정기적이고 일률적으로 소정(所定)근로 또는 총 근로에 대하여 지급하기로 정한 시간급 금액, 일급 금액, 주급 금액, 월급 금액 또는 도급 금액을 말한다. 여기서 통상임금을 일급 금액으로 산정할 때에는 시간급 금액에 1일의 소정근로시간 수를 곱하여 계산한다.

> ※ **통상임금의 산정**
> - 시간급 금액으로 산정할 경우에는 시간급 금액으로 정한 임금은 그 금액
> - 일급 금액으로 정한 임금은 그 금액을 1일의 소정근로시간 수로 나눈 금액
> - 주급 금액으로 정한 임금은 그 금액을 주의 통상임금 산정 기준시간 수로 나눈 금액
> - 월급 금액으로 정한 임금은 그 금액을 월의 통상임금 산정 기준시간 수로 나눈 금액의 방법에 따라 산정된 금액

3) 근로기준법상 평균임금과 통상임금의 차이

평균임금	근로기준법상 평균임금이란 이를 산정하여야 할 사유가 발생한 날 이전 3개월 동안 근로자에게 지급된 임금 총액을 총일수로 나눈 금액을 말한다. 근로자가 취업 후 3개월 미만인 경우도 같다. 평균임금은 퇴직금, 휴업수당, 연차유급휴가수당, 재해보상금 및 각종 보험금여를 산출하는 기초가 된다. ※ 평균임금 신출방법 $$\text{평균임금} = \frac{\text{산정사유 발생일 이전 3월간 임금총액}}{\text{산정사유 발생일 이전 3월간 총일수}}$$
통상임금	통상임금은 근로자에게 정기적이고 일률적이고 고정적으로 소정근로 또는 총 근로에 대하여 지급하기로 정하여진 시간급 금액, 일급 금액, 주금 금액, 월급 금액 또는 도급 금액을 말한다. 보통 통상임금은 평균임금의 산정, 시간 외 야간 휴일근로수당(연장근로수당 · 야간근로수당), 산정 후 휴가수당 퇴직금을 산출하는 기초가 된다. ☞ **통상임금의 요건** 1. 정기성 : 정기성은 미리 정해진 일정한 기간마다 정기적으로 지급되는 임금이다. 1개월을 초과하는 임금이라고 해도 일정하게 지급되는 것이라면 통상임금에 포함될 수 있다. 2. 일률성 : 모든 근로자 또는 일정한 조건이나 기준에 달한 근로자에게 일률적으로 지급되어야 통상임금으로 인정된다. 여기서의 일정한 조건, 기준에 해당하는 근로자에게 모두 지급이 된다면 일률성이 인정되고, 이에 일정한 조건이란 시시때때로 변동되지 않는 고정적인 조건이어야 한다. 3. 고정성 : 고정성이란 초과근로를 제공할 당시에 그 지급 여부가 업적, 성과, 기타 추가적인 조건과 관계없이 사전에 이미 확정되어 있는 것이어야 함을 의미한다. 따라서 명칭을 묻지 않고 소정근로시간을 근무한 근로자가 다음 날 퇴직하여도 근로의 대가로 당연하고도 확정적으로 지급받게 되는 최소한의 임금을 의미한다.

※ **통상임금과 평균임금**

평균임금은 일정 기간 지급된 임금 총액의 평균이며 이미 지급된 금액을 기초로 한다. 통상임금은 지급하기로 결정된 정기적, 일률적, 고정적인 임금이며 이미 지급된 금액이 아닌 지급하기로 결정된 금액이라는 점에서 차이가 있다. 통상적으로 평균임금이 통상임금보다 적을 시에는 통상임금을 평균임금으로 한다.

4) 임금지급

(1) 임금지급의 원칙

① 임금은 원칙적으로 통화로 직접 근로자에게 그 전액을 지급하여야 한다(원칙 : 통화 · 직접 · 전액지불). 다만, 법령 또는 단체협약에 특별한 규정이 있는 경우에는 임금의 일부(전부 X)를 공제하거나 통화 이외의 것으로 지급할 수 있다(예외).

② 임금은 매월 1회 이상 일정한 날짜를 정하여 지급하여야 한다(정기지불). 다만, 임시로 지급하는 임금, 수당, 그 밖에 이에 준하는 것 또는 대통령령으로 정하는 임금에 대하여는 그러하지 아니하다.

따라서 근로기준법상 임금지급 원칙으로는 ① 통화불의 원칙, ② 전액불의 원칙, ③ 직접불의 원칙, ④ 정기불의 원칙 등이 있다.

(2) 도급사업에 대한 임금지급

사업이 여러 차례의 도급에 따라 행하여지는 경우에 하수급인(下受給人)이 직상(直上) 수급인의 귀책사유로 근로자에게 임금을 지급하지 못한 경우에는 그 직상 수급인은 그 하수급인과 연대하여 책임을 진다. 다만, 직상 수급인의 귀책사유가 그 상위 수급인의 귀책사유에 의하여 발생한 경우에는 그 상위 수급인도 연대하여 책임을 진다.

(3) 비상시 지급

사업자는 근로자가 출산, 질병, 재해, 그 밖에 대통령령으로 정하는 비상(非常)한 경우의 비용에 충당하기 위하여 임금지급을 청구하면 지급기일 전이라도 이미 제공한 근로에 대한 임금을 지급하여야 한다. 가령 향후 제공할 근로에 대한 임금을 지급하는 것은 아니다.

여기서 지급기일 전의 임금지급에서 비상(非常)한 경우란 근로자나 그의 수입으로 생계를 유지하는 자가 [출산하는 경우, 질병에 걸리는 경우, 재해를 당한 경우, 혼인 또는 사망한 경우, 부득이한 사유로 1주일 이상 귀향하게 되는 경우]에 해당하게 되는 경우를 말한다. 가령 근로자나 그의 수입으로 생계를 유지하는 자가 출산하는 경우 임금의 비상시 지급이 허용된다.

(4) 휴업수당

① 사업자의 귀책사유로 휴업하는 경우에 사업자는 휴업기간 동안 그 근로자에게 평균임금의 100분의 70 이상의 수당을 지급하여야 한다. 다만, 평균임금의 100분의 70에 해당하는 금액이 통상임금을 초과하는 경우에는 통상임금을 휴업수당으로 지급할 수 있다.

② 제1항에도 불구하고 부득이한 사유로 사업을 계속하는 것이 불가능하여 노동위원회의 승인을 받은 경우에는 제1항의 기준에 못 미치는 휴업수당을 지급할 수 있다.

(5) 임금채권의 소멸시효

이 법에 따른 임금채권은 3년간 행사하지 아니하면 시효로 소멸한다.

5) 임금 체불

(1) 체불사업자 명단 공개

① 고용노동부장관은 임금, 보상금, 수당, 그 밖에 일체의 금품(임금등)을 지급하지 아니한 사업자(체불사업자)가 명단 공개 기준일 이전 3년 이내 임금 등을 체불하여 2회 이상 유죄가 확정된 자로서 명단 공개 기준일 이전 1년 이내 임금 등의 체불 총액이 3천만 원 이상인 경우에는 그 인적사항 등을 공개할 수 있다. 다만, 체불사업자의 사망·폐업으로 명단 공개의 실효성이 없는 경우 등 대통령령으로 정하는 사유가 있는 경우에는 그러하지 아니하다.

② 고용노동부장관은 명단 공개를 할 경우에 체불사업자에게 3개월 이상의 기간을 정하여 소명기회를 주어야 한다.

③ 체불사업자의 인적사항 등에 대한 공개 여부를 심의하기 위하여 고용노동부에 임금체불정보심의위원회를 둔다.

④ 명단 공개의 구체적인 내용, 기간 및 방법 등 명단 공개에 필요한 사항은 대통령령으로 정한다.

(2) 명단공개 내용·기간(시행령 제23조의3)

① 내용 공개 : 고용노동부장관은 체불사업자의 성명·나이·상호·주소(체불사업자가 법인인 경우에는 그 대표자의 성명·나이·주소 및 법인의 명칭·주소를 말함), 명단 공개 기준일 이전 3년간의 임금 등 체불액의 내용을 공개한다.

② 공개기간 : 공개는 관보에 싣거나 인터넷 홈페이지, 관할 지방고용노동관서 게시판 또는 그 밖에 열람이 가능한 공공장소에 3년간 게시하는 방법으로 한다.

(3) 도급 근로자

사업자는 도급이나 그 밖에 이에 준하는 제도로 고용하는 근로자에게 근로시간에 따라 일정액의 임금을 보장하여야 한다.

7. 근로시간과 휴게시간(휴식)

1) 근로시간

근로시간이라 함은 근로자가 사업자와의 근로계약에 따라서 휴게의 시간을 제외하고 실지로 노동하는 시간을 말한다. 근로시간은 근로조건 중 가장 중요한 것의 하나이며, 근로자에게 그 노동의 재생산성을 유지시키고 그의 기본적 생활을 보장하기 위하여 그 제한이 필요하게 된다. "소정근로시간"이란 근로시간의 범위에서 근로자와 사업자 사이에 정한 근로시간을 말한다.

(1) 근로시간의 기준

① 1주간의 근로시간은 휴게시간을 제외하고 40시간을 초과할 수 없다.

② 1일의 근로시간은 휴게시간을 제외하고 8시간을 초과할 수 없다.

③ 근로시간을 산정함에 있어 작업을 위하여 근로자가 사업자의 지휘 · 감독 아래에 있는 대기시간 등은 근로시간으로 본다.

(2) 탄력적 근로시간제

① 사업자는 취업규칙에서 정하는 바에 따라 2주 이내의 일정한 단위기간을 평균하여 1주간의 근로시간이 기준근로시간을 초과하지 아니하는 범위에서 특정한 주에 근로시간을, 특정한 날에 근로시간을 초과하여 근로하게 할 수 있다. 다만, 특정한 주의 근로시간은 48시간을 초과할 수 없다.

② 사업자는 근로자 대표와의 서면합의에 따라 다음 각호의 사항을 정하면 3개월 이내의 단위기간을 평균하여 1주간의 근로시간이 기준근로시간을 초과하지 아니하는 범위에서 특정한 주에 근로시간을, 특정한 날에 기준근로시간을 초과하여 근로하게 할

수 있다. 다만, 특정한 주의 근로시간은 52시간을, 특정한 날의 근로시간은 12시간을 초과할 수 없다.

> ※ **탄력적 근로시간제에 관한 합의사항**
> 1. 대상 근로자의 범위
> 2. 단위기간(3개월 이내의 일정한 기간으로 정하여야 함)
> 3. 단위기간의 근로일과 그 근로일별 근로시간
> 4. 서면합의의 유효기간

③ 탄력적 근로시간제의 규정은 15세 이상 18세 미만의 근로자와 임신 중인 여성 근로자에 대하여는 적용하지 아니한다.

④ 사업자는 탄력적 근로시간제의 규정에 따라 근로자를 근로시킬 경우에는 기존의 임금수준이 낮아지지 아니하도록 임금보전 방안을 강구하여야 한다.

(3) 선택적 근로시간제

① 사업자는 취업규칙에 따라 업무의 시작 및 종료 시각을 근로자의 결정에 맡기기로 한 근로자에 대하여 근로자 대표와의 서면합의에 따라 다음 각호의 사항을 정하면 1개월 이내의 정산기간을 평균하여 1주간의 근로시간이 기준근로시간을 초과하지 아니하는 범위에서 1주간에 근로시간을, 1일에 기준근로시간을 초과하여 근로하게 할 수 있다.

> ※ **선택적 근로시간제에 관한 합의사항**
> 1. 대상 근로자의 범위(15세 이상 18세 미만의 근로자는 제외한다)
> 2. 정산기간(1개월 이내의 일정한 기간으로 정하여야 한다)
> 3. 정산기간의 총 근로시간
> 4. 반드시 근로하여야 할 시간대를 정하는 경우에는 그 시작 및 종료 시각
> 5. 근로자가 그의 결정에 따라 근로할 수 있는 시간대를 정하는 경우에는 그 시작 및 종료 시각
> 6. 표준근로시간(유급휴가 등의 계산 기준으로 사업자와 근로자대표가 합의하여 정한 1일의 근로시간)으로 정하는 사항

② 선택적 근로시간제의 규정은 15세 이상 18세 미만의 근로자에 대하여는 적용하지 아니한다.

(4) 연장근로의 제한

① 당사자 간에 합의하면 1주간에 12시간을 한도로 기준근로시간을 연장할 수 있다.

② 당사자 간에 합의하면 1주간에 12시간을 한도로 탄력적 근로시간제의 근로시간을 연장할 수 있고, 정산기간을 평균하여 1주간에 12시간을 초과하지 아니하는 범위에서 선택적 근로시간제의 근로시간을 연장할 수 있다.

③ 사업자는 특별한 사정이 있으면 고용노동부장관의 인가와 근로자의 동의를 받아 근로시간을 연장할 수 있다. 다만, 사태가 급박하여 고용노동부장관의 인가를 받을 시간이 없는 경우에는 사후에 지체 없이 승인을 받아야 한다.

④ 고용노동부장관은 근로시간의 연장이 부적당하다고 인정하면 그 후 연장시간에 상당하는 휴게시간이나 휴일을 줄 것을 명할 수 있다.

(5) 근로시간 계산의 특례

① 근로자가 출장이나 그 밖의 사유로 근로시간의 전부 또는 일부를 사업장 밖에서 근로하여 근로시간을 산정하기 어려운 경우에는 소정근로시간을 근로한 것으로 본다. 다만, 그 업무를 수행하기 위하여 통상적으로 소정근로시간을 초과하여 근로할 필요가 있는 경우에는 그 업무의 수행에 통상 필요한 시간을 근로한 것으로 본다.

② 업무의 성질에 비추어 업무 수행 방법을 근로자의 재량에 위임할 필요가 있는 업무로서 대통령령으로 정하는 업무는 사업자가 근로자 대표와 서면합의로 정한 시간을 근로한 것으로 본다.

> **※ 재량근로의 대상업무**
>
> 1. 신상품 또는 신기술의 연구개발이나 인문사회과학 또는 자연과학분야의 연구 업무
> 2. 정보처리시스템의 설계 또는 분석 업무
> 3. 신문, 방송 또는 출판 사업에서의 기사의 취재, 편성 또는 편집 업무
> 4. 의복 · 실내장식 · 공업제품 · 광고 등의 디자인 또는 고안 업무
> 5. 방송 프로그램 · 영화 등의 제작 사업에서의 프로듀서나 감독 업무
> 6. 그 밖에 고용노동부장관이 정하는 업무

2) 휴게시간

(1) 휴게

① 사업자는 근로시간이 4시간인 경우에는 30분 이상, 8시간인 경우에는 1시간 이상의 휴게시간을 근로시간 도중(이후 X)에 주어야 한다.

② 휴게시간은 근로자가 자유롭게 이용할 수 있다.

(2) 휴일

사업자는 근로자에게 1주일에 평균 1회 이상의 유급휴일(개근한 자)을 주어야 한다.

(3) 연장 · 야간 및 휴일 근로

사업자는 연장근로와 야간근로(오후 10시부터 오전 6시까지 사이의 근로) 또는 휴일근로에 대하여는 통상임금의 100분의 50 이상을 가산하여 지급하여야 한다.

(4) 보상휴가제

사업자는 근로자대표와의 서면합의에 따라 연장근로 · 야간근로 및 휴일근로에 대하여 임금을 지급하는 것을 갈음하여 휴가를 줄 수 있다.

(5) 연차유급휴가

① 사업자는 1년간 80퍼센트 이상 출근한 근로자에게 15일의 유급휴가를 주어야 한다.

② 사업자는 계속하여 근로한 기간이 1년 미만인 근로자 또는 1년간 80퍼센트 미만 출근한 근로자에게 1개월 개근 시 1일의 유급휴가를 주어야 한다.

③ 사업자는 근로자의 최초 1년간의 근로에 대하여 유급휴가를 주는 경우에는 제2항에 따른 휴가를 포함하여 15일로 하고, 근로자가 휴가를 이미 사용한 경우에는 그 사용한 휴가 일수를 15일에서 뺀다.

④ 사업자는 3년 이상 계속하여 근로한 근로자에게는 제1항에 따른 휴가에 최초 1년을 초과하는 계속근로연수 매 2년에 대하여 1일을 가산한 유급휴가를 주어야 한다. 이

경우 가산휴가를 포함한 총 휴가 일수는 25일을 한도로 한다.

⑤ 사업자는 휴가를 근로자가 청구한 시기에 주어야 하고, 그 기간에 대하여는 취업규칙 등에서 정하는 통상임금 또는 평균임금을 지급하여야 한다. 다만, 근로자가 청구한 시기에 휴가를 주는 것이 사업 운영에 막대한 지장이 있는 경우에는 그 시기를 변경할 수 있다.

⑥ 근로자가 업무상의 부상 또는 질병으로 휴업한 기간과 임신 중의 여성이 출산전후휴가로 휴업한 기간은 출근한 것으로 본다.

⑦ 제1항부터 제4항까지의 규정에 따른 휴가는 1년간 행사하지 아니하면 소멸된다. 다만, 사업자의 귀책사유로 사용하지 못한 경우에는 그러하지 아니하다. 가령 연차유급휴가는 1년간 행사하지 아니하면 소멸된다.

※ **유급휴가의 대체** : 사업자는 근로자 대표와의 서면합의에 따라 연차유급휴가일을 갈음하여 특정한 근로일에 근로자를 휴무시킬 수 있다.

※ **적용의 제외** : 근로시간, 휴게와 휴일에 관한 규정의 적용제외 업무와 근로자

1. 토지의 경작 · 개간, 식물의 재식(栽植) · 재배 · 채취 사업, 그 밖의 농림 사업
2. 동물의 사육, 수산 동식물의 채포(採捕) · 양식 사업, 그 밖의 축산, 양잠, 수산 사업
3. 감시 또는 단속적으로 근로에 종사하는 자로서 사업자가 고용노동부장관의 승인을 받은 자
4. 사업의 종류에 관계없이 관리 · 감독 업무 또는 기밀을 취급하는 업무에 종사하는 근로자

가령 근로기준법상 근로시간, 휴게와 휴일에 관한 규정이 적용되지 않는 근로자는 기밀을 취급하는 업무에 종사하는 근로자이다.

8. 여성과 소년

1) 최저 연령과 취직인허증

① 15세 미만인 자(초 · 중등교육법에 따른 중학교에 재학 중인 18세 미만인 자 포함)는 근로자로 고용하지 못한다. 다만, 대통령령으로 정하는 기준에 따라 고용노동부장관이 발급한 취직인허증을 지닌 자는 근로자로 고용할 수 있다.

② 취직인허증은 본인의 신청에 따라 의무교육에 지장이 없는 경우에는 직종을 지정하여서만 발행할 수 있다.

③ 고용노동부장관은 거짓이나 그 밖의 부정한 방법으로 취직인허증을 발급받은 자에게는 그 인허를 취소하여야 한다.

> ※ **취직인허증의 발급 등**(시행령 제35조)
> ① 취직인허증을 받을 수 있는 자는 13세 이상 15세 미만인 자로 한다. 다만, 예술공연 참가를 위한 경우에는 13세 미만인 자도 취직인허증을 받을 수 있다.
> ② 취직인허증을 받으려는 자는 고용노동부령으로 정하는 바에 따라 고용노동부장관에게 신청하여야 한다.

2) 고용금지

① 사업자는 임신 중이거나 산후 1년이 지나지 아니한 여성(임산부)과 18세 미만자를 도덕상 또는 보건상 유해·위험한 사업에 고용하지 못한다.
② 사업자는 임산부가 아닌 18세 이상의 여성을 제1항에 따른 보건상 유해·위험한 사업 중 임신 또는 출산에 관한 기능에 유해·위험한 사업에 고용하지 못한다.

3) 근로계약과 임금의 청구 및 근로시간

① 친권자나 후견인은 미성년자의 근로계약을 대리할 수 없다.
② 친권자, 후견인 또는 고용노동부장관은 근로계약이 미성년자에게 불리하다고 인정하는 경우에는 이를 해지할 수 있다.
③ 사업자는 18세 미만인 자와 근로계약을 체결하는 경우에는 근로조건을 서면으로 명시하여 교부하여야 한다.
④ 미성년자는 독자적으로 임금을 청구할 수 있다(임금의 청구).
⑤ 15세 이상 18세 미만인 자의 근로시간은 1일에 7시간, 1주일에 40시간을 초과하지 못한다. 다만, 당사자 사이의 합의에 따라 1일에 1시간, 1주일에 6시간을 한도로 연장할 수 있다(근로시간).

4) 야간근로와 휴일근로의 제한

① 사업자는 18세 이상의 여성을 오후 10시부터 오전 6시까지의 시간(야간근로) 및 휴일

에 근로시키려면 그 근로자의 동의를 받아야 한다.

② 사업자는 임산부와 18세 미만자를 오후 10시부터 오전 6시까지의 시간 및 휴일에 근로시키지 못한다. 다만, 다음 각호의 어느 하나에 해당하는 경우로서 고용노동부장관의 인가를 받으면 그러하지 아니하다.

> 1. 18세 미만자의 동의가 있는 경우
> 2. 산후 1년이 지나지 아니한 여성의 동의가 있는 경우
> 3. 임신 중의 여성이 명시적으로 청구하는 경우

③ 사업자는 고용노동부장관의 인가를 받기 전에 근로자의 건강 및 모성 보호를 위하여 그 시행 여부와 방법 등에 관하여 그 사업 또는 사업장의 근로자 대표와 성실하게 협의하여야 한다.

5) 시간 외 근로

사업자는 산후 1년이 지나지 아니한 여성에 대하여는 단체협약이 있는 경우라도 1일에 2시간, 1주일에 6시간, 1년에 150시간을 초과하는 시간 외 근로를 시키지 못한다.

6) 임산부의 보호

① 사업자는 임신 중의 여성에게 출산 전과 출산 후를 통하여 90일(한 번에 둘 이상 자녀를 임신한 경우에는 120일)의 출산전후휴가를 주어야 한다. 이 경우 휴가기간의 배정은 출산 후에 45일(한 번에 둘 이상 자녀를 임신한 경우에는 60일) 이상이 되어야 한다.

② 사업자는 임신 중인 여성 근로자가 유산의 경험 등 대통령령으로 정하는 사유로 휴가를 청구하는 경우 출산 전 어느 때라도 휴가를 나누어 사용할 수 있도록 하여야 한다. 이 경우 출산 후의 휴가기간은 연속하여 45일(한 번에 둘 이상 자녀를 임신한 경우에는 60일) 이상이 되어야 한다.

③ 사업자는 임신 중인 여성이 유산 또는 사산한 경우로서 그 근로자가 청구하면 대통령령으로 정하는 바에 따라 유산 · 사산휴가를 주어야 한다. 다만, 인공임신중절 수술(모자보건법 인공임신중절 수술 허용된 사항은 제외함)에 따른 유산의 경우는 그러하지 아니하다. 낙태한 근로자가 청구하면 유산 · 사산휴가를 주지 않아야 한다.

④ 제1항부터 제3항까지의 규정에 따른 휴가 중 최초 60일(한 번에 둘 이상 자녀를 임신한 경우에는 75일)은 유급으로 한다. 다만, 「남녀고용평등과 일·가정 양립 지원에 관한 법률」에 따라 출산전후휴가 급여 등이 지급된 경우에는 그 금액의 한도에서 지급의 책임을 면한다.

⑤ 사업자는 임신 중의 여성 근로자에게 시간 외 근로를 하게 하여서는 아니 되며, 그 근로자의 요구가 있는 경우에는 쉬운 종류의 근로로 전환하여야 한다.

⑥ 사업자는 제1항에 따른 출산전후휴가 종료 후에는 휴가 전과 동일한 업무 또는 동등한 수준의 임금을 지급하는 직무에 복귀시켜야 한다.

⑦ 사업자는 임신 후 12주 이내 또는 36주 이후에 있는 여성 근로자가 1일 2시간의 근로시간 단축을 신청하는 경우 이를 허용하여야 한다. 다만, 1일 근로시간이 8시간 미만인 근로자에 대하여는 1일 근로시간이 6시간이 되도록 근로시간 단축을 허용할 수 있다.

⑧ 사업자는 제7항에 따른 근로시간 단축을 이유로 해당 근로자의 임금을 삭감하여서는 아니 된다.

7) 육아시간

생후 1년 미만의 유아(乳兒)를 가진 여성 근로자가 청구하면 1일 2회 각각 30분 이상의 유급 수유시간을 주어야 한다.

9. 재해보상

1) 요양보상

① 근로자가 업무상 부상 또는 질병에 걸리면 사업자는 매월 1회 이상 그 비용으로 필요한 요양을 행하거나 필요한 요양비를 부담하여야 한다.

② 사업자는 근로자가 취업 중에 업무상 질병에 걸리거나 부상 또는 사망한 경우에는 지체 없이 의사의 진단을 받도록 하여야 한다.

2) 휴업보상

① 사업자는 요양 중에 있는 근로자에게 매월 1회 이상 그 근로자의 요양 중 평균임금의 100분의 60의 휴업보상을 하여야 한다.

② 휴업보상을 받을 기간에 그 보상을 받을 자가 임금의 일부를 지급받은 경우에는 사업자는 평균임금에서 그 지급받은 금액을 뺀 금액의 100분의 60의 휴업보상을 하여야 한다.

3) 장해보상

근로자가 업무상 부상 또는 질병에 걸리고, 완치된 후 신체에 장해가 있으면 사업자는 그 장해 정도에 따라 평균임금에 별표에서 정한 일수를 곱한 금액의 장해보상을 하여야 한다.

4) 유족보상

① 근로자가 업무상 사망한 경우에는 사업자는 근로자가 사망한 후 지체 없이(30일 이내 X) 그 유족에게 평균임금 1,000일분의 유족보상을 하여야 한다.

② 유족의 범위, 유족보상의 순위 및 보상을 받기로 확정된 자가 사망한 경우의 유족보상의 순위는 대통령령으로 정한다.

> **※ 유족의 범위**
>
> 유족의 범위는 다음 각호와 같다. 이 경우 유족보상의 순위는 다음 각호의 순서에 따르되, 같은 호에 해당하는 경우에는 그 적힌 순서에 따른다.
>
> 1. 근로자가 사망할 때 그가 부양하고 있던 배우자(사실혼 관계에 있던 자를 포함한다), 자녀, 부모, 손(孫) 및 조부모
> 2. 근로자가 사망할 때 그가 부양하고 있지 아니한 배우자, 자녀, 부모, 손 및 조부모
> 3. 근로자가 사망할 때 그가 부양하고 있던 형제자매
> 4. 근로자가 사망할 때 그가 부양하고 있지 아니한 형제자매
>
> ☆ 유족의 순위를 정하는 경우에 부모는 양부모를 선순위로 친부모를 후순위로 하고, 조부모는 양부모의 부모를 선순위로 친부모의 부모를 후순위로 하되, 부모의 양부모를 선순위로 부모의 친부모를 후순위로 한다.

5) 장의비

근로자가 업무상 사망한 경우에는 사업자는 근로자가 사망한 후 지체 없이(30일 이내 X) 평균임금 90일분의 장의비를 지급하여야 한다.

6) 일시보상

요양보상을 받는 근로자가 요양을 시작한 지 2년이 지나도 부상 또는 질병이 완치되지 아니하는 경우에는 사업자는 그 근로자에게 평균임금 1,340일분의 일시보상을 하여 그 후의 이 법에 따른 모든 보상책임을 면할 수 있다.

7) 분할보상

사업자는 지급능력이 있는 것을 증명하고 보상을 받는 자의 동의를 받으면 장해보상, 유족보상 또는 일시보상에 따른 보상금을 1년에 걸쳐 분할보상을 할 수 있다.

8) 서류의 보존과 시효

① 사업자는 재해보상에 관한 중요한 서류를 재해보상이 끝나지 아니하거나 제92조에 따라 재해보상 청구권이 시효로 소멸되기 전에 폐기하여서는 아니 된다.
② 이 법의 규정에 따른 재해보상 청구권은 3년간 행사하지 아니하면 시효로 소멸한다.

10. 취업규칙

1) 취업규칙의 작성 · 신고

상시 10명 이상의 근로자를 고용하는 사업자는 다음 각호의 사항에 관한 취업규칙을 작성하여 고용노동부장관에게 신고하여야 한다. 이를 변경하는 경우에도 또한 같다. 가령 상시 10명 이상의 근로자를 사용하는 사용자는 임금의 산정기간 · 지급시기 등에 관한 취업규칙을 작성하여 고용노동부장관에게 신고(변경)하여야 한다.

※ **근로기준법상 취업규칙에 반드시 기재하여야 하는 사항**

1. 업무의 시작과 종료 시각, 휴게시간, 휴일, 휴가 및 교대 근로에 관한 사항
2. 임금의 결정 · 계산 · 지급 방법, 임금의 산정기간 · 지급시기 및 승급에 관한 사항
3. 가족수당의 계산 · 지급 방법에 관한 사항
4. 퇴직에 관한 사항
5. 근로자퇴직급여 보장법에 따라 설정된 퇴직급여, 상여 및 최저임금에 관한 사항
6. 근로자의 식비, 작업 용품 등의 부담에 관한 사항
7. 근로자를 위한 교육시설에 관한 사항
8. 출산전후휴가 · 육아휴직 등 근로자의 모성 보호 및 일 · 가정 양립 지원에 관한 사항
9. 안전과 보건에 관한 사항

9의2. 근로자의 성별 · 연령 또는 신체적 조건 등의 특성에 따른 사업장 환경의 개선에 관한 사항

10. 업무상과 업무 외의 재해부조(災害扶助)에 관한 사항
11. 표창과 제재에 관한 사항
12. 그 밖에 해당 사업 또는 사업장의 근로자 전체에 적용될 사항

2) 규칙의 작성, 변경 절차

① 사업자는 취업규칙의 작성 또는 변경에 관하여 해당 사업 또는 사업장에 근로자의 과반수로 조직된 노동조합이 있는 경우에는 그 노동조합, 근로자의 과반수로 조직된 노동조합이 없는 경우에는 근로자의 과반수의 의견(동의 X)을 들어야 한다(원칙). 다만, 취업규칙을 근로자에게 불리하게 변경하는 경우에는 근로자의 과반수로 조직된 노동조합이 있는 경우에는 그 노동조합, 근로자의 과반수로 조직된 노동조합이 없는 경우에는 근로자의 과반수의 동의(의견 X)를 들어야 한다(예외).

② 사업자는 취업규칙을 신고할 때에는 제1항의 의견을 적은 서면을 첨부하여야 한다. 가령 취업규칙을 신고할 때에는 근로자의 과반수로 조직된 노동조합 또는 근로자의 과반수로 조직된 노동조합이 없는 경우에는 근로자 과반수의 의견을 적은 서면을 첨부하여야 한다.

3) 제재규정의 제한

취업규칙에서 근로자에 대하여 감급(減給)의 제재를 정할 경우에 그 감액은 1회의 금액이 평균임금의 1일분의 2분의 1을, 총액이 1임금지급기의 임금 총액의 10분의 1을 초과하지 못한다.

4) 단체협약의 준수

① 취업규칙은 법령이나 해당 사업 또는 사업장에 대하여 적용되는 단체협약과 어긋나서는 아니 된다.

② 고용노동부장관(노동위원회 X)은 법령이나 단체협약에 어긋나는 취업규칙의 변경을 명할 수 있다.

따라서 취업규칙은 법령이나 해당 사업 또는 사업장에 대하여 적용되는 단체협약과 어긋나서는 아니 되며, 고용노동부장관은 법령이나 단체협약에 어긋나는 취업규칙의 변경을 명할 수 있다.

5) 위반의 효력

취업규칙에서 정한 기준에 미달하는 근로조건을 정한 근로계약은 그 부분에 관하여는 무효로 한다. 이 경우 무효로 된 부분은 취업규칙에 정한 기준에 따른다.

11. 근로감독관

근로조건의 기준을 확보하기 위하여 고용노동부와 그 소속 기관에 근로감독관을 둔다.

1) 근로감독관의 권한

① 근로감독관은 사업장, 기숙사, 그 밖의 부속 건물에 임검(臨檢)하고 장부와 서류의 제출을 요구할 수 있으며 사업자와 근로자에 대하여 심문(尋問)할 수 있다.

② 의사인 근로감독관이나 근로감독관의 위촉을 받은 의사는 취업을 금지하여야 할 질병에 걸릴 의심이 있는 근로자에 대하여 검진할 수 있다.

③ 근로감독관이나 그 위촉을 받은 의사는 그 신분증명서와 고용노동부장관의 임검 또는 검진지령서(檢診指令書)를 제시하여야 한다.

④ 근로감독관은 이 법이나 그 밖의 노동관계 법령 위반의 죄에 관하여 「사법경찰관리의 직무를 행할 자와 그 직무범위에 관한 법률」(경찰공무원법 X)에서 정하는 바에 따라 사법경찰관의 직무를 수행한다.

2) 근로감독관의 의무

근로감독관은 직무상 알게 된 비밀을 엄수하여야 한다. 근로감독관을 그만 둔 경우에도 또한 같다.

12. 벌 칙

강제근로의 금지, 폭행의 금지, 중간착취의 배제, 해고 등의 제한 또는 취업 방해의 금지를 위반한 자는 5년 이하의 징역 또는 3천만 원 이하의 벌금에 처한다.

학습 핵심문제

01 근로기준법령상 고용노동부장관에게 경영상의 이유에 의한 해고계획의 신고를 할 때 포함해야 하는 사항이 아닌 것은?

① 퇴직금
② 해고사유
③ 해고일정
④ 근로자 대표와 협의한 내용

02 근로기준법상 취업규칙에 관한 설명으로 틀린 것은?

① 취업규칙에서 근로자에 대하여 감급의 제재를 정할 경우에 그 감액은 1회의 금액이 평균임금의 1일분의 3분의 1을, 총액이 1임금지급기의 임금 총액의 10분의 1을 초과하지 못한다.
② 취업규칙을 신고할 때에는 근로자의 과반수로 조직된 노동조합 또는 근로자의 과반수로 조직된 노동조합이 없는 경우에는 근로자 과반수의 의견을 적은 서면을 첨부하여야 한다.
③ 취업규칙을 불이익하게 변경하는 경우에는 근로자의 과반수로 조직된 노동조합 또는 근로자의 과반수로 조직된 노동조합이 없는 경우에는 근로자 과반수의 동의를 얻어야 한다.
④ 취업규칙에서 정한 기준에 미달하는 근로조건을 정한 근로계약은 그 부분에 관하여는 무효로 한다.

03 근로기준법상 임금 지급 원칙이 아닌 것은?

① 통화불의 원칙
② 정액불의 원칙
③ 직접불의 원칙
④ 정기불의 원칙

04 근로기준법상 취업규칙에 관한 설명으로 틀린 것은?

① 상시 10명 이상의 근로자를 사용하는 사용자는 취업규칙을 작성하여 고용노동부장관에게 신고하여야 한다.

② 사용자는 취업규칙의 작성 또는 변경에 관하여 원칙적으로 해당 사업 또는 사업장에 근로자의 과반수로 조직된 노종조합이 있는 경우에는 그 노동조합, 근로자의 과반수로 조직된 노동조합이 없는 경우에는 근로자의 과반수의 동의를 받아야 한다.

③ 취업규칙에서 근로자에 대하여 감급(感給)의 제재를 정할 경우에 그 감액은 1회의 금액이 평균임금의 1일분의 2분의 1을, 총액이 1임금지급기의 임금 총액의 10분의 1을 초과하지 못한다.

④ 취업규칙은 법령이나 해당 사업 또는 사업장에 대하여 적용되는 단체협약과 어긋나서는 아니 되며, 고용노동부장관은 법령이나 단체협약에 어긋나는 취업규칙의 변경을 명할 수 있다.

05 근로기준법상 평균임금에 관한 설명으로 틀린 것은?

① 평균임금은 이를 산정하여야 할 사유가 발생한 날 이전 3개월 동안에 그 근로자에게 지급된 임금의 총액을 그 기간의 총일수로 나눈 금액을 말한다.

② 일용근로자의 평균임금은 고용노동부장관이 사업이나 직업에 따라 정하는 금액으로 한다.

③ 평균임금이 그 근로자의 통상임금보다 적으면 그 통상임금액을 평균임금으로 한다.

④ 근로자에게 정기적이고 일률적으로 소정(所定)근로 또는 총 근로에 대하여 지급하기로 정한 시간급 금액, 일급 금액, 주급 금액, 월급 금액 또는 도급 금액을 말한다.

06 근로기준법상 임금에 관한 설명으로 틀린 것은?

① 임금은 원칙적으로 통화(通貨)로 직접 근로자에게 그 전액을 지급하여야 한다.

② 사용자는 근로자가 출산, 질병, 재해 등 비상(非常)한 경우의 비용에 충당하기 위하여 임금 지급을 청구하면 지급기일 전이라도 향후 제공할 근로에 대한 임금을 지급하여야 한다.

③ 임금은 원칙적으로 매월 1회 이상 일정한 날짜를 정하여 지급하여야 한다.

④ 사업이 여러 차례의 도급에 따라 행하여지는 경우에 하수급인(下受給人)이 직상(直上) 수급인의 귀책사유로 근로자에게 임금을 지급하지 못한 경우에는 그 직상 수급인은 그 하수급인과 연대하여 책임을 진다.

07 근로기준법상 근로시간과 휴게시간에 관한 설명으로 틀린 것은?

① 1주간의 근로시간은 휴게시간을 제외하고 40시간을 초과할 수 없다.
② 1일의 근로시간은 휴게시간을 제외하고 8시간을 초과할 수 없다.
③ 사용자는 근로시간이 4시간인 경우에는 30분 이상, 8시간인 경우에는 1시간 이상의 휴게시간을 근로시간 이후에 주어야 한다.
④ 휴게시간은 근로자가 자유롭게 이용할 수 있다.

08 근로기준법의 기본 원칙에 관한 설명으로 틀린 것은?

① 근로기준법에서 정하는 근로조건은 최저기준이므로 근로관계 당사자는 이 기준을 이유로 근로조건을 낮출 수 없다.
② 근로조건은 근로자와 사용자가 동등한 지위에서 사용자의 의사에 따라 결정하여야 한다.
③ 근로자와 사용자는 각자가 단체협약, 취업규칙과 근로계약을 지키고 성실하게 이행할 의무가 있다.
④ 사용자는 근로자에 대하여 남녀의 성(性)을 이유로 차별적 대우를 하지 못하고, 국적 · 신앙 또는 사회적 신분을 이유로 근로조건에 대한 차별적 처우를 하지 못한다.

09 근로기준법상 균등처우의 원칙에서 근로에 대한 차별이 금지되는 사유가 아닌 것은?

① 나이 ② 신앙
③ 사회적 신분 ④ 국적

10 근로기준법상 사용하는 용어에 관한 설명으로 틀린 것은?

① "임금"이란 사용자가 근로의 대가로 근로자에게 임금, 봉급, 그 밖에 어떠한 명칭으로든지 지급하는 일체의 금품을 말한다.
② "사용자"란 사업주 또는 사업 경영 담당자, 그 밖에 근로자에 관한 사항에 대하여 사업주를 위하여 행위하는 자를 말한다.
③ "근로자"란 사업주에게 고용된 자와 취업할 의사를 가진 자를 말한다.
④ "근로"란 정신노동과 육체노동을 말한다.

11 **근로기준법상 재해보상에 관한 설명으로 옳은 것은?**

① 근로자가 업무상 사망한 경우에는 사용자는 근로자가 사망한 후 30일 이내에 그 유족에게 평균임금 1000일분의 유족보상을 하여야 한다.
② 근로자가 업무상 사망한 경우에는 사용자는 근로자가 사망한 후 30일 이내에 평균임금 90일분의 장의비를 지급하여야 한다.
③ 보상을 받을 권리를 퇴직으로 인하여 변경되지 아니하고, 양도할 수 있다.
④ 보상을 받게 될 자가 동일한 사유에 대하여 민법이나 그 밖의 법령에 따라 이 법의 재해보상에 상당한 금품을 받으면 그 가액(價額)의 한도에서 사용자는 보상의 책임을 면한다.

12 **근로기준법상 임산부의 보호에 관한 설명으로 틀린 것은?**

① 사용자는 임신 중의 여성에게 출산 전과 출산 후를 통하여 90일의 출산전후휴가를 주어야 한다.
② 사용자는 임신 중인 여성근로자가 유산의 경험 등의 사유로 휴가를 청구하는 경우 출산 전 어느 때라도 휴가를 나누어 사용할 수 있도록 하여야 한다.
③ 인공임신중절 수술에 따른 유산의 경우 근로자가 청구하면 유산 · 사산휴가를 주어야 한다.
④ 사용자는 임신 중의 여성 근로자에게 시간 외 근로를 하게 하여서는 아니 되며, 그 근로자의 요구가 있는 경우에는 쉬운 종류의 근로로 전환하여야 한다.

13 **근로기준법상 근로시간에 관한 설명으로 틀린 것은?**

① 1주간의 근로시간은 휴게시간을 제외하고 40시간을 초과할 수 없다.
② 1일의 근로시간은 휴게시간을 제외하고 8시간을 초과할 수 없다.
③ 선택적 근로시간제 대상 근로자의 범위는 15세 이상 18세 미만의 근로자이다.
④ 당사자 간에 합의하면 1주간에 12시간을 한도로 근로시간을 연장할 수 있다.

14 **근로기준법상 임금채권의 소멸시효 기간은?**

① 1년　　② 2년　　③ 3년　　④ 5년

15 근로기준법의 적용범위에 관한 설명으로 틀린 것은?

① 상시 5명 이상의 근로자를 사용하는 모든 사업 또는 사업장에 적용한다.
② 상시 4명 이하의 근로자를 사용하는 사업 또는 사업장에 대하여는 주휴일, 월차휴가, 연차휴가, 생리휴가, 산전후휴가 등을 적용하지 아니한다.
③ 동거하는 친족만을 사용하는 사업 또는 사업장에 대하여는 적용하지 아니한다.
④ 가사사용인에 대하여는 적용하지 아니한다.

16 근로기준법의 적용범위에 관한 설명으로 틀린 것은?

① 상시 5명 이상의 근로자를 사용하는 모든 사업 또는 사업장에 적용한다.
② 상시 4명 이하의 근로자를 사용하는 사업 또는 사업장에 대하여는 주휴일, 월차휴가, 연차휴가, 생리휴가, 산전후휴가 등을 적용하지 아니한다.
③ 동거하는 친족만을 사용하는 사업 또는 사업장에 대하여는 적용하지 아니한다.
④ 가사사용인에 대하여는 적용하지 아니한다.

17 근로기준법에서 사용하는 용어에 관한 설명으로 틀린 것은?

① 근로란 정신노동과 육체노동을 말한다.
② 근로자란 직업의 종류와 관계없이 임금을 목적으로 사업이나 사업장에 근로를 제공하는 자를 말한다.
③ 평균임금이란 이를 산정하여야 할 사유가 발생한 날 이전 6개월 동안에 그 근로자에게 지급된 임금의 총액을 그 기간의 총일수로 나눈 금액을 말한다.
④ 단시간근로자란 1주 동안의 소정근로시간이 그 사업장에서 같은 종류의 업무에 종사하는 통상 근로자의 1주 동안의 소정근로시간에 비하여 짧은 근로자를 말한다.

18 근로기준법상의 개념정의와 일치하지 않는 것은?

① 근로자란 직업의 종류를 불문하고, 임금 · 급료, 기타 이에 준하는 수입에 의하여 생활하는 자를 말한다.
② 사용자란 사업주 또는 사업 경영 담당자, 그 밖에 근로자에 관한 사항에 대하여 사업주를 위하여 행위하는 자를 말한다.
③ 근로계약이란 근로자가 사용자에게 근로를 제공하고 사용자는 이에 대하여 임금을 지급하는 것을 목적으로 체결된 계약을 말한다.

④ 임금이란 사용자가 근로의 대가로 근로자에게 임금, 봉급, 그 밖에 어떠한 명칭으로든지 지급하는 일체의 금품을 말한다.

19 근로기준법상 근로계약에 관한 설명으로 틀린 것은?

① 단시간근로자의 근로조건은 그 사업장의 같은 종류의 업무에 종사하는 통상 근로자의 근로시간을 기준으로 산정한 비율에 따라 결정되어야 한다.
② 사용자는 근로계약 불이행에 대한 위약금 또는 손해배상액을 예정하는 계약을 체결하여야 한다.
③ 사용자는 전차금이나 그 밖에 근로할 것을 조건으로 하는 전대채권과 임금을 상계하지 못한다.
④ 사용자는 근로계약에 덧붙여 강제 저축 또는 저축금의 관리를 규정하는 계약을 체결하지 못한다.

20 근로기준법상 근로계약 체결 시 반드시 서면으로 명시하여 근로자에게 교부해야 하는 근로조건은?

① 퇴직에 관한 사항
② 소정근로시간에 관한 사항
③ 취업의 장소와 종사하여야 할 업무에 관한 사항
④ 사업장의 부속기숙사에 근로자를 기숙하게 하는 경우에 기숙사 규칙에서 정한 사항

21 근로기준법상 평균임금을 산정기준으로 하지 않는 것은?

① 야간근로수당 ② 퇴직금
③ 휴업보상 ④ 상해보상

22 근로기준법상 평균임금이 산정대상 기간에서 제외되는 기간에 해당되지 않는 것은?

① 2개월 이내의 수습기간
② 업무상 부상 · 질병으로 요양하기 위하여 휴업한 기간
③ 사용자의 귀책사유로 휴업한 기간
④ 병역의무의 이행을 위하여 임금을 받으면서 휴직한 기간

23 다음(　　　)에 알맞은 것은?

근로기준법상 야간근로는 (A)부터 다음 날 (B)까지의 근로시간을 말한다.

① A : 오후 8시, B : 오전 4시　　② A : 오후 10시, B : 오전 6시
③ A : 오후 12시, B : 오전 6시　　④ A : 오후 6시, B : 오전 4시

24 근로기준법상의 근로시간, 휴게 및 휴일에 관한 규정이 모두 적용되지 않는 근로자는?

① 백화점 매장에서 아르바이트하는 학생
② 자동차 경정비센터에서 일을 배우고 있는 자
③ 기밀을 취급하는 업무에 종사하는 근로자
④ 자동차 판매회사의 외근사원

25 근로기준법에 명시된 휴일 또는 휴가로 볼 수 없는 것은?

① 주휴일　　② 출산휴가
③ 근로자의 날　　④ 연차휴가

26 근로기준법상 경영상 이유에 의한 해고의 요건에 관한 설명으로 틀린 것은?

① 모든 사업의 양도, 인수, 합병은 긴박한 경영상의 필요가 있는 것으로 본다.
② 사용자는 해고를 피하기 위한 노력을 다하여야 한다.
③ 사용자는 합리적이고 공정한 해고의 기준을 정하고 이에 따라 그 대상자를 선정하여야 한다.
④ 사용자는 근로자의 해고를 피하기 위한 방법과 해고의 기준 등에 관하여 근로자의 과반수를 대표하는 근로자 대표에게 해고를 하려는 날의 50일 전까지 통보하고 성실하게 협의하여야 한다.

27 근로기준법상 해고예고제도가 적용되는 근로자에 해당하는 자는?

① 계절적 업무에 7개원의 기간을 정하여 사용된 자
② 1개월의 기간을 정하여 사용된 자
③ 일용근로자로서 2개월 동안 근무한 자
④ 수습 사용 중인 근로자로 3개월 이내인 자

28 **근로기준법상 이행강제금에 관한 설명으로 틀린 것은?**

① 노동위원회는 구제명령을 받은 후 이행기한까지 구제명령을 이행하지 아니한 사용자에게 2천만 원 이하의 이행강제금을 부과한다.

② 노동위원회는 이행강제금을 부과하기 30일 전까지 이행강제금을 부과 징수한다는 뜻을 사용자에게 미리 문서로써 알려주어야 한다.

③ 노동위원회는 최초의 구제명령을 한 날을 기준으로 매년 2회의 범위에서 구제명령이 이행될 때까지 반복하여 이행강제금을 부과·징수할 수 있는데, 이 경우 이행강제금은 2년을 초과하여 부과·징수하지 못한다.

④ 노동위원회는 구제명령을 받은 자가 구제명령을 이행하면 새로운 이행강제금을 부과하지 아니하되, 구제명령을 이행하기 전에 이미 부과된 이행강제금은 2분의 1을 감액하여 징수하여야 한다.

29 **다음 (　　) 안에 들어갈 가장 알맞은 것은 ?**

근로기준법상 사용자는 근로자가 사망 또는 퇴직한 경우에는 그 지급사유가 발생한 때부터 (　　) 이내에 임금, 보상금, 그 밖에 일체의 금품을 지급하여야 한다. 다만, 특별한 사정이 있을 경우에는 당사자 사이의 합의에 의하여 기일을 연장할 수 있다.

① 14일　　② 30일
③ 60일　　④ 90일

30 **근로기준법상 임산부의 보호에 관한 설명으로 틀린 것은(한 번에 둘 이상의 자녀를 임신한 경우 제외)?**

① 사용자는 임신 중의 여성에게 산전과 산후를 통하여 90일의 보호휴가를 주어야 한다.

② 보호휴가 기간의 배정은 산후에 30일 이상이 되어야 한다.

③ 사용자는 임신 중의 여성 근로자에게 시간 외 근로를 하게 하여서는 아니 되며, 그 근로자의 요구가 있는 경우에는 쉬운 종류의 근로로 전환하여야 한다.

④ 사업주는 보호휴가 종료 후에는 휴가 전과 동일한 업무 또는 동등한 수준의 임금을 지급하는 직무에 복귀시켜야 한다.

31 **근로기준법상 여성과 연소근로자에 대한 특별보호에 관한 설명으로 옳은 것은?**

① 13세 이상 15세 미만인 자라도 고용노동부장관이 발급한 취직인허증을 지닌 자는 근로자로 사용할 수 있다.

② 사용자는 18세 이상의 여성에게 야간근로를 시키고자 하는 경우에는 고용노동부장관의 인가를 얻어야 한다.

③ 임신 중의 여성근로자에 대하여 출산전후휴가 부여일수는 60일이다.

④ 임신 중의 여성근로자가 사산한 경우에는 청구하여도 보호휴가를 부여하지 않아도 된다.

32 **근로기준법상 취업규칙에 관한 설명으로 옳은 것은?**

① 상시 5명 이상의 근로자를 사용하는 사용자는 취업규칙을 작성하여 고용노동부장관에게 신고하여야 한다.

② 사용자는 모든 취업규칙의 작성 또는 변경에 관하여 해당 사업 또는 사업장에 근로자의 과반수로 조직된 노동조합이 있는 경우에는 그 노동조합의 동의를 받아야 한다.

③ 취업규칙에서 정한 기준에 미달하는 근로조건을 정한 근로계약은 그 부분에 관하여는 무효로 한다. 이 경우 무효로 된 부분은 취업규칙에 정한 기준에 따른다.

④ 취업규칙에서 근로자에 대하여 감급(減給)의 제재를 정할 경우에 그 감액은 1회의 금액이 평균임금의 1일분의 10분의 3을, 총액이 1임금지급기의 임금 총액의 10분의 1을 초과하지 못한다.

33 **근로기준법상 근로감독관에 관한 설명으로 틀린 것은?**

① 근로조건의 기준을 확보하기 위하여 고용노동부와 그 소속 기관에 근로감독관을 둔다.

② 근로감독관은 사업장, 기숙사, 그 밖의 부속 건물에 임검(臨檢)하고 장부와 서류의 제출을 요구할 수 있으며 사용자와 근로자에 대하여 심문(審問)할 수 있다.

③ 의사인 근로감독관이나 근로감독관의 위촉을 받은 의사는 취업을 금지하여야 할 질병에 걸릴 의심이 있는 근로자에 대하여 검진할 수 있다.

④ 근로감독관은 이 법이나 그 밖의 노동관계 법령 위반의 죄에 관하여 「사법경찰관리의 직무를 수행할 자와 그 직무범위에 관한 법률」에서 정하는 바에 따라 검사의 직무를 수행한다.

34 근로기준법상 평균임금의 산정대상 기간에서 제외되는 기간에 해당되지 않는 것은?

① 2개월 이내의 수습기간

② 업무상 부상 · 질병으로 요양하기 위하여 휴업한 기간

③ 사용자의 귀책사유로 휴업한 기간

④ 병역의무의 이행을 위하여 임금을 받으면서 휴직한 기간

35 근로기준법상 임산부의 보호에 관한 다음 내용에서 (   )안에 들어갈 말을 순서대로 바르게 짝지은 것은?

> 사용자는 임신 중의 여성에게 출산 전과 출산 후를 통하여 (   )의 출산전후휴가를 주어야 한다. 이 경우 휴가기간의 배정은 출산 후에 (   )이상이 되어야 한다.

① 90일 – 120일　　② 45일 – 90일

③ 90일 – 45일　　④ 120일 – 90일

36 근로기준법상 취업규칙의 작성과 변경에 관한 설명으로 옳은 것은?

① 취업규칙의 작성 · 변경에는 반드시 노동조합의 동의를 필요로 한다.

② 취업규칙의 변경으로 근로자가 불리하게 되는 경우에는 노동조합(근로자 과반수로 조직된 노동조합이 있는 경우) 또는 근로자 과반수의 동의를 필요로 한다.

③ 취업규칙은 사용자와 근로자가 합의로 작성한다.

④ 취업규칙에서 근로자에 대하여 감급의 제재를 정할 경우에 그 감액은 1회의 금액이 통상임금의 1일분의 2분의 1을 초과하지 못한다.

정답
01. ① 02. ① 03. ② 04. ② 05. ④ 06. ② 07. ③ 08. ② 09. ① 10. ③ 11. ④ 12. ③ 13. ③
14. ③ 15. ② 16. ② 17. ③ 18. ① 19. ② 20. ② 21. ① 22. ④ 23. ② 24. ③ 25. ③ 26. ①
27. ① 28. ④ 29. ① 30. ② 31. ① 32. ③ 33. ④ 34. ④ 35. ③ 36. ②

CHAPTER

04 남녀고용평등과 일·가정 양립 지원에 관한 법률(약칭 : 남녀고용평등법)

[시행 2016.1.28] [법률 제13932호, 2016.1.28., 일부개정] 고용노동부(여성고용정책과)

1. 총 칙

1) 목 적

이 법은 대한민국 헌법의 평등이념에 따라 고용에서 남녀의 평등한 기회와 대우를 보장하고 모성 보호와 여성 고용을 촉진하여 남녀고용평등을 실현함과 아울러 근로자의 일과 가정의 양립을 지원함으로써 모든 국민의 삶의 질 향상에 이바지하는 것을 목적으로 한다.

2) 용어의 뜻

1. "차별"이란 사업자가 근로자에게 성별, 혼인, 가족 안에서의 지위, 임신 또는 출산 등의 사유로 합리적인 이유 없이 채용 또는 근로의 조건을 다르게 하거나 그 밖의 불리한 조치를 하는 경우를 말한다.

① 사업자가 채용조건이나 근로조건은 동일하게 적용하더라도 그 조건을 충족할 수 있는 남성 또는 여성이 다른 한 성(性)에 비하여 현저히 적고 그에 따라 특정 성에게 불리한 결과를 초래하며 그 조건이 정당한 것임을 증명할 수 없는 경우를 포함한다. 가령 동일한 업무를 남녀 간의 정년연령을 다르게 정하는 경우는 차별이라 볼 수 있다.

② 다만, 차별에 해당하지 않는 경우 다음과 같다.

가. 직무의 성격에 비추어 특정 성이 불가피하게 요구되는 경우 나. 여성 근로자의 임신 · 출산 · 수유 등 모성보호를 위한 조치를 하는 경우 다. 이 법 또는 다른 법률에 따라 적극적 고용개선조치를 하는 경우

가령 직무의 성격에 비추어 특정 성이 불가피하게 요구되는 경우와 여성 근로자의 임신 · 출산 · 수유 등 모성보호를 위한 조치를 하는 경우에는 남녀고용평등법률상 차별로 보지 않는 예외의 경우에 해당한다.

2. "직장 내 성희롱"이란 사업자 · 상급자 또는 근로자가 직장 내의 지위를 이용하거나 업무와 관련하여 다른 근로자에게 성적 언동 등으로 성적 굴욕감 또는 혐오감을 느끼게 하거나 성적 언동 또는 그 밖의 요구 등에 따르지 아니하였다는 이유로 고용에서 불이익을 주는 것을 말한다.
3. "적극적 고용개선조치"란 현존하는 남녀 간의 고용차별을 없애거나 고용평등을 촉진하기 위하여 잠정적으로 특정 성을 우대하는 조치를 말한다.
4. "근로자"란 사업자에게 고용된 자와 취업할 의사를 가진 자를 말한다.

3) 적용범위

① 이 법은 근로자를 고용하는 모든 사업 또는 사업장에 적용한다. 다만, 동거하는 친족만으로 이루어지는 사업 또는 사업장과 가사고용인에 대하여는 법의 전부를 적용하지 아니한다.

② 남녀고용평등의 실현과 일 · 가정의 양립에 관하여 다른 법률에 특별한 규정이 있는 경우 외에는 이 법에 따른다. 가령 동일 가치 노동에 대한 동일 임금 지급의 보장, 남녀의 평등한 기회 보장 및 대우, 직장 내 성희롱 예방 교육, 여성의 직업능력 개발 및 고용 촉진, 적극적 고용개선조치 등 규정된 내용이다. 하지만 무급 생리휴가는 근로기준법에서 규정하고 있다.

③ 상시 5명 미만의 근로자를 고용하는 사업에 대하여는 제8조(임금; 동일 가치 노동에 대하여는 동일한 임금), 제9조(임금 외의 금품 등), 제10조(교육 · 배치 및 승진), 제11조(정년 · 퇴

직 및 해고) 등을 적용하지 아니한다(시행령 제2조). 그러나 모집과 채용에 있어서의 남녀차별금지는 반드시 적용되어야 하는 것이다.

4) 국가와 지방자치단체의 책무

① 국가와 지방자치단체는 이 법의 목적을 실현하기 위하여 국민의 관심과 이해를 증진시키고 여성의 직업능력 개발 및 고용 촉진을 지원하여야 하며, 남녀고용평등의 실현에 방해가 되는 모든 요인을 없애기 위하여 필요한 노력을 하여야 한다.

② 국가와 지방자치단체는 일 · 가정의 양립을 위한 근로자와 사업자의 노력을 지원하여야 하며, 일 · 가정의 양립 지원에 필요한 재원을 조성하고 여건을 마련하기 위하여 노력하여야 한다.

5) 근로자 및 사업자의 책무

① 근로자는 상호 이해를 바탕으로 남녀가 동등하게 존중받는 직장문화를 조성하기 위하여 노력하여야 한다.

② 사업자는 해당 사업장의 남녀고용평등의 실현에 방해가 되는 관행과 제도를 개선하여 남녀 근로자가 동등한 여건에서 자신의 능력을 발휘할 수 있는 근로환경을 조성하기 위하여 노력하여야 한다.

③ 사업자는 일 · 가정의 양립을 방해하는 사업장 내의 관행과 제도를 개선하고 일 · 가정의 양립을 지원할 수 있는 근무환경을 조성하기 위하여 노력하여야 한다.

6) 정책의 수립 · 시행

① 고용노동부장관은 남녀고용평등과 일 · 가정의 양립을 실현하기 위하여 다음 각호의 정책을 수립 · 시행하여야 한다.

> 1. 남녀고용평등 의식 확산을 위한 홍보
> 2. 남녀고용평등 우수기업(적극적 고용개선조치 우수기업 포함)의 선정 및 행정적 · 재정적 지원
> 3. 남녀고용평등 강조 기간의 설정 · 추진
> 4. 남녀차별 개선과 여성취업 확대를 위한 조사 · 연구

> 5. 모성보호와 일 · 가정 양립을 위한 제도 개선 및 행정적 · 재정적 지원
> 6. 그 밖에 남녀고용평등의 실현과 일 · 가정의 양립을 지원하기 위하여 필요한 사항

② 고용노동부장관은 정책의 수립 · 시행을 위하여 관계자의 의견을 반영하도록 노력하여야 하며 필요하다고 인정되는 경우 관계 행정기관 및 지방자치단체, 그 밖의 공공단체의 장에게 협조를 요청할 수 있다.

7) 기본계획 수립

① 고용노동부장관은 남녀고용평등 실현과 일 · 가정의 양립에 관한 기본계획(이하 "기본계획"이라 한다)을 5년마다 수립하여야 한다.

② 기본계획에는 다음 각호의 사항이 포함되어야 한다.

> 1. 여성취업의 촉진에 관한 사항
> 2. 남녀의 평등한 기회 보장 및 대우에 관한 사항
> 3. 동일 가치 노동에 대한 동일 임금 지급의 정착에 관한 사항
> 4. 여성의 직업능력 개발에 관한 사항
> 5. 여성 근로자의 모성보호에 관한 사항
> 6. 일 · 가정의 양립 지원에 관한 사항
> 7. 여성 근로자를 위한 복지시설의 설치 및 운영에 관한 사항
> 8. 직전 기본계획에 대한 평가
> 9. 그 밖에 남녀고용평등의 실현과 일 · 가정의 양립 지원을 위하여 고용노동부장관이 필요하다고 인정하는 사항

③ 고용노동부장관은 필요하다고 인정하면 관계 행정기관 또는 공공기관의 장에게 기본계획 수립에 필요한 자료의 제출을 요청할 수 있다.

2. 남녀의 평등한 기회 보장 및 대우

1) 모집과 채용

상시 5명 미만의 근로자를 고용하는 모든 사업 또는 사업장에 대하여는 모집과 채용에 있어서의 남녀차별금지는 반드시 적용되어야 하는 것이다.

① 사업자는 근로자를 모집하거나 채용할 때 남녀를 차별하여서는 아니 된다.
② 사업자는 여성 근로자를 모집 · 채용할 때 그 직무의 수행에 필요하지 아니한 용모 · 키 · 체중 등의 신체적 조건, 미혼조건, 그 밖에 고용노동부령으로 정하는 조건을 제시하거나 요구하여서는 아니 된다.

2) 임 금

① 사업자는 동일한 사업 내의 동일 가치 노동에 대하여는 동일한 임금을 지급하여야 한다.
② 동일 가치 노동의 기준은 직무 수행에서 요구되는 기술, 노력, 책임 및 작업 조건 등으로 한다.
③ 사업자가 그 기준을 정할 때에는 노사협의회의 근로자를 대표하는 위원의 의견을 들어야 한다.
④ 사업자가 임금차별을 목적으로 설립한 별개의 사업은 동일한 사업으로 본다.

3) 임금 외의 금품

사업자는 임금 외에 근로자의 생활을 보조하기 위한 금품의 지급 또는 자금의 융자 등 복리후생에서 남녀를 차별하여서는 아니 된다.

4) 교육 · 배치 및 승진

사업자는 근로자의 교육 · 배치 및 승진에서 남녀를 차별하여서는 아니 된다.

5) 정년 · 퇴직 및 해고

① 사업자는 근로자의 정년 · 퇴직 및 해고에서 남녀를 차별하여서는 아니 된다.
② 사업자는 여성 근로자의 혼인, 임신 또는 출산을 퇴직사유로 예정하는 근로계약을 체결하여서는 아니 된다.

3. 직장 내 성희롱의 금지 및 예방

1) 직장 내 성희롱의 금지

사업자, 상급자 또는 근로자는 직장 내 성희롱을 하여서는 아니 된다. 사업자가 직장 내 성희롱을 한 경우에는 1천만 원 이하의 과태료를 부과한다.

2) 직장 내 성희롱 예방 교육

① 사업자는 직장 내 성희롱을 예방하고 근로자가 안전한 근로환경에서 일할 수 있는 여건을 조성하기 위하여 직장 내 성희롱(사업장 안팎, 근무시간 내외 성립)의 예방을 위한 교육을 실시하여야 한다.

② 사업자 및 근로자는 성희롱 예방 교육을 받아야 한다.

③ 성희롱 예방 교육의 내용·방법 및 횟수 등에 관하여 필요한 사항은 대통령령으로 정한다.

※ **직장 내 성희롱 예방 교육**(시행령 제3조)

① 사업자는 직장 내 성희롱 예방을 위한 교육을 연 1회 이상 하여야 한다.

② 직장 내 성희롱 예방 교육에는 다음 각호의 내용이 포함되어야 한다.

1. 직장 내 성희롱에 관한 법령
2. 해당 사업장의 직장 내 성희롱 발생 시의 처리절차와 조치기준
3. 해당 사업장의 직장 내 성희롱 피해 근로자의 고충상담 및 구제절차
4. 그 밖에 직장 내 성희롱 예방에 필요한 사항

③ 직장 내 성희롱 예방 교육은 사업의 규모나 특성 등을 고려하여 직원연수·조회·회의, 인터넷 등 정보통신망을 이용한 사이버 교육 등을 통하여 실시할 수 있다. 다만, 단순히 교육자료 등을 배포·게시하거나 전자우편을 보내거나 게시판에 공지하는 데 그치는 등 근로자에게 교육 내용이 제대로 전달되었는지 확인하기 곤란한 경우에는 예방교육을 한 것으로 보지 아니한다.

④ 제2항 및 제3항에도 불구하고 다음 각호의 어느 하나에 해당하는 사업의 사업자는 근로자가 알 수 있도록 교육자료 또는 홍보물을 게시하거나 배포하는 방법으로 직장 내 성희롱 예방 교육을 할 수 있다. 가령 상시 10명 미만의 근로자를 고용하는 사업의 사업자는 근로자가 알 수 있도록 교육자료 또는 홍보물을 게시하거나 배포하는 방법으로 직장 내 성희롱 예방 교육을 할 수 있다.

> 1. 상시 10명 미만의 근로자를 고용하는 사업
> 2. 사업자 및 근로자 모두가 남성 또는 여성 중 어느 한 성(性)으로 구성된 사업
>
> ⑤ 사업자가 소속 근로자에게 근로자직업능력 개발법에 따라 인정받은 훈련과정 중 제2항 각호의 내용이 포함되어 있는 훈련과정을 수료하게 한 경우에는 그 훈련과정을 마친 근로자에게는 예방교육을 한 것으로 본다.

3) 성희롱 예방 교육의 위탁

① 사업자는 성희롱 예방 교육을 고용노동부장관이 지정하는 기관(성희롱 예방 교육기관)에 위탁하여 실시할 수 있다.

② 성희롱 예방 교육기관은 고용노동부령으로 정하는 기관 중에서 지정하되, 고용노동부령으로 정하는 강사를 1명 이상 두어야 한다.

③ 성희롱 예방 교육기관은 고용노동부령으로 정하는 바에 따라 교육을 실시하고 교육이수증이나 이수자 명단 등 교육 실시 관련 자료를 보관하며 사업자나 피교육자에게 그 자료를 내주어야 한다.

④ 고용노동부장관은 성희롱 예방 교육기관이 다음 각호의 어느 하나에 해당하면 그 지정을 취소할 수 있다.

> 1. 거짓이나 그 밖의 부정한 방법으로 지정을 받은 경우
> 2. 정당한 사유 없이 강사를 6개월 이상 계속하여 두지 아니한 경우

⑤ 고용노동부장관은 성희롱 예방 교육기관의 지정을 취소하려면 청문을 하여야 한다.

4) 직장 내 성희롱 발생 시 조치

① 사업자는 직장 내 성희롱 발생이 확인된 경우 지체 없이(7일 이내 X) 행위자에 대하여 징계나 그 밖에 이에 준하는 조치를 하여야 한다.

> ※ 사업자가 직장 내 성희롱 발생이 확인되었는데도 지체 없이 행위자에게 징계나 그 밖에 이에 준하는 조치를 하지 아니한 경우에 해당하는 위반행위를 한 경우에는 500만 원 이하의 과태료를 부과한다.

② 사업자는 직장 내 성희롱과 관련하여 피해를 입은 근로자 또는 성희롱 피해 발생을 주장하는 근로자에게 해고나 그 밖의 불리한 조치를 하여서는 아니 된다.

5) 고객 등에 의한 성희롱 방지

① 사업자는 고객 등 업무와 밀접한 관련이 있는 자가 업무수행 과정에서 성적인 언동 등을 통하여 근로자에게 성적 굴욕감 또는 혐오감 등을 느끼게 하여 해당 근로자가 그로 인한 고충 해소를 요청할 경우 근무장소 변경, 배치전환 등 가능한 조치를 취하도록 노력하여야 한다.

② 사업자는 근로자가 제1항에 따른 피해를 주장하거나 고객 등으로부터의 성적 요구 등에 불응한 것을 이유로 해고나 그 밖의 불이익한 조치를 하여서는 아니 된다.

4. 여성의 직업능력 개발 및 고용 촉진

1) 직업 지도

직업안정법에 따른 직업안정기관은 여성이 적성, 능력, 경력 및 기능의 정도에 따라 직업을 선택하고, 직업에 적응하는 것을 쉽게 하기 위하여 고용정보와 직업에 관한 조사·연구자료를 제공하는 등 직업 지도에 필요한 조치를 하여야 한다.

2) 직업능력 개발

국가, 지방자치단체 및 사업자는 여성의 직업능력 개발 및 향상을 위하여 모든 직업능력 개발 훈련에서 남녀에게 평등한 기회를 보장하여야 한다.

3) 여성 고용 촉진

① 고용노동부장관은 여성의 고용 촉진을 위한 시설을 설치·운영하는 비영리 법인과 단체에 대하여 필요한 비용의 전부 또는 일부를 지원할 수 있다.

② 고용노동부장관은 여성의 고용 촉진을 위한 사업을 실시하는 사업자 또는 여성휴게실과 수유시설을 설치하는 등 사업장 내의 고용환경을 개선하고자 하는 사업자에게

필요한 비용의 전부 또는 일부를 지원할 수 있다.

4) 경력단절여성의 능력 개발과 고용촉진 지원

① 고용노동부장관은 임신 · 출산 · 육아 등의 이유로 직장을 그만두었으나 재취업할 의사가 있는 경력단절여성을 위하여 취업유망 직종을 선정하고, 특화된 훈련과 고용촉진 프로그램을 개발하여야 한다.

② 고용노동부장관은 직업안정법에 따른 직업안정기관을 통하여 경력단절여성에게 직업정보, 직업훈련정보 등을 제공하고 전문화된 직업지도, 직업상담 등의 서비스를 제공하여야 한다.

5. 적극적 고용개선조치

1) 적극적 고용개선조치 시행계획의 수립 · 제출

① 고용노동부장관은 「공공기관의 운영에 관한 법률」에 따른 공공기관으로 정하는 공공기관 · 단체의 장 또는 상시 500명 이상의 근로자를 고용하는 사업으로 정하는 규모 이상의 근로자를 고용하는 사업의 사업자로서 고용하고 있는 직종별 여성 근로자의 비율이 산업별 · 규모별로 고용노동부령으로 정하는 고용기준에 미달하는 사업자에 대하여는 차별적 고용관행 및 제도 개선을 위한 적극적 고용개선조치 시행계획을 수립하여 제출할 것을 요구할 수 있다. 이 경우 해당 사업자는 시행계획을 제출하여야 한다.

한편 「공공기관의 운영에 관한 법률」에 따른 공공기관으로 정하는 공공기관 · 단체의 장 또는 상시 500명 이상의 근로자를 고용하는 사업으로 정하는 규모 이상의 근로자를 고용하는 사업의 사업자는 직종별 · 직급별 남녀 근로자 현황을 고용노동부장관에게 제출하여야 한다.

② 제1항에 해당하지 아니하는 사업자로서 적극적 고용개선조치를 하려는 사업자는 직종별 남녀 근로자 현황과 시행계획을 작성하여 고용노동부장관에게 제출할 수 있다.

③ 고용노동부장관은 제출된 시행계획을 심사하여 그 내용이 명확하지 아니하거나 차별적 고용관행을 개선하려는 노력이 부족하여 시행계획으로서 적절하지 아니하다고 인정되면 해당 사업자에게 시행계획의 보완을 요구할 수 있다.

2) 이행실적의 평가 및 지원

① 적극적 고용개선조치 시행계획을 제출한 자는 그 이행실적을 고용노동부장관에게 제출하여야 한다.
② 고용노동부장관은 제출된 이행실적을 평가하고, 그 결과를 사업자에게 통보하여야 한다.
③ 고용노동부장관은 평가 결과 이행실적이 우수한 기업(적극적 고용개선조치 우수기업)에 표창을 할 수 있다.
④ 국가와 지방자치단체는 적극적 고용개선조치 우수기업에 행정적 · 재정적 지원을 할 수 있다(임의규정 O, 강행규정 : 지원을 하여야 한다. X).
⑤ 고용노동부장관은 평가 결과 이행실적이 부진한 사업자에게 시행계획의 이행을 촉구할 수 있다.

3) 적극적 고용개선조치 미이행 사업자 명단 공표

고용노동부장관은 명단 공개 기준일 이전에 3회 연속하여 기준에 미달한 사업자로서 이행촉구를 받고 이에 따르지 아니한 경우 그 명단을 공표할 수 있다. 다만, 사업자의 사망 · 기업의 소멸 등 대통령령으로 정하는 사유가 있는 경우에는 그러하지 아니하다.

※ **명단 공표의 내용 · 방법**

① 고용노동부장관은 명단을 공표하려는 경우 명단 공표 대상 사업자에게 공표 결정 사실, 공표내용 등을 서면으로 통지하여야 한다.
② 고용노동부장관은 통지를 받은 날부터 30일 이상의 기간을 정하여 사업자가 소명자료를 제출하거나 의견을 진술할 수 있도록 기회를 주어야 한다.
③ 공표방법은 관보에 게재하거나 고용노동부의 홈페이지에 6개월간 게시하는 것으로 한다.

4) 시행계획 등의 게시

시행계획을 제출한 사업자는 시행계획 및 제17조의4 제1항에 따른 이행실적을 근로자가 열람할 수 있도록 게시하는 등 필요한 조치를 하여야 한다.

5) 적극적 고용개선조치에 관한 협조

고용노동부장관은 적극적 고용개선조치의 효율적 시행을 위하여 필요하다고 인정하면 관계 행정기관의 장에게 차별의 시정 또는 예방을 위하여 필요한 조치를 해줄 것을 요청할 수 있다. 이 경우 관계 행정기관의 장은 특별한 사유가 없으면 요청에 따라야 한다.

6) 적극적 고용개선조치에 관한 중요 사항 심의

적극적 고용개선조치에 관한 다음 각호의 사항은 고용정책 기본법에 따른 고용정책심의회의 심의를 거쳐야 한다.

1. 여성 근로자 고용기준에 관한 사항
2. 적극적 고용개선조치 시행계획의 심사에 관한 사항
3. 적극적 고용개선조치 이행실적의 평가에 관한 사항
4. 공표 여부에 관한 사항
5. 적극적 고용개선조치 우수기업의 표창 및 지원에 관한 사항
6. 적극적 고용개선조치에 관하여 고용정책심의회의 위원장이 회의에 부치는 사항

6. 모성보호

1. 육아휴직; 배우자 출산휴가
2. 육아기 근로시간 단축
3. 육아기 근로시간 단축 중 근로조건
4. 육아휴직과 육아기 근로시간 단축의 고용형태
5. 출산전후휴가에 대한 지원
6. 일 · 가정의 양립을 위한 근로자의 생계비용 등 지원

7. 직장어린이집 설치 및 지원
8. 직장어린이집의 설치 · 운영에 필요한 정보 제공, 상담 및 비용의 일부 등 보육 지원
9. 여성 근로자를 위한 교육 · 육아 · 주택 등 공공복지시설의 설치
10. 근로자의 가족 돌봄 등을 위한 지원

1) 출산전후휴가에 대한 지원

① 국가는 근로기준법에 따른 출산전후휴가 또는 유산 · 사산휴가를 사용한 근로자 중 일정한 요건에 해당하는 자에게 그 휴가기간에 대하여 통상임금에 상당하는 금액(출산전후휴가 급여 등)을 지급할 수 있다.

② 지급된 출산전후휴가 급여 등은 그 금액의 한도에서 근로기준법에 따라 사업자가 지급한 것으로 본다.

③ 출산전후휴가 급여 등을 지급하기 위하여 필요한 비용은 국가재정이나 사회보장기본법에 따른 사회보험에서 분담할 수 있다.

④ 여성 근로자가 출산전후휴가 급여 등을 받으려는 경우 사업자는 관계서류의 작성 · 확인 등 모든 절차에 적극 협력하여야 한다.

⑤ 출산전후휴가 급여 등의 지급요건, 지급기간 및 절차 등에 관하여 필요한 사항은 따로 법률로 정한다.

2) 배우자 출산휴가

① 사업자는 근로자가 배우자의 출산을 이유로 휴가를 청구하는 경우에 5일의 범위에서 3일 이상의 휴가를 주어야 한다. 이 경우 사용한 휴가기간 중 최초 3일은 유급으로 한다.

② 휴가는 근로자의 배우자가 출산한 날부터 30일이 지나면 청구할 수 없다.

7. 일 · 가정의 양립 지원

1) 육아휴직

① 사업자는 근로자가 만 8세 이하 또는 초등학교 2학년 이하의 자녀(입양한 자녀 포함)를 양육하기 위하여 휴직(육아휴직)을 신청하는 경우에 이를 허용하여야 한다. 다만, 대통령령으로 정하는 경우에는 그러하지 아니하다.

② 육아휴직의 기간은 1년 이내로 한다.

③ 사업자는 육아휴직을 이유로 해고나 그 밖의 불리한 처우를 하여서는 아니 되며, 육아휴직 기간에는 그 근로자를 해고하지 못한다. 다만, 사업을 계속할 수 없는 경우에는 그러하지 아니하다. 가령 사업자는 사업을 계속할 수 없는 경우에 육아휴직 기간에도 그 근로자를 해고할 수 있다.

④ 사업자는 육아휴직을 마친 후에는 휴직 전과 같은 업무 또는 같은 수준의 임금을 지급하는 직무에 복귀시켜야 한다. 또한 육아휴직 기간은 근속기간에 포함한다.

⑤ 기간제근로자 또는 파견근로자의 육아휴직 기간은 기간제근로자 또는 파견근로자의 사용기간 또는 근로자파견기간에 산입하지 아니한다.

⑥ 육아휴직의 신청방법 및 절차 등에 관하여 필요한 사항은 대통령령으로 정한다.

※ **육아휴직의 적용 제외**(시행령 제10조)

1. 육아휴직을 시작하려는 날(휴직개시예정일)의 전날까지 해당 사업에서 계속 근로한 기간이 1년 미만인 근로자
2. 같은 영유아에 대하여 배우자가 육아휴직(다른 법령에 따른 육아휴직 포함)을 하고 있는 근로자

가령 사업자는 육아휴직을 시작하려는 날(휴직개시예정일)의 전날까지 해당 사업에서 계속 근로한 기간이 1년 미만인 근로자에게 육아휴직을 허용하지 아니할 수 있다. 또한 같은 영유아에 대하여 배우자가 육아휴직(다른 법령에 따른 육아휴직 포함)을 하고 있는 경우라도 그 근로자에게 육아휴직을 허용하여야 하는 것은 아니다.

※ **육아휴직의 신청**(시행령 제11조)

다음의 어느 하나에 해당하는 경우에는 휴직개시예정일 7일 전까지 육아휴직을 신청할 수 있다.

> 1. 출산 예정일 이전에 자녀가 출생한 경우
> 2. 배우자의 사망, 부상, 질병 또는 신체적 · 정신적 장애나 배우자와의 이혼 등으로 해당 영유아를 양육하기 곤란한 경우
>
> 사업자는 육아휴직을 신청한 근로자에게 해당 자녀의 출생 등을 증명할 수 있는 서류의 제출을 요구할 수 있다.
>
> ※ **육아휴직의 변경신청**(시행령 제12조)
>
> 근로자는 휴직종료예정일을 연기하려는 경우에는 한 번만 연기할 수 있다. 이 경우 당초의 휴직종료예정일 30일 전까지 사업자에게 신청하여야 한다.
>
> ※ **육아휴직 신청의 철회**(시행령 제12조)
>
> ① 육아휴직을 신청한 근로자는 휴직개시예정일의 7일 전까지 사유를 밝혀 그 신청을 철회할 수 있다.
>
> ② 근로자가 육아휴직을 신청한 후 휴직개시예정일 전에 다음 각호의 어느 하나에 해당하는 사유가 발생하면 그 육아휴직 신청은 없었던 것으로 본다. 이 경우 근로자는 지체 없이 그 사실을 사업자에게 알려야 한다.
>
> 1. 해당 영유아의 사망
> 2. 양자인 영유아의 파양 또는 입양의 취소
> 3. 육아휴직을 신청한 근로자가 부상, 질병 또는 신체적 · 정신적 장애나 배우자와의 이혼 등으로 해당 영유아를 양육할 수 없게 된 경우

2) 육아기 근로시간 단축

① 사업자는 육아휴직을 신청할 수 있는 근로자가 육아휴직 대신 근로시간의 단축(육아기 근로시간 단축)을 신청하는 경우에 이를 허용하여야 한다. 다만, 대체인력 채용이 불가능한 경우, 정상적인 사업 운영에 중대한 지장을 초래하는 경우 등 대통령령으로 정하는 경우에는 그러하지 아니하다.

② 사업자가 육아기 근로시간 단축을 허용하지 아니하는 경우에는 해당 근로자에게 그 사유를 서면으로 통보하고 육아휴직을 사용하게 하거나 그 밖의 조치를 통하여 지원할 수 있는지를 해당 근로자와 협의하여야 한다.

③ 사업자가 해당 근로자에게 육아기 근로시간 단축을 허용하는 경우 단축 후 근로시간은 주당 15시간 이상이어야 하고 30시간을 넘어서는 아니 된다.

④ 육아기 근로시간 단축의 기간은 1년 이내로 한다.

⑤ 사업자는 육아기 근로시간 단축을 이유로 해당 근로자에게 해고나 그 밖의 불리한 처우를 하여서는 아니 된다.

⑥ 사업자는 근로자의 육아기 근로시간 단축기간이 끝난 후에 그 근로자를 육아기 근로시간 단축 전과 같은 업무 또는 같은 수준의 임금을 지급하는 직무에 복귀시켜야 한다.

3) 육아기 근로시간 단축 중 근로조건

① 사업자는 육아기 근로시간 단축을 하고 있는 근로자에 대하여 근로시간에 비례하여 적용하는 경우 외에는 육아기 근로시간 단축을 이유로 그 근로조건을 불리하게 하여서는 아니 된다.

② 육아기 근로시간 단축을 한 근로자의 근로조건(육아기 근로시간 단축 후 근로시간 포함)은 사업자와 그 근로자 간에 서면으로 정한다.

③ 사업자는 육아기 근로시간 단축을 하고 있는 근로자에게 단축된 근로시간 외에 연장근로를 요구할 수 없다. 다만, 그 근로자가 명시적으로 청구하는 경우에는 사업자는 주 12시간 이내에서 연장근로를 시킬 수 있다.

④ 육아기 근로시간 단축을 한 근로자에 대하여 근로기준법에 따른 평균임금을 산정하는 경우에는 그 근로자의 육아기 근로시간 단축 기간을 평균임금 산정기간에서 제외한다.

4) 육아휴직과 육아기 근로시간 단축의 고용형태

근로자는 육아휴직이나 육아기 근로시간 단축을 하려는 경우에는 다음 각호의 방법 중 하나를 선택하여 사용할 수 있다. 이 경우 어느 방법을 사용하든지 그 총기간은 1년을 넘을 수 없다.

1. 육아휴직의 1회 사용 : 육아휴직을 10개월 동안 1회 사용
2. 육아기 근로시간 단축의 1회 사용 : 육아기 근로시간 단축을 4개월씩 2회 사용
3. 육아휴직의 분할 사용(1회만 가능) : 육아휴직의 4개월씩 2회 사용
4. 육아기 근로시간 단축의 분할 사용(1회만 가능) : 육아기 근로시간 단축을 4개월씩 2회 사용
5. 육아휴직의 1회 사용과 육아기 근로시간 단축의 1회 사용 : 육아휴직을 5개월의 1회 사용하고 육아기 근로시간 단축을 2개월씩 1회 사용

5) 육아지원을 위한 그 밖의 조치

① 사업자는 만 8세 이하 또는 초등학교 2학년 이하의 자녀(입양한 자녀 포함)를 양육하는 근로자의 육아를 지원하기 위하여 다음 각호의 어느 하나에 해당하는 조치를 하도록 노력하여야 한다.

1. 업무를 시작하고 마치는 시간 조정
2. 연장근로의 제한
3. 근로시간의 단축, 탄력적 운영 등 근로시간 조정
4. 그 밖에 소속 근로자의 육아를 지원하기 위하여 필요한 조치

② 고용노동부장관은 사업자가 조치를 할 경우 고용효과 등을 고려하여 필요한 지원을 할 수 있다.

6) 일 · 가정의 양립을 위한 근로자의 생계비용 등 지원

① 국가는 사업자가 근로자에게 육아휴직이나 육아기 근로시간 단축을 허용한 경우 그 근로자의 생계비용과 사업자의 고용유지비용의 일부를 지원할 수 있다.

② 국가는 소속 근로자의 일 · 가정의 양립을 지원하기 위한 조치를 도입하는 사업자에게 세제 및 재정을 통한 지원을 할 수 있다.

7) 직장어린이집 설치 및 지원

① 사업자는 근로자의 취업을 지원하기 위하여 수유 · 탁아 등 육아에 필요한 어린이집(직장어린이집)을 설치하여야 한다.

② 직장어린이집을 설치하여야 할 사업자의 범위 등 직장어린이집의 설치 및 운영에 관한 사항은 영유아보육법에 따른다.

③ 고용노동부장관은 근로자의 고용을 촉진하기 위하여 직장어린이집의 설치 · 운영에 필요한 지원 및 지도를 하여야 한다.

8) 그 밖의 보육 관련 지원

고용노동부장관은 직장어린이집을 설치하여야 하는 사업자 외의 사업자가 직장어린이집을 설치하려는 경우에는 직장어린이집의 설치 · 운영에 필요한 정보 제공, 상담 및 비용의 일부 지원 등 필요한 지원을 할 수 있다.

9) 공공복지시설의 설치

국가 또는 지방자치단체는 여성 근로자를 위한 교육 · 육아 · 주택 등 공공복지시설을 설치할 수 있다.

10) 근로자의 가족 돌봄 등을 위한 지원

① 사업자는 근로자가 부모, 배우자, 자녀 또는 배우자의 부모(가족)의 질병, 사고, 노령으로 인하여 그 가족을 돌보기 위한 휴직(가족돌봄휴직)을 신청하는 경우 이를 허용하여야 한다. 다만, 대체인력 채용이 불가능한 경우, 정상적인 사업 운영에 중대한 지장을 초래하는 경우 등 대통령령으로 정하는 경우에는 그러하지 아니하다.

② 사업자가 가족돌봄휴직을 허용하지 아니하는 경우에는 해당 근로자에게 그 사유를 서면으로 통보하고, 다음 각호의 어느 하나에 해당하는 조치를 하도록 노력하여야 한다.

1. 업무를 시작하고 마치는 시간 조정
2. 연장근로의 제한
3. 근로시간의 단축, 탄력적 운영 등 근로시간의 조정
4. 그 밖에 사업장 사정에 맞는 지원조치

③ 가족돌봄휴직 기간은 연간 최장 90일로 하며, 이를 나누어 사용할 수 있다. 이 경우 나누어 사용하는 1회의 기간은 30일 이상이 되어야 한다.

④ 사업자는 가족돌봄휴직을 이유로 해당 근로자를 해고하거나 근로조건을 악화시키는 등 불리한 처우를 하여서는 아니 된다.

⑤ 가족돌봄휴직 기간은 근속기간에 포함한다. 다만, 근로기준법에 따른 평균임금 산정 기간에서는 제외한다.

⑥ 사업자는 소속 근로자가 건전하게 직장과 가정을 유지하는 데에 도움이 될 수 있도록 필요한 심리상담서비스를 제공하도록 노력하여야 한다.

⑦ 고용노동부장관은 사업자가 조치를 하는 경우에는 고용효과 등을 고려하여 필요한 지원을 할 수 있다.

> ※ **가족돌봄휴직의 허용 예외**(시행령 제16조의3)
> 1. 돌봄휴직개시예정일의 전날까지 해당 사업에서 계속 근로한 기간이 1년 미만인 근로자가 신청한 경우
> 2. 가족돌봄휴직을 신청한 근로자 외에 돌봄이 필요한 가족의 부모, 자녀, 배우자 등이 돌봄이 필요한 가족을 돌볼 수 있는 경우
> 3. 사업자가 직업안정기관에 구인신청을 하고 14일 이상 대체인력을 채용하기 위하여 노력하였으나 대체인력을 채용하지 못한 경우. 다만, 직업안정기관의 장의 직업소개에도 불구하고 정당한 이유 없이 2회 이상 채용을 거부한 경우는 제외한다.
> 4. 근로자의 가족돌봄휴직으로 인하여 정상적인 사업 운영에 중대한 지장이 초래되는 경우로서 사업자가 이를 증명하는 경우

8. 분쟁의 예방과 해결

1) 상담지원

① 고용노동부장관은 차별, 직장 내 성희롱, 모성보호 및 일·가정 양립 등에 관한 상담을 실시하는 민간단체에 필요한 비용의 일부를 예산의 범위에서 지원할 수 있다.

2) 명예고용평등감독관

① 고용노동부장관은 사업장의 남녀고용평등 이행을 촉진하기 위하여 그 사업장 소속

근로자 중 노사가 추천하는 자를 명예고용평등감독관(명예감독관)으로 위촉할 수 있다(비상근 · 무보수의 원칙, 3년 임기 연임 가능).

② 명예감독관은 다음 각호의 업무를 수행한다.

> 1. 해당 사업장의 차별 및 직장 내 성희롱 발생 시 피해 근로자에 대한 상담 · 조언
> 2. 해당 사업장의 고용평등 이행상태 자율점검 및 지도 시 참여
> 3. 법령 위반 사실이 있는 사항에 대하여 사업자에 대한 개선 건의 및 감독기관에 대한 신고
> 4. 남녀고용평등 제도에 대한 홍보 · 계몽
> 5. 그 밖에 남녀고용평등의 실현을 위하여 고용노동부장관이 정하는 업무

③ 사업자는 명예감독관으로서 정당한 임무 수행을 한 것을 이유로 해당 근로자에게 인사상 불이익 등의 불리한 조치를 하여서는 아니 된다.

※ **명예고용평등감독관의 위촉 · 운영**(시행규칙 제16조)

① 명예고용평등감독관(명예감독관)으로 위촉할 수 있는 사람은 다음 각호와 같다.

> 1. 「근로자참여 및 협력증진에 관한 법률」에 따른 노사협의회의 위원 또는 고충처리위원
> 2. 노동조합의 임원 또는 인사 · 노무 담당부서의 관리자
> 3. 해당 사업의 남녀고용평등을 실현하기 위하여 활동하기에 적합하다고 인정하는 사람

② 명예감독관의 임기는 3년으로 하되 연임할 수 있다.

③ 명예감독관은 업무를 수행하는 경우에 노사의 협의를 통하여 해결할 필요가 있다고 판단되는 사안은 노사협의회의 토의에 부쳐 처리하게 할 수 있다.

④ 명예감독관은 업무 수행 중에 알게 된 비밀을 누설하여서는 아니 된다.

⑤ 명예감독관이 업무를 수행하는 경우에는 비상근, 무보수로 함을 원칙으로 한다.

⑥ 고용노동부장관은 명예감독관이 다음의 어느 하나에 해당하는 경우 그 명예감독관을 해촉할 수 있다.

> 1. 근로자인 명예감독관이 퇴직 등의 사유로 해당 사업의 근로자 지위를 상실한 경우
> 2. 명예감독관이 업무 수행 중에 알게 된 비밀을 누설하거나 업무와 관련하여 부정한 행위를 한 경우
> 3. 사업의 폐지 등으로 명예감독관을 둘 필요가 없게 된 경우
> 4. 명예감독관으로 활동하기에 부적합한 사유가 있어 해당 사업의 노사대표가 공동으로 해촉을 요청한 경우

☞ **권한의 위임 및 위탁**(시행령 제21조)

고용노동부장관은 다음 각호의 권한을 지방고용노동관서의 장에게 위임한다.

1. 성희롱 예방 교육기관의 지정 및 지정의 취소
2. 여성 고용 촉진을 위한 시설의 설치 · 운영 및 사업 시행 비용의 지원
3. 시행계획의 제출 요구, 접수, 보완 요구 및 남녀 근로자 현황의 접수
4. 이행실적의 접수, 이행실적 평가 결과의 통보 및 시행계획 이행의 촉구
5. 직장어린이집의 설치 · 운영에 필요한 지원 · 지도, 정보 제공 및 상담
6. 상담을 실시하는 민간단체에 대한 지원
7. 명예고용평등감독관의 위촉 및 해촉(解囑)
8. 보고와 관계 서류의 제출명령, 사업장 출입, 관계인에 대한 질문 및 관계서류의 검사
9. 과태료의 부과 · 징수

3) 분쟁의 자율적 해결과 입증책임

① 사업자는 근로자가 고충을 신고하였을 때에는 「근로자참여 및 협력증진에 관한 법률」에 따라 해당 사업장에 설치된 노사협의회에 고충의 처리를 위임하는 등 자율적인 해결을 위하여 노력하여야 한다.

② 남녀고용평등법과 관련한 분쟁해결에서 입증책임은 사업자가 부담한다.

9. 보 칙

1) 고용평등 이행실태 등의 공표

고용노동부장관은 이 법 시행의 실효성을 확보하기 위하여 필요하다고 인정하면 고용평등 이행실태나 그 밖의 조사결과 등을 공표할 수 있다. 다만, 다른 법률에 따라 공표가 제한되어 있는 경우에는 그러하지 아니하다.

2) 관계서류의 보존

사업자는 이 법의 규정에 따른 사항에 관하여 대통령령으로 정하는 서류를 3년간 보존하여야 한다. 이 경우 대통령령으로 정하는 서류는 전자문서 및 전자거래 기본법에 따른 전자문서로 작성 · 보존할 수 있다.

3) 경비보조

① 국가, 지방자치단체 및 공공단체는 여성의 취업촉진과 복지증진에 관련되는 사업에 대하여 예산의 범위에서 그 경비의 전부 또는 일부를 보조할 수 있다.

② 국가, 지방자치단체 및 공공단체는 보조를 받은 자가 다음 각호의 어느 하나에 해당하면 보조금 지급결정의 전부 또는 일부를 취소하고, 지급된 보조금의 전부 또는 일부를 반환하도록 명령할 수 있다.

1. 사업의 목적 외에 보조금을 사용한 경우 2. 보조금의 지급결정의 내용(그에 조건을 붙인 경우에는 그 조건 포함)을 위반한 경우 3. 거짓이나 그 밖의 부정한 방법으로 보조금을 받은 경우

4) 규제의 재검토

고용노동부장관은 임신 · 출산 진료비의 신청과 관련된 자료 제공의 요청에 대하여 2016년 1월 1일을 기준으로 5년마다(매 5년이 되는 해의 1월 1일 전까지를 말함) 그 타당성을 검토하여 개선 등의 조치를 하여야 한다.

10. 벌 칙

1) 5년 이하의 징역 또는 3천만 원 이하의 벌금

사업자가 근로자의 정년 · 퇴직 및 해고에서 남녀를 차별하거나 여성 근로자의 혼인, 임신 또는 출산을 퇴직사유로 예정하는 근로계약을 체결하는 경우에는 5년 이하의 징역 또는 3천만 원 이하의 벌금에 처한다.

2) 과태료

① 1천만 원 이하의 과태료

사업자가 직장 내 성희롱을 한 경우에는 1천만 원 이하의 과태료를 부과한다.

② 500만 원 이하의 과태료

1. 직장 내 성희롱 발생이 확인되었는데도 지체 없이 행위자에게 징계나 그 밖에 이에 준하는 조치를 하지 아니한 경우
2. 근로자가 고객 등에 의한 성희롱 피해를 주장하거나 고객 등으로부터의 성적 요구 등에 불응한 것을 이유로 해고나 그 밖의 불이익한 조치를 한 경우
3. 근로자가 배우자의 출산을 이유로 휴가를 청구하였는데도 5일의 범위에서 3일 이상의 휴가를 주지 아니하거나 근로자가 사용한 휴가 중 3일을 유급으로 하지 아니한 경우
4. 육아기 근로시간 단축을 허용하지 아니하였으면서도 해당 근로자에게 그 사유를 서면으로 통보하지 아니하거나, 육아휴직의 사용 또는 그 밖의 조치를 통한 지원 여부에 관하여 해당 근로자와 협의하지 아니한 경우
5. 육아기 근로시간 단축을 한 근로자의 근로조건을 서면으로 정하지 아니한 경우
6. 육아기 근로시간 단축 신청을 받고 육아기 근로시간 단축을 허용하지 아니한 경우
7. 가족돌봄휴직의 신청을 받고 가족돌봄휴직을 허용하지 아니한 경우

③ 300만 원 이하의 과태료

다음 각호의 어느 하나에 해당하는 자에게는 300만 원 이하의 과태료를 부과한다.

1. 직장 내 성희롱 예방 교육을 하지 아니한 자
2. 시행계획을 제출하지 아니한 자
3. 남녀 근로자 현황을 제출하지 아니하거나 거짓으로 제출한 자
4. 이행실적을 제출하지 아니하거나 거짓으로 제출한 자(시행계획을 제출한 자가 이행실적을 제출하지 아니하는 경우 제외)
5. 관계 서류의 작성·확인 등 모든 절차에 적극 협력하지 아니한 자
6. 보고 또는 관계 서류의 제출을 거부하거나 거짓으로 보고 또는 제출한 자
7. 검사를 거부, 방해 또는 기피한 자
8. 관계서류를 3년간 보존하지 아니한 자

학습 핵심문제

01 남녀고용평등과 일 · 정 양립 지원에 관한 법률에 명시되어 있는 내용이 아닌 것은?

① 직장 내 성희롱의 금지 및 예방 교육
② 동일사업 내의 동일가치노동에 대한 동일임금 보장
③ 육아휴직
④ 생리휴가

02 남녀고용평등과 일 · 가성 양립 지원에 관한 법률의 목적으로 명시되어 있지 않은 것은?

① 여성 고용 촉진
② 가사노동 가치의 존중
③ 모성보호 촉진
④ 고용에서 남녀의 평등한 기회와 대우 보장

03 남녀고용평등과 일 · 가정의 양립 지원에 관한 법률의 개념 설명으로 틀린 것은?

① 사업주가 근로자에게 혼인 등의 사유로 합리적 이유 없이 근로조건을 달리하는 경우에는 차별에 해당한다.
② 성적 언동 또는 그 밖의 요구에 따르지 아니하였다는 이유로 고용상의 불이익을 주는 것은 직장 내 성희롱에 해당된다.
③ 적극적 고용개선조치란 현존하는 남녀 간의 고용차별을 없애거나 고용평등을 촉진하기 위하여 잠정적으로 특정 성을 우대하는 조치이다.
④ 근로자란 사업주에게 고용된 자를 말하며, 취업할 의사를 가진 자는 근로자에 해당하지 않는다.

04 남녀고용평등과 일 · 가정 양립 지원에 관한 법률상 상시 5명 미만의 근로자를 사용하는 사업장에도 반드시 적용되어야 하는 것은?

① 모집과 채용에 있어서의 남녀차별 금지
② 동일가치노동에 대한 동일임금 지급

③ 교육 · 배치 · 승지에 있어서 남녀차별 금지
④ 정년 · 퇴직 · 해고에 있어서의 남녀차별 금지

05 남녀고용평등과 일 · 가정 양립 지원에 관한 법률상 차별에 해당하는 것은?

① 직무의 성격에 비추어 특정 성(性)이 불가피하게 요구되는 경우
② 여성 근로자의 임신 · 출산 · 수유 등 모성보호를 위한 조치를 하는 경우
③ 동일한 업무를 담당하는 남녀 간의 정년연령을 달리 정하는 경우
④ 이 법 또는 다른 법률에 따라 적극적 고용개선조치를 하는 경우

06 남녀고용평등과 일 · 가정 양립 지원에 관한 법률상 고용에 있어서 남녀의 평등한 기회 보장 및 대우 등에 대한 설명으로 틀린 것은?

① 사업주는 근로자를 모집하거나 채용할 때 남녀를 차별하여서는 아니 된다.
② 동일가치노동의 기준은 직무 수행에서 요구되는 기술, 노력, 책임 및 작업 조건 등으로 하고, 사업주가 그 기준을 정할 때에는 고충처리기관의 근로자를 대표하는 자의 동의를 얻어야 한다.
③ 사업주는 임금 외에 근로자의 생활을 보조하기 위한 금품의 지급에서 남녀를 차별하여서는 아니 된다.
④ 사업주는 여성 근로자의 혼인, 임신 또는 출산을 퇴직 사유로 예정하는 근로계약을 체결하여서는 아니 된다.

07 남녀고용평등과 일 · 가정 양립 지원에 관한 법률상의 육아휴직에 대한 설명 중 틀린 것은?

① 사업주는 근로자가 만 8세 이하 또는 초등학교 2학년 이하의 자녀를 양육하기 위하여 휴직을 신청하는 경우에 이를 허가하여야 한다.
② 육아휴직의 기간은 1년 이내로 한다.
③ 육아휴직은 휴직의 일종이기 때문에 근속기간에 포함되지 아니한다.
④ 육아휴직을 마친 후에는 휴직 전과 같은 업무 또는 같은 수준의 임금을 지급하는 직무에 복귀시켜야 한다.

08 **남녀고용평등과 일 · 가정 양립 지원에 관한 법률상 육아휴직과 육아기 근로시간 단축의 사용형태로 틀린 것은?**

① 육아휴직을 11개월 동안 1회 사용
② 육아기 근로시간 단축을 5개월씩 2회 사용
③ 육아휴직을 6개월 동안 1회 사용하고 육아기 근로시간 단축을 3개월 동안 1회 사용
④ 육아휴직을 3개월 동안 1회 사용하고 육아기 근로시간 단축을 1개월씩 2회 사용

09 **남녀고용평등과 일 · 가정 양립 지원에 관한 법률에서 ( ) 안에 들어갈 내용은?**

> 사업주는 근로자가 배우자의 출산을 이유로 휴가를 청구하는 경우에 5일의 범위에서 ( ) 이상의 휴가를 주어야 한다.

① 1일 ② 2일
③ 3일 ④ 4일

10 **남녀고용평등과 일 · 가정 양립 지원에 관한 법률상 직장 내 성희롱의 예방에 관한 설명으로 틀린 것은?**

① 사업주는 직장 내 성희롱 예방을 위한 교육을 연 1회 이상 하여야 한다.
② 사업주 및 근로자 모두가 여성으로 구성된 사업의 사업주는 직장 내 성희롱 예방교육을 생략할 수 있다.
③ 사업주는 성희롱 예방 교육을 노동부장관이 지정하는 기관에 위탁하여 실시할 수 있다.
④ 사업주는 근로자가 고객에 의한 성희롱의 피해를 주장하는 것을 이유로 해고나 그 밖의 불이익한 조치를 하여서는 아니 된다.

11 **남녀고용평등과 일 · 가정 양립 지원에 관한 법률상 직장 내 성희롱에 관한 설명으로 틀린 것은?**

① 사업주, 상급자 또는 근로자는 직장 내 성희롱을 하여서는 아니 된다.
② 사업주는 직장 내 성희롱의 예방을 위한 교육을 실시하여야 하며, 그 예방교육을 고용노동부장관이 지정하는 기관에 위탁하여 실시할 수 있다.
③ 사업주는 직장 내 성희롱 발생이 확인된 경우 3월 이내에 행위자에 대하여 징계나 그 밖에 이에 준하는 조치를 하여야 한다.

④ 사업주는 직장 내 성희롱과 관련하여 피해를 입은 근로자 또는 성희롱 피해 발생을 주장하는 근로자에게 해고나 그 밖의 불리한 조치를 하여서는 아니 된다.

12 **직장 내 성희롱의 성립요건과 가장 거리가 먼 것은?**

① 직장 내 사업주 · 상급자 또는 남녀 근로자가 다른 근로자에게 할 것
② 직장 내 지위를 이용하거나 업무와 관련하여 이루어질 것
③ 직장 내에서만 성희롱이 이루어질 것
④ 성적인 언어나 행동에 의하거나 이를 조건으로 할 것

13 **남녀고용평등과 일 · 가정 양립 지원에 관한 법률상 명예고용평등감독관(명예감독관)에 관한 설명으로 틀린 것은?**

① 명예감독관의 임기는 3년으로 하되, 연임할 수 있다.
② 고용노동부장관은 명예감독관이 위촉 및 해촉 권한을 지방고용노동관서의 장에게 위임한다.
③ 남녀고용평등제도에 대한 홍보 · 계몽 업무를 수행하는 경우에는 산근업무로 함을 원칙으로 한다.
④ 고용노동부장관은 명예감독관으로 활동하기에 부적합한 사유가 있어 해당 사업의 노사 대표가 공동으로 해촉을 요청한 경우에 그 명예 감독관을 해촉할 수 있다.

14 **남녀고용평등과 일 · 가정 양립 지원에 관한 법률상 과태료를 부과하는 위반행위는?**

① 직장 내 성희롱과 관련하여 피해를 입은 근로자 또는 성희롱 발생을 주장하는 근로자에게 해고나 그 밖의 불리한 조치를 하는 경우
② 직장 내 성희롱 발생이 확인되었는데도 지체 없이 행위자에게 징계나 그 밖에 이에 준하는 조치를 하지 아니한 경우
③ 동일한 사업 내의 동일가치노동에 대하여 동일한 임금을 지급하지 아니한 경우
④ 육아기 근로시간 단축을 이유로 해당 근로자에 대하여 해고나 그 밖의 불리한 처우를 한 경우

15 **남녀고용평등과 일 · 가정 양립 지원에 관한 법률상 고용정책심의회의 심의를 거쳐야 하는 사항이 아닌 것은?**

① 여성 근로자 고충처리에 관한 사항
② 여성 근로자 고용기준에 관한 사항
③ 적극적 고용개선조치 시행계획의 심사에 관한 사항
④ 적극적 고용개선조치 이행실적의 평가에 관한 사항

16 **남녀고용평등과 일 · 가정 양립 지원에 관한 법령상 전자문서로 작성 · 보존할 수 있는 서류가 아닌 것은?**

① 직장 내 성희롱 예방 교육을 하였음을 확인할 수 있는 서류
② 성희롱 행위자에 대한 징계 등 조치에 관한 서류
③ 육아휴직의 신청 및 허용에 관한 서류
④ 적극적 고용개선조치 시행계획 및 그 이행실적에 관한 서류

17 **남녀고용평등과 일 · 가정 양립 지원에 관한 법률상 사업주가 채용 또는 근로의 조건을 동일하게 적용하더라도 성차별이 발생할 수 있는 법적 요건에 해당하지 않은 것은?**

① 당해 조건을 충족할 수 있는 남성 또는 여성이 다른 한 성에 비하여 현저히 적어야 한다.
② 특정 성에게 불리한 결과가 발생해야 한다.
③ 채용 및 근로의 조건이 다른 성에 대하여 5분의 4에 미달하는 불리한 영향을 주어야 한다.
④ 사업주가 제시한 기준이 정당한 것임을 입증할 수 없어야 한다.

18 **남녀고용평등과 일 · 가정 양립 지원에 관한 법률상 차별에 관한 설명으로 틀린 것은?**

① 사업주가 근로자에게 성별, 혼인, 가족 안에서의 지위, 임신 또는 출산 등의 사유로 합리적인 이유 없이 채용 또는 근로의 조건을 다르게 하거나 그 밖의 불리한 조치를 하는 경우를 차별이라고 한다.
② 사업주가 채용조건이나 근로조건은 동일하게 적용하더라도 그 조건을 충족할 수 있는 남성 또는 여성이 다른 한 성에 비하여 현저히 적고 그에 따라 특정 성에게 불리한 결과를 초래하며 그 조건이 정당한 것임을 증명할 수 없는 경우는 차별에 포함된다.

③ 직무의 성격에 비추어 특정 성이 불가피하게 요구되는 경우라도 특정 성에게 불리한 결과를 초래할 경우 차별에 해당된다.

④ 여성 근로자의 임신 · 출산 · 수유 등 모성보호를 위한 조치를 하는 경우는 차별에 해당되지 않는다.

19 남녀고용평등과 일 · 가정 양립 지원에 관한 법상 규정된 내용이 아닌 것은?

① 동일가치노동에 대한 동일임금 지급의 보장

② 여성의 무급 생리휴가

③ 직장 내 성희롱 금지 및 예방교육

④ 여성의 직업능력 개발 및 고용 촉진

20 남녀고용평등과 일 · 가정 양립 지원에 관한 법률상 상시 500명 이상의 근로자를 고용하는 사업의 사업주에게 부과하는 적극적 고용개선조치에 대한 설명으로 틀린 것은?

① 고용기준에 미달하는 사업주에 대하여 고용노동부장관이 적극적 고용개선조치 시행계획을 수립하여 제출할 것을 요구할 수 있다.

② 적극적 고용개선조치 시행계획을 제출한 자는 그 이행실적을 고용노동부장관에게 제출하여야 한다.

③ 국가와 지방자치단체는 적극적 고용개선조치 우수기업에 행정적 · 재정적 지원을 하여야 한다.

④ 고용노동부장관은 적극적 고용개선조치 이행실적이 부진한 사업주에게 시행계획의 이행을 촉구할 수 있다.

정답 01. ④ 02. ② 03. ④ 04. ① 05. ③ 06. ② 07. ③ 08. ④ 09. ③ 10. ② 11. ③ 12. ③ 13. ③ 14. ② 15. ① 16. ④ 17. ③ 18. ③ 19. ② 20. ③

CHAPTER 05

고용상 연령차별금지 및 고령자고용 촉진에 관한 법률(약칭 : 고령자고용법)

[시행 2016.7.28][법률 제13897호, 2016.1.27., 일부개정] 고용노동부(고령사회인력정책과)

1. 총 칙

1) 목 적

이 법은 합리적인 이유 없이 연령을 이유로 하는 고용차별을 금지하고, 고령자가 그 능력에 맞는 직업을 가질 수 있도록 지원하고 촉진함으로써, 고령자의 고용안정과 국민경제의 발전에 이바지하는 것을 목적으로 한다.

2) 용어의 뜻

1. "고령자"란 인구와 취업자의 구성 등을 고려하여 55세 이상인 사람을 말한다.
2. "준고령자"란 50세 이상 55세 미만인 사람으로 고령자가 아닌 자를 말한다.
3. "사업자"란 근로자를 고용하여 사업을 하는 자를 말한다.
4. "근로자"란 근로기준법 제2조 제1항 제1호 [직업의 종류와 관계없이 임금을 목적으로 사업이나 사업장에 근로를 제공하는 자]에 따른 근로자를 말한다.
5. "기준고용률"이란 사업장에서 상시 고용하는 근로자를 기준으로 하여 사업자가 고령자의 고용촉진을 위하여 고용하여야 할 고령자의 비율로서 고령자의 현황과 고용 실태 등을 고려하여 사업의 종류별로 구분하여 다음과 같은 비율(대통령령으로 정하는 비율)을 말한다.

> ※ **고령자의 기준고용률 업종구분**(시행령 제3조)
> 1. 제조업 : 그 사업장의 상시 근로자 수의 100분의 2
> 2. 운수업, 부동산 및 임대업 : 그 사업장의 상시 근로자 수의 100분의 6
> 3. 그 밖의 도·소매업 등 산업 : 그 사업장의 상시 근로자 수의 100분의 3

3) 정부의 책무와 사업자의 책무

① 정부는 고용에서 연령을 이유로 차별하는 관행을 해소하기 위하여 연령차별금지정책을 수립·시행하며, 고령자의 고용에 관하여 사업자와 국민 일반의 이해를 높이고, 고령자의 고용촉진과 직업안정을 꾀하기 위하여 고령자 고용촉진 대책의 수립·시행, 직업능력개발훈련 등 필요한 시책을 종합적이고 효과적으로 추진하여야 한다(정부의 책무).

② 사업자는 연령을 이유로 하는 고용차별을 해소하고, 고령자의 직업능력 계발·향상과 작업시설·업무 등의 개선을 통하여 고령자에게 그 능력에 맞는 고용기회를 제공함과 아울러 정년연장 등의 방법으로 고령자의 고용이 확대되도록 노력하여야 한다(사업자의 책무).

4) 고령자 고용촉진 기본계획의 수립

① 고용노동부장관은 고령자의 고용촉진에 관한 기본계획을 관계 중앙기관의 장과 협의하여 5년마다 수립하여야 한다.

② 기본계획에는 다음 각호의 사항이 포함되어야 한다. 〈개정 2016.1.27〉

> 1. 직전 기본계획에 대한 평가
> 2. 고령자의 현황과 전망
> 3. 고령자의 직업능력개발
> 4. 고령자의 취업알선, 재취업 및 전직(轉職) 지원 등 취업 가능성의 개선방안
> 5. 그 밖에 고령자의 고용촉진에 관한 주요 시책

가령 고령자의 현황과 전망과 고령자의 직업능력개발에 관한 사항은 고령자의 고용촉진에 관한 기본계획에 포함되어야 한다.

③ 고용노동부장관은 기본계획을 수립할 때에는 고용정책 기본법에 따른 고용정책심의회의 심의를 거쳐야 한다.

④ 고용노동부장관이 기본계획을 수립한 때에는 지체 없이 국회 소관 상임위원회에 보고하여야 한다. 〈신설 2016.1.27〉

⑤ 고용노동부장관은 필요하다고 인정하면 관계 행정기관 또는 공공기관의 장에게 기본계획의 수립에 필요한 자료의 제출을 요청할 수 있다.

2. 고용상 연령차별금지

1) 모집 · 채용 등에서의 연령차별 금지

① 사업자는 다음 각호의 분야에서 합리적인 이유 없이 연령을 이유로 근로자 또는 근로자가 되려는 자를 차별하여서는 아니 된다.

1. 모집 · 채용	2. 임금, 임금 외의 금품 지급 및 복리후생
3. 교육 · 훈련	4. 배치 · 전보 · 승진
5. 퇴직 · 해고	

② 제1항을 적용할 때 합리적인 이유 없이 연령 외의 기준을 적용하여 특정 연령집단에 특히 불리한 결과를 초래하는 경우에는 연령차별로 본다.

2) 차별금지의 예외

다음 각호의 어느 하나에 해당하는 경우에는 연령차별로 보지 아니한다.

1. 직무의 성격에 비추어 특정 연령기준이 불가피하게 요구되는 경우
2. 근속기간의 차이를 고려하여 임금이나 임금 외의 금품과 복리후생에서 합리적 차등을 두는 경우
3. 근로계약, 취업규칙, 단체협약 등에서 정년을 설정하는 경우
4. 특정 연령집단의 고용유지 · 촉진을 위한 지원조치를 하는 경우

가령 직무의 성격에 비추어 특정 연령기준이 불가피하게 요구되는 경우에 연령에 따라 차등하는 경우에는 연령차별로 하지 않는다.

3) 해고나 그 밖의 불리한 처우의 금지

사업자는 근로자가 이 법이 금지하는 연령차별 행위에 대한 진정, 자료제출, 답변 · 증언, 소송, 신고 등을 하였다는 이유로 근로자에게 해고, 전보, 징계, 그 밖의 불리한 처우를 하여서는 아니 된다.

3. 정부의 고령자 취업지원

1) 구인 · 구직 정보수집

고용노동부장관 및 특별시장 · 광역시장 · 도지사 · 특별자치도지사(고용노동부장관 등)는 고령자의 고용을 촉진하기 위하여 고령자와 관련된 구인 · 구직정보를 수집하고 구인 · 구직의 개척에 노력하여야 하며 관련 정보를 구직자 · 사업자 및 관련 단체 등에 제공하여야 한다.

2) 고령자에 대한 직업능력 개발훈련

① 고용노동부장관 등은 고령자의 고용을 촉진하고 직업능력의 개발 · 향상을 위하여 고령자를 대상으로 대통령령령으로 정하는 바에 따라 직업능력 개발훈련을 실시하여야 한다.

② 고용노동부장관 등은 고령자가 작업환경에 쉽게 적응할 수 있도록 하기 위하여 필요하다고 인정하면 취업 전에 안전 · 보건에 관한 내용을 포함하여 고용노동부령으로 정하는 적응훈련을 실시하도록 조치하여야 한다.

③ 고령자의 직업능력 개발훈련과 해당 훈련생의 보호에 관한 사항은 근로자직업능력개발법을 준용하되 고령자의 신체적 · 정신적 조건 등을 고려하여 특별한 배려를 하여야 한다.

3) 사업자에 대한 고용지도

① 고용노동부장관은 필요하다고 인정하면 고령자를 고용하고 있거나 고용하려는 사업자에게 채용, 배치, 작업시설, 작업환경 등 고령자의 고용 · 관리에 관한 기술적 사항

에 대하여 상담, 자문, 그 밖에 필요한 지원을 하여야 한다.

② 고용노동부장관은 고령자를 고용하고 있거나, 고용하려는 사업자에 대하여 고령자의 신체적 · 정신적 조건, 직업능력 등에 관한 정보와 그 밖의 자료를 제공하여야 한다.

4) 사업자의 고령자 교육 · 훈련 및 작업환경 개선에 대한 지원

고용노동부장관은 사업자가 고령자의 고용촉진을 위하여 필요한 교육이나 직업훈련 등을 실시할 경우 그 비용의 전부 또는 일부를 지원할 수 있다. 지원금은 예산(고용보험법에 따른 고용보험기금 포함)에서 지급한다.

5) 고령자의 취업알선 기능 강화

① 정부는 고령자가 그 능력에 맞는 직업에 취업할 수 있도록 고령자에 대한 직업상담, 직업적성검사 등 적절한 직업지도와 취업알선 등을 하여야 한다.

② 정부는 고령자에 대한 직업지도와 취업알선 등을 위하여 관련 행정기구와 시설을 정비하도록 노력하여야 한다.

③ 고용노동부장관 등은 고령자의 직업지도와 취업알선 등을 담당하게 하기 위하여 소속 공무원 중에서 직업지도관을 지명한다.

6) 고령자 고용정보센터의 운영

① 고용노동부장관 등은 고령자의 직업지도와 취업알선 등의 업무를 효율적으로 수행하기 위하여 필요한 지역에 고령자 고용정보센터를 운영할 수 있다.

② 고령자 고용정보센터는 다음 각호의 업무를 수행한다.

> 1. 고령자에 대한 구인 · 구직 등록, 직업지도 및 취업알선
> 2. 고령자에 대한 직장 적응훈련 및 교육
> 3. 정년연장과 고령자 고용에 관한 인사 · 노무관리와 작업환경 개선 등에 관한 기술적 상담 · 교육 및 지도
> 4. 고령자 고용촉진을 위한 홍보
> 5. 그 밖에 고령자 고용촉진을 위하여 필요한 업무

7) 고령자인재은행의 지정

① 고용노동부장관은 다음 각호의 단체 또는 기관 중 고령자의 직업지도와 취업알선 또는 직업능력개발훈련 등에 필요한 전문 인력과 시설을 갖춘 단체 또는 기관을 고령자인재은행으로 지정할 수 있다.

> 1. 무료직업소개사업을 하는 비영리법인이나 공익단체
> 2. 직업능력개발훈련을 위탁받을 수 있는 대상이 되는 기관

② 고령자인재은행의 사업범위

◎ 무료직업소개사업을 하는 비영리법인이나 공익단체와 직업능력개발훈련을 위탁받을 수 있는 대상이 되는 기관에 모두 해당하는 고령자인재은행의 사업범위

> 1. 고령자에 대한 구인·구직 등록, 직업지도 및 취업알선
> 2. 취업희망 고령자에 대한 직업상담 및 정년퇴직자의 재취업 상담
> 3. 고령자의 직업능력개발훈련
> 4. 그 밖에 고령자고용촉진을 위하여 필요하다고 인정하여 고용노동부장관이 정하는 사업

◎ 무료직업소개사업을 하는 비영리법인이나 공익단체에만 해당하는 고령자인재은행의 사업범위

> 1. 고령자에 대한 구인·구직 등록, 직업지도 및 취업알선
> 2. 취업희망 고령자에 대한 직업상담 및 정년퇴직자의 재취업 상담
> 3. 그 밖에 고령자고용촉진을 위하여 필요하다고 인정하여 고용노동부장관이 정하는 사업

◎ 직업능력개발훈련을 위탁받을 수 있는 대상이 되는 기관에만 해당하는 고령자인재은행의 사업범위

> 1. 고령자의 직업능력개발훈련
> 2. 그 밖에 고령자고용촉진을 위하여 필요하다고 인정하여 고용노동부장관이 정하는 사업

③ 고용노동부장관은 고령자인재은행에 대하여 직업안정 업무를 하는 행정기관이 수집한 구인·구직 정보, 지역 내의 노동력 수급상황, 그 밖에 필요한 자료를 제공할 수 있다.

④ 고용노동부장관은 고령자인재은행에 대하여 예산의 범위에서 소요 경비의 전부 또는 일부를 지원할 수 있다.

⑤ 고령자인재은행의 지정기준과 지정절차 등에 필요한 사항은 대통령령으로 정한다.

※ 고령자인재은행의 지정기준(시행령 제7조 제1항과 별표 1)

구분	지정기준
시설 및 장비	1. 고령자 구인 · 구직 또는 직업능력개발훈련에 관한 상담을 하기 위한 전화전용 회선을 1회선 이상 설치할 것 2. 인터넷을 통하여 고령자 구인 · 구직 또는 직업능력개발훈련에 관한 상담을 하기 위한 개인용 컴퓨터를 1대 이상 설치할 것 3. 고령자 구인 · 구직 또는 직업능력개발훈련에 관한 상담을 위한 별도 상담실을 설치할 것
인력	1. 고령자 구인 · 구직 또는 직업능력개발훈련에 관한 상담 전담자가 1명 이상일 것 2. 그 밖에 고령자인재은행의 운영을 지원하는 인력이 1명 이상일 것

가령 고령자인재은행의 지정기준으로는 고령자 구인·구직 또는 직업능력개발훈련에 관한 상담을 위한 별도 상담실을 설치할 것 등이 있다.

8) 중견전문인력 고용지원센터의 지정

① 고용노동부장관은 퇴직한 고령자로서 경력 등을 고려하여 고용노동부령으로 정하는 자(중견전문인력)의 직업지도와 취업알선 등을 전문적으로 지원하는 중견전문인력 고용지원센터(중견전문인력 고용지원센터)를 지정할 수 있다.

② 중견전문인력 고용지원센터는 직업안정법에 따라 무료직업소개사업을 하는 비영리법인 또는 공익단체로서 필요한 전문인력과 시설을 갖춘 단체 중에서 지정한다.

③ 중견전문인력 고용지원센터의 사업

1. 중견전문인력의 구인·구직 등록, 직업상담 및 취업알선 2. 중견전문인력의 중소기업에 대한 경영자문 및 자원봉사활동 등의 지원 3. 중견전문인력의 취업에 필요한 사업으로서 대통령령으로 정하는 사업

가령 중견전문인력 고용지원센터는 중견전문인력의 중소기업에 대한 경영자문 및 자원봉사활동 등의 지원사업을 한다.

④ 고용노동부장관은 중견전문인력 고용지원센터에 대하여 직업안정 업무를 하는 행정기관이 수집한 구인·구직정보, 지역 내의 노동력 수급상황, 그 밖에 필요한 자료를 제공할 수 있다.

⑤ 고용노동부장관은 중견전문인력 고용지원센터에 대하여 예산의 범위에서 소요 경비의 전부 또는 일부를 지원할 수 있다.

9) 고령자인재은행 및 중견전문인력 고용지원센터의 지정취소

① 고용노동부장관은 고령자인재은행 또는 중견전문인력 고용지원센터로 지정을 받은 자가 다음에 해당하는 경우에는 고용노동부령으로 정하는 바에 따라 그 지정을 취소할 수 있다(임의규정).

> 1. 무료직업소개사업을 폐지하는 경우
> 2. 사업의 정지처분을 받은 경우
> 3. 직업능력개발훈련시설의 승인취소처분·지정취소처분, 직업능력개발훈련의 정지처분을 받은 경우
> 4. 지정직업훈련시설이 폐업한 경우
> 5. 직업능력개발훈련법인의 설립허가 취소처분을 받은 경우
> 6. 사업실적 부진 등 고용노동부장관이 정하는 사유에 해당하는 경우

② 고령자인재은행 또는 중견전문인력 고용지원센터로 지정을 받은 자가 그 업무를 폐지하거나 휴업하려는 경우에는 고용노동부령으로 정하는 바에 따라 고용노동부장관에게 신고하여야 한다(강행규정).

10) 고령자 고용촉진을 위한 사업

① 고용노동부장관은 고령자의 고용촉진을 위하여 다음 각호의 사업을 할 수 있다.

1. 고령자에게 적합한 사회적 일자리의 창출
2. 고령자의 자영업 창업 지원
3. 고령자를 대상으로 하는 취업박람회의 지원
4. 고령자 고용촉진과 고용안정에 관한 정책의 수립과 제도 개선에 필요한 조사와 연구
5. 고령자인재은행, 중견전문인력 고용지원센터 등 관련 기관의 종사자에 대한 교육이나 필요한 인력의 양성
6. 고령자 고용 강조기간의 설정과 추진
7. 고령자 고용 우수기업의 선정과 지원
8. 그 밖에 고령자 고용촉진을 위하여 필요한 사업

4. 고령자의 고용촉진 및 고용안정

1) 사업자의 고령자 고용 노력의무

상시 300명 이상의 근로자를 고용하는 사업장의 사업자는 기준고용률 이상의 고령자를 고용하도록 노력하여야 한다(엄격한 법적 구속력이 없음).

2) 사업자의 고령자 고용현황의 제출

① 상시 300명 이상의 근로자를 고용하는 사업자는 고용노동부령으로 정하는 바에 따라 매년 고령자 고용 현황을 고용노동부장관에게 제출하여야 한다.

② 고용노동부장관은 상시 300명 이상의 근로자를 고용하는 사업자로서 상시 고용하는 고령자의 비율이 기준고용률에 미달하는 사업자에 대하여 고령자의 고용촉진 및 안정을 위하여 필요한 조치의 시행을 권고할 수 있다.

③ 고용노동부장관은 고령자의 고용촉진 및 안정을 위하여 권고에 따른 조치를 시행하는 사업자에게 상담, 자문, 그 밖에 필요한 협조와 지원을 할 수 있다.

3) 고령자 고용촉진을 위한 세제지원

① 사업자가 기준고용률을 초과하여 고령자를 추가로 고용하는 경우에는 조세특례제한법으로 정하는 바에 따라 조세를 감면한다.

② 고용노동부장관은 예산의 범위에서 고령자를 새로 고용하거나 다수의 고령자를 고용한 사업자 또는 고령자의 고용안정을 위하여 필요한 조치를 취한 사업자에게 일정 기간 지급하는 고용지원금에 따른 고용지원금을 지급할 수 있다.

4) 우선고용직종의 선정

① 고용노동부장관은 고용정책심의회의 심의를 거쳐 고령자와 준고령자를 고용하기에 적합한 직종(우선고용직종)을 선정하고, 선정된 우선고용직종을 고시하여야 한다.

② 고용노동부장관은 우선고용직종의 개발 등 고령자와 준고령자의 고용촉진에 필요한 사항에 대하여 조사 · 연구하고 관련 자료를 정리 · 배포하여야 한다.

5) 우선고용직종의 고용

① 국가 및 지방자치단체,「공공기관의 운영에 관한 법률」에 따라 공공기관으로 지정받은 기관의 장은 그 기관의 우선고용직종에 대통령령으로 정하는 바에 따라서 고령자와 준고령자(장애인, 여성 X)를 우선적으로 고용하여야 한다.

> ※ **우선고용직종의 고용**(시행령 제12조)
>
> ① 국가 및 지방자치단체,「공공기관의 운영에 관한 법률」에 따라 공공기관으로 지정받은 기관의 장(공공기관 등의 장)은 그 기관의 우선고용직종에 다음 각호의 어느 하나에 해당하는 사유가 발생한 경우에는 고령자와 준고령자를 우선적으로 고용하여야 한다.
>
> 1. 우선고용직종이 신설되거나 확대됨에 따라 신규인력을 채용하는 경우
> 2. 퇴직이나 이직 등에 따라 우선고용직종에 결원이 생겨서 인력보충이 필요한 경우
>
> 가령 공공기관 등의 장은 우선고용직종이 신설되거나 확대됨에 따라 신규인력을 채용하는 경우에는 고령자와 준고령자를 우선적으로 고용하여야 한다.
>
> ② 공공기관 등의 장은 해당 기관의 우선고용직종에 직원을 채용하는 경우에 관계 법령상 별도의 자격요건을 정하고 있거나 특별한 사정이 있다고 인정되어 고용노동부장관의 승인을 받은 경우에는 제1항을 적용하지 아니할 수 있다.

☞ **우선고용직종에 대한 고용현황 제출**(시행령 제13조) : 공공기관 등의 장은 그 기관의 우선고용직종에 관한 고용현황을 고용노동부령 [매년 1월 31일까지 전년도의 고령자 고용현황을 작성하여 관할 지방고용노동관서의 장에게 제출하여야 함]으로 정하는 바에 따라 매년 고용노동부장관에게 제출하여야 한다.

② 공공기관 등의 장 외의 사업자는 우선고용직종에 고령자와 준고령자를 우선적으로 고용하도록 노력하여야 한다.

6) 고용 확대의 요청

고용노동부장관은 고령자와 준고령자를 우선적으로 채용한 실적이 부진한 자에게 그 사유를 제출하게 할 수 있으며, 그 사유가 정당하지 아니한 자(사유를 제출하지 아니한 자 포함)에게 고령자와 준고령자의 고용을 확대하여 줄 것을 요청할 수 있다.

7) 내용 공표 및 취업알선 중단

고용노동부장관은 정당한 사유 없이 고용 확대 요청에 따르지 아니한 자에게 그 내용을 공표하거나 직업안정 업무를 하는 행정기관에서 제공하는 직업지도와 취업알선 등 고용 관련 서비스를 중단할 수 있다.

5. 정 년

1) 정년에 관한 규정

① 사업자는 근로자의 정년을 60세 이상으로 정하여야 한다.
② 사업자가 제1항에도 불구하고 근로자의 정년을 60세 미만으로 정한 경우에는 정년을 60세로 정한 것으로 본다.

2) 정년연장에 따른 임금체계 개편

① 정년을 연장하는 사업 또는 사업장의 사업자와 근로자의 과반수로 조직된 노동조합(근로자의 과반수로 조직된 노동조합이 없는 경우에는 근로자의 과반수를 대표하는 자를 말함)은 그 사업 또는 사업장의 여건에 따라 임금체계 개편 등 필요한 조치를 하여야 한다.
② 고용노동부장관은 필요한 조치를 한 사업 또는 사업장의 사업자나 근로자에게 대통령령으로 정하는 바에 따라 고용지원금 등 필요한 지원을 할 수 있다.

③ 고용노동부장관은 정년을 60세 이상으로 연장하는 사업 또는 사업장의 사업자 또는 근로자에게 대통령령으로 정하는 바에 따라 임금체계 개편 등을 위한 컨설팅 등 필요한 지원을 할 수 있다.

3) 정년제도 운영현황의 제출

① 상시 300명 이상의 근로자를 고용하는 사업자는 고용노동부령으로 정하는 바에 따라 매년 정년제도의 운영 현황을 고용노동부장관에게 제출하여야 한다.
② 고용노동부장관은 사업자로서 정년을 현저히 낮게 정한 사업자에게 정년의 연장을 권고할 수 있다.
③ 권고를 정당한 사유 없이 따르지 아니한 경우 그 내용을 공표할 수 있다.

4) 정년퇴직자의 재고용

① 사업자는 정년에 도달한 자가 그 사업장에 다시 취업하기를 희망할 때 그 직무수행 능력에 맞는 직종에 재고용하도록 노력하여야 한다.
② 사업자는 고령자인 정년퇴직자를 재고용할 때 당사자 간의 합의에 의하여 근로기준법에 따른 퇴직금과 연차유급휴가 일수 계산을 위한 계속근로기간을 산정할 때 종전의 근로기간을 제외할 수 있으며 임금의 결정을 종전과 달리할 수 있다.

5) 정년 · 퇴직 등의 지원

(1) 정년퇴직자의 재고용 지원

고용노동부장관은 정년퇴직자를 재고용하거나 그 밖에 정년퇴직자의 고용안정에 필요한 조치를 하는 사업자에게 장려금 지급 등 필요한 지원을 할 수 있다.

(2) 퇴직예정자 등의 구직활동 지원

사업자는 정년퇴직 등의 사유로 이직예정인 고령자의 구직활동을 지원하도록 노력하여야 한다. 고용노동부장관은 지원조치를 성실히 이행하는 사업자에 대하여 인건비, 장려금

지급 등 필요한 지원을 할 수 있다. 가령 고용노동부장관은 정년퇴직 등의 사유로 이직예정인 고령자의 구직활동을 지원하는 사업자에 대하여 인건비, 장려금을 지급할 수 있다.

(3) 정년 연장에 대한 지원

고용노동부장관은 정년 연장에 따른 사업체의 인사와 임금 등에 대하여 상담, 자문, 그 밖에 필요한 협조와 지원을 하여야 한다.

6. 보 칙

1) 벌 칙

① 2년 이하의 징역 또는 1천만 원 이하의 벌금
근로자에게 해고, 전보, 징계, 그 밖의 불리한 처우를 한 사업자

② 500만 원 이하의 벌금
모집 · 채용에서 합리적인 이유 없이 연령을 이유로 차별한 사업자

2) 과태료

① 시정명령을 정당한 사유 없이 이행하지 아니하는 자에게는 3천만 원 이하의 과태료를 부과한다.

② 다음 각호의 어느 하나에 해당하는 자에게는 500만 원 이하의 과태료를 부과한다.

1. 고용노동부장관의 이행상황 제출요구를 정당한 사유 없이 따르지 아니한 자
2. 고령자 고용 현황을 제출하지 아니한 자
3. 정년제도 운영 현황을 제출하지 아니한 자
4. 보고를 하지 아니하거나 거짓으로 보고한 자
5. 출입 또는 검사를 거부 · 방해하거나 기피한 자

학습 핵심문제

01 고용상 연령차별금지 및 고령자고용촉진에 관한 법률에 관한 설명으로 틀린 것은?

① 고령자란 55세 이상인 사람을 말한다.
② 준고령자란 50세 이상 55세 미만인 사람을 말한다.
③ 사업주란 근로기준법상 사용자를 말한다.
④ 근로자란 근로기준법상 근로자를 말한다.

02 고용상 연령차별금지 및 고령자고용촉진에 관한 법률상 고령자와 준고령자에 관한 설명으로 옳은 것은?

① 고령자는 55세 이상인 사람이며, 준고령자는 50세 이상 55세 미만인 사람으로 한다.
② 고령자는 60세 이상인 사람이며, 준고령자는 55세 이상 60세 미만인 사람으로 한다.
③ 고령자는 58세 이상인 사람이며, 준고령자는 55세 이상 58세 미만인 사람으로 한다.
④ 고령자는 65세 이상인 사람이며, 준고령자는 60세 이상 65세 미만인 사람으로 한다.

03 고용상 연령차별금지 및 고령자고용촉진에 관한 법률상 업종별 고령자 기준고용률이 틀린 것은?

① 제조업 : 상시 근로자 수의 100분의 2
② 운수업 : 상시 근로자 수의 100분의 4
③ 부동산 및 임대업 : 상시 근로자 수의 100분의 6
④ 도·소매업 : 상시 근로자 수의 100분의 3

04 고용상 연령차별금지 및 고령자고용촉진에 관한 법률상 연령차별에 관한 설명으로 옳은 것은?

① 직무의 성격상 특정 연령기준이 불가피하게 요구되는 경우라도 연령에 따라 차등하는 경우 연령차별에 해당한다.
② 적법한 근로계약, 취업규칙, 단체협약에서는 정년을 설정할 수 없다.
③ 근속기간의 차이로 인한 임금, 복리후생에서의 차동은 합리적이라 하더라도 연령차별에 해당된다.

④ 관계 법률에 따른 특정 연령집단의 고용유지 촉진을 위한 지원조치를 하는 경우는 연령차별에 해당하지 않는다.

05 고용상 연령차별금지 및 고령자고용촉진에 관한 법률상 사업주의 책무가 아닌 것은?

① 고령자 고용촉진 대책의 수립 · 시행
② 연령을 이유로 하는 고용차별 해소
③ 고령자에게 그 능력에 맞는 고용기회 제공
④ 정년연장 등의 방법으로 고령자의 고용 확대

06 고용상 연령차별금지 및 고령자고용촉진에 관한 법률상 고령자 고용촉진 기본계획에 관한 설명으로 틀린 것은?

① 고용노동부장관이 관계 중앙기관의 장과 협의하여 5년마다 수립하여야 한다.
② 고령자의 직업능력개발에 관한 사항이 포함되어야 한다.
③ 고령자의 현황과 전망에 관한 사항은 포함되지 아니하여도 된다.
④ 수립할 때에는 고용정책 기본법상 고용정책심의회의 심의를 거쳐야 한다.

07 고용상 연령차별금지 및 고령자고용촉진에 관한 법률상 우선고용직종에 관한 설명으로 틀린 것은?

① 고용노동부장관은 고용정책심의회의 심의를 거쳐 고령자와 준고령자를 고용하기에 적합한 직종을 선정하고, 선정된 우선고용직종을 고시하여야 한다.
② 공공기관의 장은 그 기관에 우선고용직종이 신설되어 신규인력을 채용하는 경우 고령자와 준고령자를 우선적으로 고용하도록 노력하여야 한다.
③ 고용노동부장관은 우선고용직종의 개발 등 고령자와 준고령자의 고용촉진에 필요한 사항에 대하여 조사 · 연구하고 관련 자료를 정리 · 배포하여야 한다.
④ 공공기관 등의 장은 그 기관의 우선고용직종에 관한 고용현황을 매년 고동노동부장관에게 제출하여야 한다.

08 다음 ( )안에 들어갈 가장 알맞은 것은?

> 고용상 연령차별금지 및 고령자고용촉진에 관한 법률상 상시 ( ) 이상의 근로자를 사용하는 사업장의 사업주는 기준고용률 이상의 고령자를 고용하도록 노력하여야 한다.

① 20명 ② 100명
③ 150명 ④ 300명

09 고용상 연령차별금지 및 고령자고용촉진에 관한 법률상 고령자인재은행으로 지정된 직업안정법에 따른 무료직업소개사업을 하는 비영리법인의 사업범위에 해당하지 않는 것은?

① 고령자의 직업능력개발훈련
② 고령자에 대한 구인·구직 등록
③ 고령자에 대한 직업지도 및 취업 알선
④ 취업희망 고령자에 대한 직업상담 및 정년퇴직자의 재취업 상담

10 고용상 연령차별금지 및 고령자고용촉진에 관한 법률상 고령자인재은행의 지정기준으로 옳은 것은?

① 고령자 구인·구직 또는 직업능력개발훈련에 관한 상담을 위한 별도의 상담실을 설치할 것
② 인터넷을 통하여 고령자 구인·구직 또는 직업능력개발에 관한 상담을 하기 위한 개인용 컴퓨터를 3개 이상 설치할 것
③ 고령자 구인·구직 또는 직업능력개발에 관한 상담을 하기 위한 전용회선을 3회선 이상 설치할 것
④ 고령자 구인·구직 또는 직업능력개발훈련에 관한 상담전담자가 2인 이상일 것

11 고용상 연령차별금지 및 고령자고용촉진에 관한 법률상 중견전문인력 고용지원센터에 관한 설명으로 틀린 것은?

① 중견전문인력 고용지원센터는 직업안정법에 따라 무료직업소개사업을 하는 비영리법인 또는 공익단체로서 필요한 전문인력과 시설을 갖춘 단체 중에서 지정한다.
② 고용노동부장관은 중견전문인력 고용지원센터에 대하여 직업안정업무를 하는 행정기관이 수집한 구인구직 정보, 지역 내의 노동력 수급상황, 그 밖의 필요한 자료를 제공할 수 있다.

③ 고용노동부장관은 중견전문인력 고용지원센터에 대하여 예산범위에서 소요경비의 일부를 지원해야 한다.

④ 중견전문인력 고용지원센터는 중견전문인력의 중소기업에 대한 경영자문 및 자원봉사활동 등의 지원사업을 한다.

12 **고용상 연령차별금지 및 고령자고용촉진에 관한 법률상 사업주가 근로자의 정년을 정하는 경우에는 그 정년이 몇 세 이상이 되도록 하여야 하는가? (단, 해당 사업장은 상시 300명 이상의 근로자를 사용하는 사업장임)**

① 55세
② 57세
③ 58세
④ 60세

13 **고용상 연령차별금지 및 고령자고용촉진에 관한 법률상 정년에 관한 설명으로 틀린 것은?**

① 대통령령으로 정하는 수 이상의 근로자를 사용하는 사업주가 정년제도 운영현황을 제출하지 아니한 경우에는 500만 원 이하의 과태료를 부과한다.

② 노동부장관은 정년을 현저히 낮게 정한 대통령령으로 정하는 수 이상의 근로자를 사용하는 사업주에 대하여 정년의 연장을 권고할 수 있다.

③ 노동부장관은 정년 퇴직자를 재고용하거나 그 밖에 정년퇴직자의 고용안정에 필요한 조치를 하는 사업주에게 장려금 지급 등 필요한 지원을 해야 한다.

④ 고령자인 정년 퇴직자를 재고용할 때는 당사자 간의 합의에 의하여 임금의 결정을 종전과 달리할 수 있다.

14 **고용상 연령차별금지 및 고령자고용촉진에 관한 법률상 운수업, 부동산 및 임대업자의 고령자 기준고용률은?**

① 상시 근로자 수의 100분의 3
② 상시 근로자 수의 100분의 2
③ 상시 근로자 수의 100분의 6
④ 상시 근로자 수의 100분의 5

15 **고용상 연령차별금지 및 고령자고용촉진에 관한 법률에 관한 설명으로 옳은 것은?**

① 고령자라 함은 60세 이상인 사람을 말한다.

② 준고령자라 함은 55세 이상 60세 미만인 사람을 말한다.

③ 상시 300인 이상의 근로자를 사용하는 사업장의 사업주는 기준고용률 이상의 고령자를 고용하도록 노력하여야 한다.

④ 기준고용률이란 사업장에서 상시 사용하는 근로자를 기준으로 하여 사업주가 고령자의 고용촉진을 위하여 고용하여야 할 고령자의 비율자의 비율로서 업종 구분 없이 당해 사업장 상시 근로자 수의 100분의 5를 말한다.

16 고용상 연령차별금지 및 고령자교용촉지에 관한 법률상 사업주의 책무가 아닌 것은?

① 고령자 교용촉진 대책의 수립 · 시행

② 연령을 이유로 하는 고용차별 해소

③ 고령자에게 그 능력에 맞는 고용기회 제공

④ 정년연장 등의 방법으로 고령자의 고용이 확대되도록 노력

정답 01. ③ 02. ① 03. ② 04. ④ 05. ① 06. ③ 07. ② 08. ④ 09. ① 10. ① 11. ③ 12. ① 13. ③ 14. ③ 15. ③ 16. ①

CHAPTER

06 파견근로자보호 등에 관한 법률(약칭 : 파견법)

[시행 2017.4.18] [법률 제14790호, 2017.4.18., 일부개정] 고용노동부(고용차별개선과)

1. 총 칙

1) 목 적

이 법은 근로자파견사업의 적정한 운영을 기하고 파견근로자의 근로조건 등에 관한 기준을 확립함으로써 파견근로자의 고용안정과 복지증진에 이바지하고 인력수급을 원활하게 함을 목적으로 한다.

2) 용어의 뜻

1. "근로자파견"이라 함은 파견사업자가 근로자를 고용한 후 그 고용관계를 유지하면서 근로자파견계약의 내용에 따라 고용사업자의 지휘 · 명령을 받아 고용사업자를 위한 근로에 종사하게 하는 것을 말한다.
2. "근로자파견사업"이라 함은 근로자파견을 업으로 행하는 것을 말한다.
3. "파견사업자"라 함은 근로자파견사업을 행하는 자를 말한다.
4. "고용사업자"라 함은 근로자파견계약에 의하여 파견근로자를 고용하는 자를 말한다.
5. "파견근로자"라 함은 파견사업자가 고용한 근로자로서 근로자파견의 대상이 되는 자를 말한다.
6. "근로자파견계약"이라 함은 파견사업자와 고용사업자 간에 근로자파견을 약정하는 계약을 말한다.

7. "차별적 처우"라 함은 다음의 사항에 있어서 합리적인 이유 없이 불리하게 처우하는 것을 말한다. 가령 차별적 처우에 해당하는 것을 모두 고른 것은 근로기준법에 따른 임금, 정기상여금, 명절상여금 등 정기적으로 지급되는 상여금, 근로조건 및 복리후생 등에 관한 사항 등이 있다.

> ※ **차별적 처우에 해당하는 것**
> 가. 근로기준법에 따른 임금
> 나. 정기상여금, 명절상여금 등 정기적으로 지급되는 상여금
> 다. 경영성과에 따른 성과금
> 라. 근로조건 및 복리후생 등에 관한 사항

3) 정부의 책무

정부는 파견근로자를 보호하고 근로자의 구직과 사업자의 인력확보를 용이하게 하기 위하여 다음의 각종 시책을 강구·시행함으로써 근로자가 사업자에게 직접 고용될 수 있도록 노력하여야 한다.

1. 고용정보의 수집·제공	2. 직업에 관한 연구
3. 직업지도	4. 직업안정기관의 설치·운영

2. 근로자파견사업의 적정운영

1) 근로자파견대상업무

① 근로자파견사업은 제조업의 직접생산공정업무를 제외하고 전문지식·기술·경험 또는 업무의 성질 등을 고려하여 적합하다고 판단되는 업무로서 대통령령이 정하는 업무를 대상으로 한다. 그럼에도 불구하고 출산·질병·부상 등으로 결원이 생긴 경우 또는 일시적·간헐적으로 인력을 확보하여야 할 필요가 있는 경우에는 근로자파견사업을 행할 수 있다.

② 근로자파견사업을 행하여서는 아니 되는 업무

1. 건설공사현장에서 이루어지는 업무
2. 항만운송사업법, 한국철도공사법, 「농수산물유통 및 가격안정에 관한 법률」, 물류정책기본법의 하역업무로서 직업안정법에 따라 근로자공급사업 허가를 받은 지역의 업무
3. 선원법에 따른 선원의 업무
4. 산업안전보건법의 규정에 따른 유해하거나 위험한 업무
5. 그 밖에 근로자 보호 등의 이유로 근로자파견사업의 대상으로는 적절하지 못하다고 인정하여 대통령령이 정하는 업무

※ **대통령령이 정하는 업무** : 근로자파견의 대상 및 금지업무(시행령 제2조)

1. 「진폐의 예방과 진폐근로자의 보호 등에 관한 법률」에 따른 분진작업을 하는 업무
2. 산업안전보건법에 따른 건강관리수첩의 교부대상 업무
3. 의료법에 따른 의료인의 업무 및 간호조무사의 업무
4. 「의료기사 등에 관한 법률」에 따른 의료기사의 업무
5. 여객자동차 운수사업법에 따른 여객자동차운송사업의 운전업무
6. 화물자동차 운수사업법에 따른 화물자동차운송사업의 운전업무

③ 파견근로자를 고용하고자 할 경우 고용사업자는 당해 사업 또는 사업장에 근로자의 과반수로 조직된 노동조합이 있는 경우에는 그 노동조합, 근로자의 과반수로 조직된 노동조합이 없는 경우에는 근로자의 과반수를 대표하는 자와 사전에 성실하게 협의하여야 한다.

④ 누구든지 근로자파견사업을 행하거나 그 근로자파견사업을 행하는 자로부터 근로자파견의 역무를 제공받아서는 아니된다.

2) 파견기간

① 근로자파견의 기간은 출산 · 질병 · 부상 등으로 결원이 생긴 경우 또는 일시적 · 간헐적으로 인력을 확보하여야 할 필요가 있는 경우를 제외하고는 **1년**을 초과하지 못한다.

② 제1항의 규정에 불구하고 파견사업자 · 고용사업자 · 파견근로자 간의 합의가 있는 경우에는 파견기간을 연장할 수 있다. 이 경우 1회를 연장할 때에는 그 연장기간은 1년을 초과하지 못하며, 연장된 기간을 포함한 총파견기간은 2년을 초과하지 못한다.

③ 「고용상 연령차별금지 및 고령자고용촉진에 관한 법률」에 따른 고령자인 파견근로자에 대하여는 2년을 초과하여 근로자파견 기간을 연장할 수 있다.

④ 출산 · 질병 · 부상 등으로 결원이 생긴 경우 또는 일시적 · 간헐적으로 인력을 확보하여야 할 필요가 있는 경우에 의한 근로자파견의 기간은 다음과 같다.

> 1. 출산 · 질병 · 부상 등 그 사유가 객관적으로 명백한 경우에는 그 사유의 해소에 필요한 기간
> 2. 일시적 · 간헐적으로 인력을 확보할 필요가 있는 경우에는 3월 이내의 기간. 다만, 그 사유가 해소되지 아니하고 파견사업자 · 고용사업자 · 파견근로자 간의 합의가 있는 경우에는 1회에 한하여 3월의 범위 안에서 그 기간을 연장할 수 있다.

3) 고용의무

① 고용사업자가 다음 각호의 하나에 해당하는 경우에는 해당 파견근로자를 직접 고용하여야 한다.

> 1. 근로자파견대상업무에 해당하지 아니하는 업무에서 파견근로자를 고용하는 경우(근로자파견사업을 행한 경우 제외)
> 2. 근로자파견금지사업의 규정을 위반하여 파견근로자를 고용하는 경우
> 3. 파견사업자 · 고용사업자 · 파견근로자 간의 합의가 있는 경우에는 파견기간을 연장할 수 있는 규정을 위반하여 2년을 초과하여 계속적으로 파견근로자를 고용하는 경우
> 4. 출산 · 질병 · 부상 등 그 사유가 객관적으로 명백한 경우에는 그 사유의 해소에 필요한 기간, 일시적 · 간헐적으로 인력을 확보할 필요가 있는 경우에는 3월 이내의 기간. 다만, 그 사유가 해소되지 아니하고 파견사업자 · 고용사업자 · 파견근로자 간의 합의가 있는 경우에는 1회에 한하여 3월의 범위 안에서 그 기간을 연장할 수 있는 규정을 위반하여 파견근로자를 고용하는 경우
> 5. 고용사업자는 근로자파견사업을 행하는 자로부터 근로자파견의 역무를 제공받아서는 아니 된다는 규정을 위반하여 근로자파견의 역무를 제공받은 경우

② 당해 파견근로자가 명시적인 반대의사를 표시하거나 대통령령이 정하는 정당한 이유가 있는 경우에는 적용하지 아니한다.

③ 고용사업자가 파견근로자를 직접 고용하는 경우에 있어서 파견근로자의 근로조건은 다음과 같다.

> 1. 고용사업자의 근로자 중 당해 파견근로자와 동종 또는 유사업무를 수행하는 근로자가 있는 경우에는 그 근로자에게 적용되는 취업규칙 등에서 정하는 근로조건에 의할 것
> 2. 고용사업자의 근로자 중 당해 파견근로자와 동종 또는 유사업무를 수행하는 근로자가 없는 경우에는 당해 파견근로자의 기존 근로조건의 수준보다 저하되어서는 아니될 것

④ 고용사업자는 파견근로자를 고용하고 있는 업무에 근로자를 직접 고용하고자 하는 경우에는 당해 파견근로자를 우선적으로 고용하도록 노력하여야 한다.

4) 근로자파견사업의 허가

① 근로자파견사업을 하고자 하는 자는 고용노동부령이 정하는 바에 의하여 고용노동부장관의 허가를 받아야 한다. 허가받은 사항 중 고용노동부령이 정하는 중요 사항을 변경하는 경우에도 허가를 받아야 한다.

② 근로자파견사업의 허가를 받은 자가 허가받은 사항 중 중요 사항 외의 사항을 변경하고자 하는 경우에는 고용노동부령이 정하는 바에 의하여 고용노동부장관에게 신고하여야 한다.

③ 고용사업자는 제1항의 규정을 위반하여 근로자파견사업을 행하는 자로부터 근로자파견의 역무를 제공받아서는 아니 된다.

> ※ **허가의 세부기준**(시행령 제3조) : 근로자파견사업의 자산 및 시설 등의 기준
> 1. 상시 5인 이상의 근로자(파견근로자를 제외한다)를 고용하는 사업 또는 사업장으로서 고용보험 · 국민연금 · 산업재해보상보험 및 국민건강보험에 가입되어 있을 것
> 2. 1억 원 이상의 자본금(개인인 경우에는 자산평가액)을 갖출 것
> 3. 전용면적 20제곱미터 이상의 사무실을 갖출 것

5) 허가의 결격사유

다음 각호의 1에 해당하는 자는 근로자파견사업의 허가를 받을 수 없다.

> 1. 미성년자 · 피성년후견인 · 피한정후견인 또는 파산선고를 받고 복권되지 아니한 자
> 2. 금고 이상의 형(집행유예 제외)의 선고를 받고 그 집행이 종료되거나 집행을 받지 아니하기로 확정된 후 2년이 경과되지 아니한 자
> 3. 이 법, 직업안정법, 근로기준법, 최저임금법, 선원법을 위반하여 벌금 이상의 형(집행유예 제외)의 선고를 받고 그 집행이 종료되거나 집행을 받지 아니하기로 확정된 후 3년이 경과되지 아니한 자
> 4. 금고 이상의 형의 집행유예선고를 받고 그 유예기간 중에 있는 자
> 5. 당해 사업의 허가가 취소된 후 3년이 경과되지 아니한 자
> 6. 법인으로서 그 임원 중 결격사유의 하나에 해당하는 자가 있는 법인

가령 당해 사업의 허가가 취소된 후 3년이 경과되지 아니한 자는 근로자파견사업의 허가를 받을 수 없다.

6) 허가의 유효기간

① 근로자파견사업의 허가의 유효기간은 3년으로 한다.

② 허가의 유효기간의 만료 후 계속하여 근로자파견사업을 하고자 하는 자는 고용노동부령이 정하는 바에 의하여 갱신허가를 받아야 한다.

③ 갱신허가의 유효기간은 당해 갱신 전의 허가의 유효기간이 만료되는 날의 다음 날부터 기산하여 3년으로 한다.

7) 사업의 폐지

파견사업자는 근로자파견사업을 폐지한 때에는 고용노동부령이 정하는 바에 의하여 고용노동부장관에게 신고하여야 한다. 신고가 있는 때에는 근로자파견사업의 허가는 신고일부터 그 효력을 잃는다.

8) 겸업금지 및 명의대여의 금지

① 다음의 1에 해당하는 사업을 하는 자는 근로자파견사업을 행할 수 없다.

1. 식품위생법에 따른 식품접객업 2. 공중위생법에 의한 숙박업 3. 「가정의례에 관한 법률」에 의한 결혼상담 또는 중매행위를 하는 업 4. 대통령령으로 정하는 사업

② 파견사업자는 자기의 명의로 타인에게 근로자파견사업을 행하게 하여서는 아니된다.

9) 근로자파견의 제한 및 폐쇄조치

① 파견사업자는 쟁의행위 중인 사업장에 그 쟁의행위로 중단된 업무의 수행을 위하여 근로자를 파견하여서는 아니된다.

② 고용노동부장관은 허가를 받지 아니하고 근로자파견사업을 하거나 허가의 취소 또는 영업의 정지처분을 받은 후 계속하여 사업을 하는 자에 대하여는 관계공무원으로 하여금 당해 사업을 폐쇄하기 위하여 조치를 하게 할 수 있다. 이 조치는 그 사업을 할 수 없게 함에 필요한 최소한의 범위에 그쳐야 한다.

3. 근로자파견계약

1) 계약의 내용

근로자파견계약의 당사자는 고용노동부령이 정하는 바에 따라 다음 각호의 사항이 포함되는 근로자파견계약을 서면으로 체결하여야 한다.

※ 근로자파견계약에 포함되어야 할 사항

1. 파견근로자의 수
2. 파견근로자가 종사할 업무의 내용
3. 파견사유(근로자파견을 행하는 경우에 한함)
4. 파견근로자가 파견되어 근로할 사업장의 명칭 및 소재지, 기타 파견근로자의 근로장소
5. 파견근로 중인 파견근로자를 직접 지휘 · 명령할 자에 관한 사항
6. 근로자파견 기간 및 파견근로 개시일에 관한 사항
7. 시업 및 종업의 시각과 휴게시간에 관한 사항
8. 휴일 · 휴가에 관한 사항
9. 연장 · 야간 · 휴일근로에 관한 사항
10. 안전 및 보건에 관한 사항

11. 근로자파견의 대가
12. 파견사업관리책임자 및 고용사업관리책임자의 성명 · 소속 및 직위

2) 차별적 처우의 금지 및 시정

① 파견사업자와 고용사업자는 파견근로자임을 이유로 고용사업자의 사업 내의 동종 또는 유사한 업무를 수행하는 근로자에 비하여 파견근로자에게 차별적 처우를 하여서는 아니 된다.
② 파견근로자는 차별적 처우를 받은 경우 노동위원회에 그 시정을 신청할 수 있다.
③ 고용사업자가 상시 4인 이하의 근로자를 고용하는 경우에는 이를 적용하지 아니한다.

3) 고용노동부장관의 차별적 처우 시정요구

① 고용노동부장관은 파견사업자와 고용사업자가 차별적 처우를 한 경우에는 그 시정을 요구할 수 있다.
② 고용노동부장관은 파견사업자와 고용사업자가 시정요구에 응하지 아니할 경우에는 차별적 처우의 내용을 구체적으로 명시하여 노동위원회에 통보하여야 한다. 이 경우 고용노동부장관은 해당 파견사업자 또는 고용사업자 및 근로자에게 그 사실을 통지하여야 한다.
③ 노동위원회는 고용노동부장관의 통보를 받은 경우에는 지체 없이 차별적 처우가 있는지 여부를 심리하여야 한다. 이 경우 노동위원회는 해당 파견사업자 또는 고용사업자 및 근로자에게 의견을 진술할 수 있는 기회를 부여하여야 한다.

4. 파견사업자가 강구하여야 할 조치

파견사업자가 강구하여야 할 조치로는 1) 파견근로자의 복지증진, 2) 파견근로자에 대한 고지의무, 3) 파견근로자에 대한 고용제한의 금지, 4) 취업조건의 고지, 5) 고용사업자에 대한 통지 등이 있으나, 고용사업관리책임자의 선임 · 임무는 해당하지 않는다.

1) 파견근로자의 복지증진

파견사업자는 파견근로자의 희망과 능력에 적합한 취업 및 교육훈련 기회의 확보, 근로조건의 향상, 기타 고용안정을 기하기 위하여 필요한 조치를 강구함으로써 파견근로자의 복지증진에 노력하여야 한다.

2) 파견근로자에 대한 고지의무

① 파견사업자는 근로자를 파견근로자로서 고용하고자 할 때에는 미리 당해 근로자에게 그 취지를 서면으로 알려주어야 한다.

② 파견사업자는 그가 고용한 근로자 중 파견근로자로 고용하지 아니한 자를 근로자파견의 대상으로 하고자 할 경우에는 미리 그 취지를 서면으로 알려주고 당해 근로자의 동의를 얻어야 한다.

3) 파견근로자에 대한 고용제한의 금지

① 파견사업자는 정당한 이유 없이 파견근로자 또는 파견근로자로서 고용되고자 하는 자와 그 고용관계의 종료 후 고용사업자에게 고용되는 것을 금지하는 내용의 근로계약을 체결하여서는 아니 된다.

② 파견사업자는 정당한 이유 없이 파견근로자의 고용관계의 종료 후 고용사업자가 당해 파견근로자를 고용하는 것을 금지하는 내용의 근로자파견계약을 체결하여서는 아니된다.

4) 취업조건의 고지

① 파견사업자는 근로자파견을 하고자 할 때에는 미리 당해 파견근로자에게 계약의 내용에 관한 사항과 파견되어 근로할 사업장의 복리후생시설의 이용에 관한 사항을 서면으로 알려주어야 한다.

② 파견근로자는 파견사업자에게 당해 근로자파견의 대가에 관하여 그 내역의 제시를 요구할 수 있다.

③ 파견사업자는 그 내역의 제시를 요구받은 때에는 지체 없이 그 내역을 서면으로 제시하여야 한다.

5) 고용사업자에 대한 통지

파견사업자는 근로자파견을 할 경우에는 파견근로자의 성명, 성별, 연령, 학력, 자격, 그 밖의 직업능력에 관한 사항을 고용사업자에게 통지하여야 한다.

6) 파견사업관리책임자

파견사업자는 파견근로자의 적절한 고용관리를 위하여 결격사유에 해당하지 아니하는 자 중에서 파견사업관리책임자를 선임하여야 한다.

7) 파견사업관리대장

① 파견사업자는 파견사업관리대장을 작성 · 보존하여야 한다.

② 파견사업관리대장의 기재사항 및 그 보존기간은 고용노동부령으로 정한다.

※ **파견사업관리대장**(시행규칙 = 고용노동부령 제15조)

① 파견사업자는 파견사업관리대장을 사업소별로 작성 · 보존하여야 한다.

② 파견사업관리대장에 기재하여야 할 사항은 다음 각호와 같다.

1. 파견근로자의 성명
2. 고용사업자 및 고용사업관리책임자의 성명
3. 파견근로자가 파견된 사업장의 명칭 및 소재지
4. 파견근로자의 파견기간
5. 파견근로자의 업무내용

③ 파견사업자는 파견사업관리대장을 근로자파견의 종료일부터 3년간 보존하여야 한다.

5. 고용사업자가 강구하여야 할 조치

1) 근로자파견계약에 관한 조치

고용사업자는 근로자파견계약에 위반되지 아니하도록 필요한 조치를 강구하여야 한다.

2) 적정한 파견근로의 확보

① 고용사업자는 파견근로자로부터 파견근로에 관한 고충의 제시가 있는 경우에는 그 고충의 내용을 파견사업자에게 통지하고 신속 · 적절하게 고충을 처리하도록 하여야 한다.

② 고충의 처리 외에 고용사업자는 파견근로가 적정하게 행하여지도록 필요한 조치를 강구하여야 한다.

3) 고용사업관리책임자

① 고용사업자는 파견근로자의 적절한 파견근로를 위하여 고용사업관리책임자를 선임하여야 한다.

② 고용사업관리책임자의 임무 등에 관하여 필요한 사항은 고용노동부령으로 정한다.

> ※ **고용사업관리책임자의 선임 · 임무 업무**(시행규칙=고용노동부령 제16조)
>
> ① 고용사업자는 사업소별로 고용사업관리책임자를 1인 이상 선임하여야 한다.
>
> ② 고용사업관리책임자는 다음 각호의 업무를 수행한다.
>
> 1. 파견근로자를 지휘 · 명령하는 자에 대한 지도 및 교육
> 2. 파견근로자의 고충처리
> 3. 고용사업관리대장의 작성 · 보존
>
> 가령 고용사업관리책임자의 업무는 파견근로자를 지휘 · 명령하는 자에 대한 지도 및 교육, 파견근로자의 고충처리, 고용사업관리대장의 작성 · 보존 등이 해당하며, 파견근로자에 대한 직무교육은 해당하지 않는다.

4) 고용사업관리대장

① 고용사업자는 고용사업관리대장을 작성 · 보존하여야 한다.

② 고용사업관리대장의 기재사항 및 그 보존기간은 고용노동부령으로 정한다.

> ※ **고용사업관리대장에 기재하여야 할 사항**(시행규칙 제17조)
>
> 1. 파견근로자의 성명
> 2. 파견사업자 및 파견사업관리책임자의 성명
> 3. 파견근로자의 파견기간
> 4. 파견근로자의 업무내용

③ 고용사업자는 고용사업관리대장을 근로자파견의 종료일부터 3년간 보존하여야 한다.

6. 보 칙

1) 개선명령

고용노동부장관은 적정한 파견근로의 확보를 위하여 필요하다고 인정할 때에는 파견사업자에 대하여 근로자파견사업의 운영 및 파견근로자의 고용관리 등에 관한 개선을 명할 수 있다.

2) 벌 칙

(1) 5년 이하의 징역 또는 5천만 원 이하의 벌금

다음 각호의 어느 하나에 해당하는 업무에 취업시킬 목적으로 근로자파견을 한 자는 5년 이하의 징역 또는 5천만 원 이하의 벌금에 처한다. 이에 미수범도 처벌한다.

(2) 과태료

① 「기간제 및 단시간근로자보호 등에 관한 법률」에 따라 확정된 시정명령을 정당한 이유 없이 이행하지 아니한 자는 1억 원 이하의 과태료에 처한다.

② 파견근로자를 직접 고용하지 아니한 자는 3천만 원 이하의 과태료에 처한다.

③ 근로자파견을 할 때에 미리 해당 파견근로자에게 서면으로 알리지 아니한 파견사업자에게는 1천만 원 이하의 과태료를 부과한다.

④ 「기간제 및 단시간근로자보호 등에 관한 법률」에 따른 고용노동부장관의 이행상황 제출요구에 정당한 이유 없이 불응한 자는 500만 원 이하의 과태료에 처한다.

학습 핵심문제

01 파견근로자보호 등에 관한 법률상 차별적 처우에 해당하는 것을 모두 고른 것은?

가. 근로기준법에 따른 임금
나. 정기상여금
다. 정기적으로 지급되는 상여금
라. 근로조건 및 복리후생 등에 관한 사항

① 가, 나, 다
② 가, 다
③ 나, 라
④ 가, 나, 다, 라

02 파견근로자보호 등에 관한 법률에서 사용하는 용어에 관한 설명으로 틀린 것은?

① "근로자파견사업"이라 함은 근로자파견을 업으로 행하는 것을 말한다.
② "파견사업자"라 함은 근로자파견사업을 행하는 자를 말한다.
③ "고용사업자"라 함은 근로자파견계약에 의하여 파견근로자를 고용하는 자를 말한다.
④ "파견근로자"라 함은 사업자가 고용한 근로자로서 근로자파견의 대상이 되는 자를 말한다.

03 파견근로자보호 등에 관한 법률상 근로자파견 대상업무가 아닌 것은?

① 주유원의 업무
② 행정, 경영 및 재정 전문가의 업무
③ 음식 조리 종사자의 업무
④ 선원법에 따른 선원의 업무

04 파견근로자보호 등에 관한 법률에 관한 설명으로 틀린 것은?

① 파견사업주는 근로자를 파견근로자로서 고용하고자 할 때에는 미리 당해 근로자에게 그 취지를 서면으로 알려주어야 한다.
② 파견사업주는 정당한 이유 없이 파견근로자 또는 파견근로자로서 고용되고자 하는 자와 그 고용관계의 종료 후 사용사업주에게 고용되는 것을 금지하는 내용의 근로계약을 체결하여서는 아니된다.
③ 파견사업주는 파견사업관리대장을 작성 · 보존하여야 한다.
④ 파견사업주는 파견근로자의 적절한 파견근로를 위하여 사용사업관리책임자를 선임하여야 한다.

05 **파견근로자보호 등에 관한 법률상 근로자파견사업의 허가에 대한 설명으로 틀린 것은?**

① 근로자파견사업을 하고자 하는 자는 관할 지방자치단체의 허가를 받아야 한다.
② 근로자파견사업의 허가의 유효기간은 3년으로 한다.
③ 식품접객업, 숙박업을 하는 자는 근로자파견사업을 행할 수 없다.
④ 근로자파견사업 허가의 취소처분을 받은 파견사업주는 그 처분 전에 파견한 파견근로자와 그 사용사업주에 대하여 그 파견기간이 종료될 때까지 파견사업주로서의 의무와 권리를 가진다.

06 **파견근로자보호 등에 관한 법률상 근로자파견의 기간은 원칙적으로 몇 년을 초과하지 못하는가?**

① 1년 ② 2년 ③ 3년 ④ 4년

07 **파견근로자보호 등에 관한 법률상의 근로자파견계약에 포함되어야 할 사항이 아닌 것은?**

① 파견근로자의 수
② 파견근로 중인 파견근로자를 직접 지휘 · 명령할 자에 관한 사항
③ 연장 · 야간 · 휴일근로에 관한 사항
④ 파견근로자의 명단

08 **파견근로자보호 등에 관한 법률상 파견사업자가 강구하여야 할 조치에 해당하지 않은 것은?**

① 파견근로자의 복지증진 ② 파견근로자에 대한 고지의무
③ 파견근로자에 대한 고용제한의 금지 ④ 고용사업관리책임자의 선임 · 임무

09 **파견근로자보호 등에 관한 법률상 고용사업관리대장에 기재하여야 할 사항이 아닌 것은?**

① 파견근로자의 주소 및 성별
② 파견사업자 및 파견사업관리책임자의 성명
③ 파견근로자의 파견기간
④ 파견근로자의 업무내용

정답 01. ② 02. ④ 03. ④ 04. ④ 05. ① 06. ① 07. ④ 08. ④ 09. ①

CHAPTER 07

기간제 및 단시간근로자 보호 등에 관한 법률(약칭 : 기간제법)

[시행 2014.9.19] [법률 제12469호, 2014.3.18., 일부개정] 고용노동부(고용차별개선과)

1. 총 칙

1) 목 적

기간제근로자 및 단시간근로자에 대한 불합리한 차별을 시정하고 기간제근로자 및 단시간근로자의 근로조건 보호를 강화함으로써 노동시장의 건전한 발전에 이바지함을 목적으로 한다.

2) 용어의 뜻

이 법에서 사용하는 용어의 정의는 다음과 같다.

1. "기간제근로자"라 함은 기간의 정함이 있는 근로계약(기간제 근로계약)을 체결한 근로자를 말한다.
2. "단시간근로자"라 함은 1주 동안의 소정근로시간이 그 사업장에서 같은 종류의 업무에 종사하는 통상 근로자의 1주 동안의 소정근로시간에 비하여 짧은 근로자를 말한다(근로기준법 제2조에 따른 단시간근로자).
3. "차별적 처우"라 함은 다음 각 목의 사항에 있어서 합리적인 이유 없이 불리하게 처우하는 것을 말한다.

가. 근로기준법에 따른 임금 나. 정기상여금, 명절상여금 등 정기적으로 지급되는 상여금 다. 경영성과에 따른 성과금 라. 근로조건 및 복리후생 등에 관한 사항

가령 근로조건 및 복리후생에 있어서의 차별적 처우의 대상이다.

3) 적용범위

① 이 법은 상시 5인 이상의 근로자를 고용하는 모든 사업 또는 사업장에 적용한다. 다만, 동거의 친족만을 고용하는 사업 또는 사업장과 가사고용인에 대하여는 적용하지 아니한다.

② 상시 4인 이하의 근로자를 고용하는 사업 또는 사업장에 대하여는 대통령령이 정하는 바에 따라 이 법의 일부 규정을 적용할 수 있다.

③ 국가 및 지방자치단체의 기관에 대하여는 상시 고용하는 근로자의 수에 관계없이 이 법을 적용한다.

2. 기간제근로자

1) 기간제근로자의 고용

① 사업자는 2년을 초과하지 아니하는 범위 안에서(기간제 근로계약의 반복갱신 등의 경우에는 그 계속근로한 총기간이 2년을 초과하지 아니하는 범위 안에서) 기간제근로자를 고용할 수 있다.

다만, 다음에 해당하는 경우에는 2년을 초과하여 기간제근로자로 고용할 수 있다.

1. 사업의 완료 또는 특정한 업무의 완성에 필요한 기간을 정한 경우
2. 휴직 · 파견 등으로 결원이 발생하여 당해 근로자가 복귀할 때까지 그 업무를 대신할 필요가 있는 경우
3. 근로자가 학업, 직업훈련 등을 이수함에 따라 그 이수에 필요한 기간을 정한 경우
4. 고령자고용촉진법의 고령자와 근로계약을 체결하는 경우
5. 전문적 지식 · 기술의 활용이 필요한 경우와 정부의 복지정책 · 실업대책 등에 따라 일자리를 제공하는 경우로서 대통령령이 정하는 경우
6. 제1호 내지 제5호에 준하는 합리적인 사유가 있는 경우로서 대통령령이 정하는 경우

가령 사업자는 사업의 완료 또는 특정한 업무의 완성에 필요한 기간을 정한 경우 기간제근로자의 기준근로기간을 초과하여 기간제근로자를 고용할 수 있다.

다만, 다음에 해당하는 경우에는 2년을 초과하여 기간제근로자로 고용할 수 있다.

② 사업자가 제1항 단서의 사유가 없거나 소멸되었음에도 불구하고 2년을 초과하여 기간제근로자로 고용하는 경우에는 그 기간제근로자는 기간의 정함이 없는 근로계약을 체결한 근로자로 본다.

2) 기간의 정함이 없는 근로자로의 전환

사업자는 기간의 정함이 없는 근로계약을 체결하고자 하는 경우에는 당해 사업 또는 사업장의 동종 또는 유사한 업무에 종사하는 기간제근로자를 우선적으로 고용하도록 노력하여야 한다.

3. 단시간근로자

1) 단시간근로자의 초과근로 제한

① 사업자는 단시간근로자에 대하여 근로기준법의 소정근로시간을 초과하여 근로하게 하는 경우에는 당해 근로자의 동의를 얻어야 한다. 이 경우 1주간에 12시간을 초과하여 근로하게 할 수 없다.

② 단시간근로자는 사업자가 동의를 얻지 아니하고 초과근로를 하게 하는 경우에는 이를 거부할 수 있다.

③ 사업자는 초과근로에 대하여 통상임금의 100분의 50 이상을 가산하여 지급하여야 한다.

2) 통상근로자로의 전환

① 사업자는 통상근로자를 채용하고자 하는 경우에는 당해 사업 또는 사업장의 동종 또는 유사한 업무에 종사하는 단시간근로자를 우선적으로 고용하도록 노력하여야 한다.

② 사업자는 가사, 학업 그 밖의 이유로 근로자가 단시간근로를 신청하는 때에는 당해 근로자를 단시간근로자로 전환하도록 노력하여야 한다.

4. 차별적 처우의 금지 및 시정

1) 차별적 처우의 금지

① 사업자는 기간제근로자임을 이유로 당해 사업 또는 사업장에서 동종 또는 유사한 업무에 종사하는 기간의 정함이 없는 근로계약을 체결한 근로자에 비하여 차별적 처우를 하여서는 아니 된다.

② 사업자는 단시간근로자임을 이유로 당해 사업 또는 사업장의 동종 또는 유사한 업무에 종사하는 통상근로자에 비하여 차별적 처우를 하여서는 아니 된다.

2) 차별적 처우의 시정신청

① 기간제근로자 또는 단시간근로자는 차별적 처우를 받은 경우 노동위원회법의 규정에 따른 노동위원회(근로복지공단X)에 그 시정을 신청할 수 있다. 다만, 차별적 처우가 있은 날(계속되는 차별적 처우는 그 종료일)부터 6개월이 경과한 때에는 그러하지 아니하다.

② 기간제근로자 또는 단시간근로자가 시정신청을 하는 때에는 차별적 처우의 내용을 구체적으로 명시하여야 한다.

③ 시정신청의 절차 · 방법 등에 관하여 필요한 사항은 노동위원회법 규정에 따른 중앙노동위원회(지방노동위원회 X)가 따로 정한다.

④ 차별적 처우의 금지 및 차별적 처우의 시정신청과 관련한 분쟁에 있어서 입증책임은 사업자가 부담한다.

3) 조사 · 심문

① 노동위원회는 시정신청을 받은 때에는 지체 없이 필요한 조사와 관계당사자에 대한 심문을 하여야 한다.

② 노동위원회는 심문을 하는 때에는 관계당사자의 신청 또는 직권으로 증인을 출석하게 하여 필요한 사항을 질문할 수 있다.

③ 노동위원회는 심문을 함에 있어서는 관계당사자에게 증거의 제출과 증인에 대한 반대심문을 할 수 있는 충분한 기회를 주어야 한다.

④ 조사 · 심문의 방법 및 절차 등에 관하여 필요한 사항은 중앙노동위원회가 따로 정한다.

⑤ 노동위원회는 차별시정사무에 관한 전문적인 조사 · 연구업무를 수행하기 위하여 전문위원을 둘 수 있다.

4) 조정 · 중재

① 노동위원회는 심문의 과정에서 관계당사자 쌍방 또는 일방의 신청 또는 직권에 의하여 조정절차를 개시할 수 있고, 관계당사자가 미리 노동위원회의 중재결정에 따르기로 합의하여 중재를 신청한 경우에는 중재를 할 수 있다.

② 조정 또는 중재를 신청하는 경우에는 차별적 처우의 시정신청을 한 날부터 14일 이내에 하여야 한다. 다만, 노동위원회의 승낙이 있는 경우에는 14일 후에도 신청할 수 있다.

③ 노동위원회는 조정 또는 중재를 함에 있어서 관계당사자의 의견을 충분히 들어야 한다.

④ 노동위원회는 특별한 사유가 없는 한 조정절차를 개시하거나 중재신청을 받은 때부터 60일 이내에 조정안을 제시하거나 중재결정을 하여야 한다.

⑤ 노동위원회는 관계당사자 쌍방이 조정안을 수락한 경우에는 조정조서를 작성하고 중재결정을 한 경우에는 중재결정서를 작성하여야 한다.

⑥ 조정조서에는 관계당사자와 조정에 관여한 위원전원이 서명 · 날인하여야 하고, 중재결정서에는 관여한 위원전원이 서명 · 날인하여야 한다.

⑦ 조정 또는 중재결정은 민사소송법의 규정에 따른 재판상 화해와 동일한 효력을 갖는다.

5) 시정명령

① 노동위원회는 조사 · 심문을 종료하고 차별적 처우에 해당된다고 판정한 때에는 사업자에게 시정명령을 발하여야 하고, 차별적 처우에 해당하지 아니한다고 판정한 때에는 그 시정신청을 기각하는 결정을 하여야 한다.

② 판정 · 시정명령 또는 기각결정은 서면으로 하되 그 이유를 구체적으로 명시하여 관계당사자에게 각각 교부하여야 한다.

6) 조정 · 중재 또는 시정명령의 내용

① 조정 · 중재 또는 시정명령의 내용에는 차별적 행위의 중지, 임금 등 근로조건의 개선(취업규칙, 단체협약 등의 제도개선 명령 포함) 또는 적절한 배상 등이 포함될 수 있다.
② 배상액은 차별적 처우로 인하여 기간제근로자 또는 단시간근로자에게 발생한 손해액을 기준으로 정한다. 다만, 노동위원회는 사업자의 차별적 처우에 명백한 고의가 인정되거나 차별적 처우가 반복되는 경우에는 손해액을 기준으로 3배를 넘지 아니하는 범위에서 배상을 명령할 수 있다.

7) 시정명령의 확정 및 시정명령 이행상황의 제출요구

① 지방노동위원회의 시정명령 또는 기각결정에 대하여 불복이 있는 관계당사자는 시정명령서 또는 기각결정서의 송달을 받은 날부터 10일 이내에 중앙노동위원회에 재심을 신청할 수 있다.
② 중앙노동위원회의 재심결정에 대하여 불복이 있는 관계당사자는 재심결정서의 송달을 받은 날부터 15일 이내에 행정소송을 제기할 수 있다.
③ 규정된 기간 이내에 재심을 신청하지 아니하거나 규정된 기간 이내에 행정소송을 제기하지 아니한 때에는 그 시정명령 · 기각결정 또는 재심결정은 확정된다.
④ 고용노동부장관은 확정된 시정명령에 대하여 사업자에게 이행상황을 제출할 것을 요구할 수 있다.

8) 고용노동부장관의 차별적 처우 시정요구

① 고용노동부장관은 사업자가 차별적 처우의 금지를 위반하여 차별적 처우를 한 경우에는 그 시정을 요구할 수 있다.
② 고용노동부장관은 사업자가 제1항에 따른 시정요구에 응하지 아니할 경우에는 차별적 처우의 내용을 구체적으로 명시하여 노동위원회에 통보하여야 한다. 이 경우 고

용노동부장관은 해당 사업자 및 근로자에게 그 사실을 통지하여야 한다.

③ 노동위원회는 고용노동부장관의 통보를 받은 경우에는 지체 없이 차별적 처우가 있는지 여부를 심리하여야 한다. 이 경우 노동위원회는 해당 사업자 및 근로자에게 의견을 진술할 수 있는 기회를 부여하여야 한다.

9) 확정된 시정명령의 효력 확대

고용노동부장관은 확정된 시정명령을 이행할 의무가 있는 사업자의 사업 또는 사업장에서 해당 시정명령의 효력이 미치는 근로자 이외의 기간제근로자 또는 단시간근로자에 대하여 차별적 처우가 있는지를 조사하여 차별적 처우가 있는 경우에는 그 시정을 요구할 수 있다.

5. 보 칙

1) 불리한 처우의 금지

사업자는 기간제근로자 또는 단시간근로자가 다음 각호의 어느 하나에 해당하는 행위를 한 것을 이유로 해고 그 밖의 불리한 처우를 하지 못한다.

1. 사업자의 부당한 초과근로 요구의 거부
2. 차별적 처우의 시정신청, 노동위원회에의 참석 및 진술, 재심신청 또는 행정소송의 제기
3. 시정명령 불이행의 신고
4. 감독기관에 대한 통고

가령 노동위원회에의 참석 및 진술한 것을 이유로 해고, 재심신청 또는 행정소송의 제기한 것을 이유로 해고, 시정명령 불이행의 신고한 것을 이유로 해고 등 불리한 처우를 하지 못한다.

2) 근로조건의 서면명시

사업자는 기간제근로자 또는 단시간근로자와 근로계약을 체결하는 때에는 다음 각호의

모든 사항을 서면으로 명시하여야 한다. 다만, 제6호는 단시간근로자에 한한다.

1. 근로계약 기간에 관한 사항
2. 근로시간 · 휴게에 관한 사항
3. 임금의 구성항목 · 계산방법 및 지불방법에 관한 사항
4. 휴일 · 휴가에 관한 사항
5. 취업의 장소와 종사하여야 할 업무에 관한 사항
6. 근로일 및 근로일별 근로시간(단시간근로자에 한함)

3) 취업촉진을 위한 국가 등의 노력

국가 및 지방자치단체는 고용정보의 제공, 직업지도, 취업알선, 직업능력개발 등 기간제 근로자 및 단시간근로자의 취업촉진을 위하여 필요한 조치를 우선적으로 취하도록 노력하여야 한다.

4) 벌 칙

(1) 2년 이하의 징역 또는 1천만 원 이하의 벌금

처우의 금지의 규정을 위반하여 근로자에게 불리한 처우를 한 자는 2년 이하의 징역 또는 1천만 원 이하의 벌금에 처한다.

(2) 1천만 원 이하의 벌금

단시간근로자의 초과근로 제한의 규정(1주간에 12시간을 초과하여 근로하게 할 수 없다)을 위반하여 단시간근로자에게 초과근로를 하게한 자는 1천만 원 이하의 벌금에 처한다.

(3) 1억 원 이하의 과태료

확정된 시정명령을 정당한 이유 없이 이행하지 아니한 자는 1억 원 이하의 과태료에 처한다(제24조 : 과태료).

학습 핵심문제

01 기간제 및 단시간근로자 보호 등에 관한 법률상 사용자가 기간제근로자와 근로계약을 체결하는 때에 서면으로 명시하여야 하는 사항이 아닌 것은?

① 근로계약 기간에 관한 사항
② 휴일 · 휴가에 관한 사항
③ 임금의 구성항목 · 계산방법 및 지불방법에 관한 사항
④ 근로일 및 근로일별 근로시간

02 기간제 및 단시간근로자 보호 등에 관한 법률상 2년을 초과하여 기간제근로자로 고용할 수 있는 경우에 해당하는 것을 고르시오?

가. 사업의 완료 또는 특정한 업무의 완성에 필요한 기간을 정한 경우
나. 근로자가 학업, 직업훈련 등을 이수함에 따라 그 이수에 필요한 기간을 정한 경우
다. 고령자고용촉진법의 고령자와 근로계약을 체결하는 경우
라. 전문적 지식 · 기술의 활용이 필요한 경우와 정부의 복지정책 · 실업대책 등에 따라 일자리를 제공하는 경우로서 대통령령이 정하는 경우

① 가, 나, 다
② 가, 다
③ 나, 라
④ 가, 나, 다, 라

03 기간제 및 단시간근로자 보호 등에 관한 법률에서 사용하는 용어에 관한 설명으로 틀린 것은?

① 기간제근로자라 함은 기간의 정함이 있는 근로계약을 체결한 근로자를 말한다.
② 단시간근로자라 함은 1주 동안의 소정근로시간이 그 사업장에서 같은 종류의 업무에 종사하는 통상 근로자의 1주 동안의 소정근로시간에 비하여 짧은 근로자를 말한다.
③ 차별적 처우라 함은 경영성과에 따른 성과금의 사항에 있어서 합리적인 이유 없이 불리하게 처우하는 것을 말한다.
④ 근로조건 및 복리후생에 있어서의 차별적 처우의 대상이 아니다.

04 **기간제 및 단기간근로자 보호 등에 관한 법률상 적용범위에 대한 설명으로 옳지 않은 것은?**

① 상시 5인 이상의 근로자를 고용하는 모든 사업 또는 사업장에 적용한다.
② 상시 4인 이하의 근로자를 고용하는 사업 또는 사업장에 대하여는 대통령령이 정하는 바에 따라 이 법의 일부 규정을 적용할 수 있다.
③ 국가 및 지방자치단체의 기관에 대하여는 상시 고용하는 근로자의 수에 관계없이 이 법을 적용한다.
④ 동거의 친족만을 고용하는 사업 또는 사업장과 가사고용인에 대하여 적용한다.

05 **기간제 및 단기간근로자 보호 등에 관한 법률상 차별적 처우의 시정신청에 대한 설명으로 옳지 않은 것은?**

① 기간제근로자 또는 단시간근로자는 차별적 처우를 받은 경우 노동위원회법의 규정에 따른 근로복지공단에 그 시정을 신청할 수 있다.
② 기간제근로자 또는 단시간근로자가 시정신청을 하는 때에는 차별적 처우의 내용을 구체적으로 명시하여야 한다.
③ 시정신청의 절차·방법 등에 관하여 필요한 사항은 노동위원회법 규정에 따른 중앙노동위원회가 따로 정한다.
④ 차별적 처우의 금지 및 차별적 처우의 시정신청과 관련한 분쟁에 있어서 입증책임은 사업자가 부담한다.

정답 01. ④ 02. ④ 03. ④ 04. ④ 05. ①

CHAPTER

08 근로자퇴직급여 보장법(약칭 : 퇴직급여법)

[시행 2012.7.26] [법률 제10967호, 2011.7.25., 전부개정] 고용노동부(퇴직연금복지과)

1. 총 칙

1) 목 적

이 법은 근로자 퇴직급여제도의 설정 및 운영에 필요한 사항을 정함으로써 근로자의 안정적인 노후생활 보장에 이바지함을 목적으로 한다.

2) 용어의 뜻

1. "근로자"란 근로기준법에 따른 근로자를 말한다.
2. "사업자"란 근로기준법에 따른 사업자를 말한다.
3. "임금"이란 근로기준법에 따른 임금을 말한다.
4. "평균임금"이란 근로기준법에 따른 평균임금을 말한다.
5. "급여"란 퇴직급여제도나 개인형퇴직연금제도에 의하여 근로자에게 지급되는 연금 또는 일시금을 말한다.
6. "퇴직급여제도"란 확정급여형퇴직연금제도, 확정기여형퇴직연금제도 및 퇴직금제도를 말한다.
7. "퇴직연금제도"란 확정급여형퇴직연금제도, 확정기여형퇴직연금제도 및 개인형퇴직연금제도를 말한다.
8. "확정급여형퇴직연금제도"란 근로자가 받을 급여의 수준이 사전에 결정되어 있는 퇴직연금제도를 말한다.

9. “확정기여형퇴직연금제도”란 급여의 지급을 위하여 사업자가 부담하여야 할 부담금의 수준이 사전에 결정되어 있는 퇴직연금제도를 말한다.
10. “개인형퇴직연금제도”란 가입자의 선택에 따라 가입자가 납입한 일시금이나 사업자 또는 가입자가 납입한 부담금을 적립 · 운용하기 위하여 설정한 퇴직연금제도로서 급여의 수준이나 부담금의 수준이 확정되지 아니한 퇴직연금제도를 말한다.
11. “가입자”란 퇴직연금제도에 가입한 사람을 말한다.
12. “적립금”이란 가입자의 퇴직 등 지급사유가 발생할 때에 급여를 지급하기 위하여 사업자 또는 가입자가 납입한 부담금으로 적립된 자금을 말한다.
13. “퇴직연금사업자”란 퇴직연금제도의 운용관리 업무 및 자산관리 업무를 수행하기 위하여 등록한 자를 말한다.

3) 적용범위

이 법은 근로자를 고용하는 모든 사업 또는 사업장에 적용한다. 다만, 동거하는 친족만을 고용하는 사업 및 가구 내 고용활동에는 적용하지 아니한다.

2. 퇴직급여제도의 내용

1) 퇴직급여제도의 설정

① 사업자는 퇴직하는 근로자에게 급여를 지급하기 위하여 퇴직급여제도 중 하나 이상의 제도를 설정하여야 한다. 다만, 계속근로기간이 1년 미만인 근로자, 4주간을 평균하여 1주간의 소정근로시간이 15시간 미만인 근로자에 대하여는 그러하지 아니하다.

② 퇴직급여제도를 설정하는 경우에 하나의 사업에서 급여 및 부담금 산정방법의 적용 등에 관하여 차등을 두어서는 아니 된다.

③ 사업자가 퇴직급여제도를 설정하거나 설정된 퇴직급여제도를 다른 종류의 퇴직급여제도로 변경하려는 경우에는 근로자의 과반수가 가입한 노동조합이 있는 경우에는 그 노동조합, 근로자의 과반수가 가입한 노동조합이 없는 경우에는 근로자 과반수(근로자 대표)의 동의를 받아야 한다.

④ 사업자가 설정되거나 변경된 퇴직급여제도의 내용을 변경하려는 경우에는 근로자 대표의 의견을 들어야 한다. 다만, 근로자에게 불리하게 변경하려는 경우에는 근로자 대표의 동의를 받아야 한다.

2) 가입자에 대한 둘 이상의 퇴직연금제도 설정

① 사업자가 가입자에 대하여 확정급여형퇴직연금제도 및 확정기여형퇴직연금제도를 함께 설정하는 경우 확정급여형퇴직연금제도의 급여 및 확정기여형퇴직연금제도의 부담금 수준은 다음 각호에 따른다.

1. 확정급여형퇴직연금제도의 급여 : 급여수준에 확정급여형퇴지연금규약으로 정하는 설정비율을 곱한 금액
2. 확정기여형퇴직연금제도의 부담금 : 부담금의 부담수준에 확정기여형퇴직연금규약으로 정하는 설정비율을 곱한 금액

② 사업자는 각각의 설정 비율의 합이 1 이상이 되도록 퇴직연금규약을 정하여 퇴직연금제도를 설정하여야 한다.

3) 수급권의 보호

① 퇴직연금제도의 급여를 받을 권리는 양도하거나 담보로 제공할 수 없다.

② 다만, 가입자는 주택구입 등 대통령령으로 정하는 사유와 요건을 갖춘 경우에는 대통령령으로 정하는 한도에서 퇴직연금제도의 급여를 받을 권리를 담보로 제공할 수 있다. 이 경우 등록한 퇴직연금사업자는 제공된 급여를 담보로 한 대출이 이루어지도록 협조하여야 한다.

4) 퇴직금제도의 설정

① 퇴직금제도를 설정하려는 사업자는 계속근로기간 1년에 대하여 30일분 이상의 평균임금을 퇴직금으로 퇴직 근로자에게 지급할 수 있는 제도를 설정하여야 한다.

② 다만, 사업자는 주택구입 등 대통령령으로 정하는 사유로 근로자가 요구하는 경우에는 근로자가 퇴직하기 전에 해당 근로자의 계속근로기간에 대한 퇴직금을 미리 정산하여 지급할 수 있다. 이 경우 미리 정산하여 지급한 후의 퇴직금 산정을 위한 계속근로기간은 정산시점부터 새로 계산한다.

> ※ **주택구입 등 대통령령으로 정하는 사유 : 퇴직금의 중간정산 사유**(시행령 제3조)
>
> 1. 무주택자인 근로자가 본인 명의로 주택을 구입하는 경우
> 2. 무주택자인 근로자가 주거를 목적으로 민법에 따른 전세금 또는 주택임대차보호법에 따른 보증금을 부담하는 경우. 이 경우 근로자가 하나의 사업에 근로하는 동안 1회로 한정한다.
> 3. 6개월 이상 요양을 필요로 하는 다음 각 목의 어느 하나에 해당하는 사람의 질병이나 부상에 대한 요양비용을 근로자가 부담하는 경우
>
>   가. 근로자 본인 나. 근로자의 배우자 다. 근로자 또는 그 배우자의 부양가족
>
>   가령 6개월 이상 요양을 필요로 하는 근로자의 배우자와 생계를 같이 하는 부양가족의 질병이나 부상에 대한 요양비용을 근로자가 부담하는 경우는 사업자가 근로자가 퇴직하기 전에 해당 근로자의 계속근로기간에 대한 퇴직금을 미리 정산하여 지급할 수 있다.
> 4. 퇴직금 중간정산을 신청하는 날부터 역산하여 5년 이내에 근로자가 「채무자 회생 및 파산에 관한 법률」에 따라 파산선고를 받은 경우
> 5. 퇴직금 중간정산을 신청하는 날부터 역산하여 5년 이내에 근로자가 「채무자 회생 및 파산에 관한 법률」에 따라 개인회생절차개시 결정을 받은 경우
> 6. 사업자가 기존의 정년을 연장하거나 보장하는 조건으로 단체협약 및 취업규칙 등을 통하여 일정 나이, 근속시점 또는 임금액을 기준으로 임금을 줄이는 제도를 시행하는 경우
>
> 6의2. 사업자가 근로자와의 합의에 따라 소정근로시간을 1일 1시간 또는 1주 5시간 이상 변경하여 그 변경된 소정근로시간에 따라 근로자가 3개월 이상 계속 근로하기로 한 경우
>
> 7. 그 밖에 천재지변 등으로 피해를 입는 등 고용노동부장관이 정하여 고시하는 사유와 요건에 해당하는 경우

③ 사업자는 제1항 각 호의 사유에 따라 퇴직금을 미리 정산하여 지급한 경우 근로자가 퇴직한 후 5년이 되는 날까지 관련 증명서류를 보존하여야 한다.

5) 퇴직금의 지급과 퇴직금의 지급시효

① 사업자는 근로자가 퇴직한 경우에는 그 지급사유가 발생한 날부터 14일 이내에 퇴직금을 지급하여야 한다. 다만, 특별한 사정이 있는 경우에는 당사자 간의 합의에 따라 지급기일을 연장할 수 있다.

② 이 법에 따른 퇴직금을 받을 권리는 3년간 행사하지 아니하면 시효로 인하여 소멸한다. 가령 근로자퇴직급여 보장법상 퇴직금 지급의 소멸시효는 3년이다.

6) 퇴직급여 등의 우선변제

① 사업자에게 지급의무가 있는 퇴직금, 확정급여형퇴직연금제도의 급여, 확정기여형퇴직연금제도의 부담금 중 미납입 부담금 및 미납입 부담금에 대한 지연이자, 개인형퇴직연금제도의 부담금 중 미납입 부담금 및 미납입 부담금에 대한 지연이자(퇴직급여 등)는 사업자의 총재산에 대하여 질권 또는 저당권에 의하여 담보된 채권을 제외하고는 조세 · 공과금 및 다른 채권에 우선하여 변제되어야 한다. 다만, 질권 또는 저당권에 우선하는 조세 · 공과금에 대하여는 그러하지 아니하다.

② 다만, 최종 3년간의 퇴직급여 등은 사업자의 총재산에 대하여 질권 또는 저당권에 의하여 담보된 채권, 조세 · 공과금 및 다른 채권에 우선하여 변제되어야 한다.

③ 퇴직급여 등 중 퇴직금, 확정급여형퇴직연금제도의 급여는 계속근로기간 1년에 대하여 30일분의 평균임금으로 계산한 금액으로 한다.

④ 퇴직급여 등 중 확정기여형퇴직연금제도의 부담금 및 개인형퇴직연금제도의 부담금은 가입자의 연간 임금총액의 12분의 1에 해당하는 금액으로 계산한 금액으로 한다.

3. 확정급여형퇴직연금제도

1) 확정급여형퇴직연금제도의 설정 및 가입기간

① 확정급여형퇴직연금제도를 설정하려는 사업자는 근로자 대표의 동의를 얻거나 의견을 들어 다음의 사항을 포함한 확정급여형퇴직연금규약을 작성하여 고용노동부장관에게 신고하여야 한다.

> 1. 퇴직연금사업자 선정에 관한 사항
> 2. 가입자에 관한 사항
> 3. 가입기간에 관한 사항
> 4. 급여수준에 관한 사항

5. 급여지급능력 확보에 관한 사항
6. 급여의 종류 및 수급요건 등에 관한 사항
7. 운용관리 업무 및 자산관리 업무의 수행을 내용으로 하는 계약의 체결 및 해지와 해지에 따른 계약의 이전에 관한 사항
8. 운용현황의 통지에 관한 사항
9. 가입자의 퇴직 등 급여 지급사유 발생과 급여의 지급절차에 관한 사항
10. 퇴직연금제도의 폐지 · 중단 사유 및 절차 등에 관한 사항
11. 그 밖에 확정급여형퇴직연금제도의 운영을 위하여 대통령령으로 정하는 사항

② 가입기간은 퇴직연금제도의 설정 이후 해당 사업에서 근로를 제공하는 기간으로 한다. 해당 퇴직연금제도의 설정 전에 해당 사업에서 제공한 근로기간에 대하여도 가입기간으로 할 수 있다. 이 경우 퇴직금을 미리 정산한 기간은 제외한다(가입기간).

2) 급여수준과 급여 종류 및 수급요건

① 급여수준은 가입자의 퇴직일을 기준으로 산정한 일시금이 계속근로기간 1년에 대하여 30일분의 평균임금에 상당하는 금액 이상이 되도록 하여야 한다.

② 확정급여형퇴직연금제도의 급여 종류는 연금 또는 일시금으로 하되, 수급요건은 다음의 각호와 같다.

1. 연 금 : 55세 이상으로서 가입기간이 10년 이상인 가입자에게 지급할 것. 이 경우 연금의 지급기간은 5년 이상이어야 한다.
2. 일시금 : 연금수급 요건을 갖추지 못하거나 일시금 수급을 원하는 가입자에게 지급할 것

③ 사업자는 가입자의 퇴직 등 급여를 지급할 사유가 발생한 날부터 14일 이내에 퇴직연금사업자로 하여금 적립금의 범위에서 지급의무가 있는 급여 전액(사업의 도산 등 대통령령으로 정하는 경우에는 적립금의 비율에 해당하는 금액)을 지급하도록 하여야 한다. 다만, 퇴직연금제도 적립금으로 투자된 운용자산 매각이 단기간에 이루어지지 아니하는 등 특별한 사정이 있는 경우에는 사업자, 가입자 및 퇴직연금사업자 간의 합의에 따라 지급기일을 연장할 수 있다.

④ 사업자는 퇴직연금사업자가 지급한 급여수준이 급여수준에 미치지 못할 때에는 급여를 지급할 사유가 발생한 날부터 14일 이내에 그 부족한 금액을 해당 근로자에게 지급하여야 한다. 이 경우 특별한 사정이 있는 경우에는 당사자 간의 합의에 따라 지급기일을 연장할 수 있다.

⑤ 급여의 지급은 가입자가 지정한 개인형퇴직연금제도의 계정으로 이전하는 방법으로 한다. 다만, 가입자가 55세 이후에 퇴직하여 급여를 받는 경우 등 대통령령으로 정하는 사유가 있는 경우에는 그러하지 아니하다.

※ 가입자가 55세 이후에 퇴직하여 급여를 받는 경우 등 대통령령으로 정하는 사유
: 개인형퇴직연금제도로의 이전 예외 사유(시행령 제9조)

1. 가입자가 55세 이후에 퇴직하여 급여를 받는 경우
2. 가입자가 급여를 담보로 대출받은 금액 등을 상환하기 위한 경우, 이 경우 가입자가 지정한 개인형퇴직연금제도의 계정으로 이전하지 아니하는 금액은 담보대출 채무상환 금액을 초과할 수 없다.
3. 퇴직급여액이 고용노동부장관이 정하는 금액 이하인 경우

4. 확정기여형퇴직연금제도

1) 확정기여형퇴직연금제도의 설정

① 확정기여형퇴직연금제도를 설정하려는 사업자는 근로자 대표의 동의를 얻거나 의견을 들어 다음의 사항을 포함한 확정기여형퇴직연금규약을 작성하여 고용노동부장관에게 신고하여야 한다.

1. 부담금의 부담에 관한 사항
2. 부담금의 납입에 관한 사항
3. 적립금의 운용에 관한 사항
4. 적립금의 중도인출에 관한 사항
5. 적립금의 운용방법 및 정보의 제공 등에 관한 사항
6. 제13조 제1호부터 제3호까지 및 제6호부터 제10호까지의 사항

1. 퇴직연금사업자 선정에 관한 사항
2. 가입자에 관한 사항
3. 가입기간에 관한 사항
6. 급여의 종류 및 수급요건 등에 관한 사항
7. 운용관리 업무 및 자산관리 업무의 수행을 내용으로 하는 계약의 체결 및 해지와 해지에 따른 계약의 이전에 관한 사항
8. 운용현황의 통지에 관한 사항
9. 가입자의 퇴직 등 급여지급사유 발생과 급여의 지급절차에 관한 사항
10. 퇴직연금제도의 폐지 · 중단 사유 및 절차 등에 관한 사항

② 확정기여형퇴직연금제도를 설정하는 경우 가입기간, 급여의 종류, 수급요건과 급여 지급의 절차 · 방법, 운용현황의 통지에 관하여는 확정기여형퇴직연금제도를 준용한다.

2) 부담금의 부담수준 및 납입

① 확정기여형퇴직연금제도를 설정한 사업자는 가입자의 연간 임금총액의 12분의 1 이상에 해당하는 부담금을 현금으로 가입자의 확정기여형퇴직연금제도 계정에 납입하여야 한다.

② 가입자는 사업자가 부담하는 부담금 외에 스스로 부담하는 추가 부담금을 가입자의 확정기여형퇴직연금 계정에 납입할 수 있다.

③ 사업자는 매년 1회 이상 정기적으로 제1항에 따른 부담금을 가입자의 확정기여형퇴직연금제도 계정에 납입하여야 한다.

이 경우 사업자가 정하여진 기일(확정기여형퇴직연금규약에서 납입기일을 연장할 수 있도록 한 경우에는 그 연장된 기일)까지 부담금을 납입하지 아니한 경우 그 다음 날부터 부담금을 납입한 날까지 지연일수에 대하여 연 100분의 40 이내의 범위에서 (은행이 적용하는 연체금리, 경제적 여건 등을 고려하여 대통령령으로 정하는 이율에 따른) 지연이자를 납입하여야 한다.

> **※ 미납 부담금에 대한 지연이자 이율**(시행령 제11조)
>
> 1. 부담금을 납입하기로 정해진 날짜의 다음 날을 기산일로 하여 가입자의 퇴직 등 급여를 지급할 사유가 발생한 날부터 14일(당사자 간의 합의에 따라 납입날짜를 연장한 경우 그 연장된 날짜)까지의 기간 : 연 100분의 10
> 2. 기간의 다음 날부터 부담금을 납입하는 날까지의 기간 : 연 100분의 20

④ 제3항은 사업자가 천재지변, 그 밖에 대통령령으로 정하는 사유에 따라 부담금 납입을 지연하는 경우 그 사유가 존속하는 기간에 대하여는 적용하지 아니한다.

⑤ 사업자는 확정기여형퇴직연금제도 가입자의 퇴직 등 대통령령으로 정하는 사유가 발생한 때에 그 가입자에 대한 부담금을 미납한 경우에는 그 사유가 발생한 날부터 14일 이내에 부담금 및 지연이자를 해당 가입자의 확정기여형퇴직연금제도 계정에 납입하여야 한다. 다만, 특별한 사정이 있는 경우에는 당사자 간의 합의에 따라 납입 기일을 연장할 수 있다.

⑥ 가입자는 퇴직할 때에 받을 급여를 갈음하여 그 운용 중인 자산을 가입자가 설정한 개인형퇴직연금제도의 계정으로 이전해 줄 것을 해당 퇴직연금사업자에게 요청할 수 있다.

3) 적립금 운용방법 및 정보제공

① 확정기여형퇴직연금제도의 가입자는 적립금의 운용방법을 스스로 선정할 수 있고, 반기마다 1회 이상 적립금의 운용방법을 변경할 수 있다.

② 퇴직연금사업자는 반기마다 1회 이상 위험과 수익구조가 서로 다른 세 가지 이상의 적립금 운용방법을 제시하여야 한다.

③ 퇴직연금사업자는 운용방법별 이익 및 손실의 가능성에 관한 정보 등 가입자가 적립금의 운용방법을 선정하는 데 필요한 정보를 제공하여야 한다.

4) 적립금의 중도인출

확정기여형퇴직연금제도에 가입한 근로자는 주택구입 등 대통령령으로 정하는 사유가 발생하면 적립금을 중도인출할 수 있다.

※ **확정기여형퇴직연금제도의 중도인출 사유**(시행령 제14조)

1. 무주택자인 가입자가 본인 명의로 주택을 구입하는 경우
2. 무주택자인 가입자가 주거를 목적으로 민법 전세금 또는 주택임대차보호법에 따른 보증금을 부담하는 경우. 이 경우 가입자가 하나의 사업 또는 사업장에 근로하는 동안 1회로 한정한다.
3. 6개월 이상 요양을 필요로 하는 다음의 어느 하나에 해당하는 사람의 질병이나 부상에 대한 요양 비용을 가입자가 부담하는 경우

   가. 가입자 본인 나. 가입자의 배우자 다. 가입자 또는 그 배우자의 부양가족

4. 중도인출을 신청한 날부터 역산하여 5년 이내에 가입자가 「채무자 회생 및 파산에 관한 법률」에 따라 파산선고를 받은 경우
5. 중도인출을 신청한 날부터 역산하여 5년 이내에 가입자가 「채무자 회생 및 파산에 관한 법률」에 따라 개인회생절차개시 결정을 받은 경우
6. 그 밖에 천재지변 등으로 피해를 입는 등 고용노동부장관이 정하여 고시하는 사유와 요건에 해당하는 경우

5. 개인형퇴직연금제도

1) 개인형퇴직연금제도의 설정 및 운영

① 퇴직연금사업자는 개인형퇴직연금제도를 운영할 수 있다.

② 다음의 어느 하나에 해당하는 사람은 개인형퇴직연금제도를 설정할 수 있다.

1. 퇴직급여제도의 일시금을 수령한 사람
2. 확정급여형퇴직연금제도 또는 확정기여형퇴직연금제도의 가입자로서 자기의 부담으로 개인형퇴직연금제도를 추가로 설정하려는 사람
3. 자영업자 등 안정적인 노후소득 확보가 필요한 사람으로서 대통령령으로 정하는 사람

③ 개인형퇴직연금제도를 설정한 사람은 자기의 부담으로 개인형퇴직연금제도의 부담금을 납입한다. 다만, 연간 1천 800만 원(개인형퇴직연금제도의 계정이 여러 개인 경우에는 부담금의 합계액)의 한도를 초과하여 부담금을 납입할 수 없다.

④ 개인형퇴직연금제도 적립금의 운용방법 및 운용에 관한 정보제공에 관하여는 제21조를 준용한다. 이 경우 "확정기여형퇴직연금제도"는 "개인형퇴직연금제도"로 본다.

⑤ 개인형퇴직연금제도의 급여의 종류별 수급요건 및 중도인출에 관하여는 대통령령으로 정한다.

※ **개인형퇴직연금제도의 급여 종류별 수급요건**(시행령 제18조)
1. 연금 : 55세 이상인 가입자에게 지급. 이 경우 연금 지급기간은 5년 이상이어야 한다.
2. 일시금 : 55세 이상으로서 일시금 수급을 원하는 가입자에게 지급

※ **확정기여형퇴직연금제도의 중도인출 사유**(시행령 제14조)

2) 10명 미만을 고용하는 사업에 대한 특례

상시 10명 미만의 근로자를 고용하는 사업의 경우 사업자가 개별 근로자의 동의를 받거나 근로자의 요구에 따라 개인형퇴직연금제도를 설정하는 경우에는 해당 근로자에 대하여 퇴직급여제도를 설정한 것으로 본다.

6. 책무 및 감독

1) 사업자의 책무

① 사업자는 법령 및 퇴직연금규약을 준수하고 가입자 등을 위하여 대통령령으로 정하는 사항에 관하여 성실하게 이 법에 따른 의무를 이행하여야 한다.

※ **퇴직급여제도의 안정적 운영을 위한 사업자의 책무**(시행령 제31조)
1. 퇴직금제도 또는 확정급여형퇴직연금제도를 설정하거나 운영하는 사업자는 임금피크제의 실시, 임금 삭감, 소정근로시간의 감소 등으로 근로자의 급여액에 영향을 미칠 수 있는 경우 가입자에게 퇴직급여 수령액이 감소됨을 알리고, 근로자 대표와 확정기여형퇴직연금제도의 도입, 별도의 급여 산정기준 마련 등 필요한 방법을 협의할 것
2. 운용관리 업무와 자산관리 업무의 수행, 관련 서비스 제공 등 퇴직연금제도 전반에 대한 능력과 전문성을 종합적으로 판단하여 퇴직연금사업자를 선정할 것. 이 경우 상시 300명 이상의 근로자를 고용하는 사업의 사업자는 퇴직연금규약을 신고하거나 퇴직연금사업자를 선정·변경하는 경우 고용노동부장관에게 퇴직연금사업자 선정·변경사유서를 제출하여야 한다.
3. 단체협약, 취업규칙, 근로계약서, 급여명세서 등 부담금 산정 및 급여 지급능력 확보 여부 등을 확인하는 데 필요한 자료를 퇴직연금사업자에게 제공할 것
4. 퇴직연금사업자에게 가입자에 대한 교육의 실시를 위탁한 경우 집합교육을 실시할 수 있도록 하는 등 협조할 것

② 퇴직연금제도(개인형퇴직연금제도 제외)를 설정한 사업자는 매년 1회 이상 가입자에게 해당 사업의 퇴직연금제도 운영 상황 등 대통령령으로 정하는 사항에 관한 교육을 하여야 한다. 이 경우 사업자는 퇴직연금사업자에게 그 교육의 실시를 위탁할 수 있다.

③ 퇴직연금제도를 설정한 사업자는 다음의 어느 하나에 해당하는 행위를 하여서는 아니 된다.

1. 자기 또는 제3자의 이익을 도모할 목적으로 운용관리 업무 및 자산관리 업무의 수행계약을 체결하는 행위
2. 그 밖에 퇴직연금제도의 적절한 운영을 방해하는 행위로서 대통령령으로 정하는 행위

※ **"대통령령으로 정하는 행위"란** : 사업자의 금지행위(시행령 제33조)

1. 운용관리 업무 또는 자산관리 업무를 수행하는 데 필요한 자료를 고의로 누락하거나 거짓으로 작성하여 퇴직연금사업자에게 제공하는 행위
2. 퇴직연금사업자에게 약관 등에서 정해진 부가서비스 외의 경제적 가치가 있는 서비스의 제공을 요구하거나 제공받는 행위
3. 퇴직연금사업자에게 계약 체결을 이유로 물품 등의 구매를 요구하거나 판매하는 행위
4. 퇴직연금사업자에게 확정되지 않은 운용방법의 수익을 확정적으로 제시할 것을 요구하거나 제공받는 행위
5. 재정안정화계획서를 작성하지 않거나 통보하지 않는 행위

2) 정부의 책무

① 정부는 퇴직연금제도가 활성화될 수 있도록 지원방안을 마련하여야 한다.

② 정부는 퇴직연금제도의 건전한 정착 및 발전을 위하여 노사단체, 퇴직연금업무의 수행과 관련된 기관·단체와 공동으로 연구사업 지원 등 필요한 조치를 할 수 있다.

③ 정부는 퇴직연금제도의 급여 지급 보장을 위한 장치 마련 등 근로자의 급여수급권 보호를 위한 방안을 강구하도록 노력하여야 한다.

3) 사업자에 대한 감독

① 고용노동부장관은 사업자가 퇴직연금제도의 설정 또는 그 운영 등에 관하여 이 법 또는 퇴직연금규약에 위반되는 행위를 한 경우에는 기간을 정하여 그 위반의 시정을 명할 수 있다.

② 고용노동부장관은 사업자가 기간 이내에 시정명령에 따르지 아니하는 경우에는 퇴직연금제도 운영의 중단을 명할 수 있다.

7. 보 칙

1) 퇴직연금제도의 폐지·중단 시의 처리

① 퇴직연금제도가 폐지되거나 운영이 중단된 경우에는 폐지된 이후 또는 중단된 기간에 대하여는 퇴직금제도를 적용한다.

② 사업자는 퇴직연금제도가 폐지된 경우 지체 없이 적립금으로 급여를 지급하는 데에 필요한 조치로서 미납 부담금의 납입 등 대통령령으로 정하는 조치를 하여야 한다.

③ 사업자와 퇴직연금사업자는 사유 등으로 퇴직연금제도가 중단된 경우에 적립금 운용에 필요한 업무 등 대통령령으로 정하는 기본적인 업무를 유지하여야 한다.

④ 사업자와 퇴직연금사업자는 퇴직연금제도가 폐지되어 가입자에게 급여를 지급하는 경우에 가입자가 지정한 개인형퇴직연금제도의 계정으로 이전하는 방법으로 지급하여야 한다.

⑤ 가입자가 제4항에 따라 급여를 받은 경우에는 중간정산되어 받은 것으로 본다.

2) 청 문

고용노동부장관은 등록취소 또는 이전명령을 하려는 경우에는 청문을 하여야 한다.

3) 벌 칙

(1) 5년 이하의 징역 또는 3천만 원 이하의 벌금

금융거래 정보를 제공받아 알게 된 자는 그 알게 된 금융거래 정보를 타인에게 제공 또는 누설하거나 그 목적 외의 용도로 이용하여서는 아니 된다는 규정을 위반한 자

(2) 3년 이하의 징역 또는 2천만 원 이하의 벌금에 처한다. 다만, 제1호 및 제2호의 경우 피해자의 명시적인 의사에 반하여 공소를 제기할 수 없다.

1. 14일 이내 퇴직금 지급규정을 위반하여 퇴직금을 지급하지 아니한 자
2. 근로자가 퇴직할 때에 급여를 지급하지 아니하거나 부담금 또는 지연이자를 납입하지 아니한 자
3. 등록취소 처분을 받거나 등록말소를 신청한 퇴직연금사업자는 설정된 퇴직연금제도의 이전에 필요한 조치 등의 가입자 보호조치 의무를 위반하여 가입자 보호조치를 하지 아니한 퇴직연금사업자
4. 운용관리 업무의 수행계약 체결을 거부하는 행위 및 계약 체결 시 가입자 또는 사업자의 손실의 전부 또는 일부를 부담하거나 부담할 것을 약속하는 행위를 위반한 퇴직연금사업자

학습 핵심문제

01 근로자퇴직급여보장법상 퇴직연금제도에 관한 설명으로 틀린 것은?

① 확정급여형퇴직연금제도의 급여종류는 연금 또는 일시금으로 하며, 연금은 55세 이상으로서 가입기간이 10년 이상인 가입자에게 지급한다.
② 확정기여형퇴직연금제도를 설정한 사용자는 가입자의 연간 임금금액의 24분의 1 이상에 해당하는 부담금을 현금으로 가입자의 확정기여형퇴직연금제도 계정에 납입하여야 한다.
③ 확정기여형퇴직연금제도의 가입자는 적립금의 운용방법을 스스로 선정할 수 있고, 반기마다 1회 이상 적립금의 운용방법을 변경할 수 있다.
④ 확정기여형퇴직연금제도에 가입한 근로자는 주택구입 등 대통령령으로 정하는 사유가 발생하면 적립금을 중도 인출할 수 있다.

02 근로자퇴직급여보장법상 적용되는 용어의 뜻이 옳은 것은?

① "퇴직급여제도"란 확정급여형퇴직연금제도, 확정기여형퇴직연금제도 및 개인형퇴직연금제도를 말한다.
② "퇴직연금제도"란 확정급여형퇴직연금제도, 확정기여형퇴직연금제도 및 퇴직금제도를 말한다.
③ "확정급여형퇴직연금제도"란 근로자가 받을 급여의 수준이 사후에 결정되어 있는 퇴직연금제도를 말한다.
④ "확정기여형퇴직연금제도"란 급여의 지급을 위하여 사업자가 부담하여야 할 부담금의 수준이 사전에 결정되어 있는 퇴직연금제도를 말한다.

03 근로자퇴직급여보장법상 퇴직급여제도의 설정에 관한 설명으로 옳지 않은 것은?

① 사업자는 퇴직하는 근로자에게 급여를 지급하기 위하여 계속근로기간이 1년 미만인 근로자, 4주간을 평균하여 1주간의 소정근로시간이 15시간 미만인 근로자에 대하여 퇴직급여제도 중 하나 이상의 제도를 설정하여야 한다.
② 퇴직급여제도를 설정하는 경우에 하나의 사업에서 급여 및 부담금 산정방법의 적용 등에 관하여 차등을 두어서는 아니 된다.

③ 사업자가 설정된 퇴직급여제도를 다른 종류의 퇴직급여제도로 변경하려는 경우에는 근로자의 과반수가 가입한 노동조합이 있는 경우에는 그 노동조합, 근로자의 과반수가 가입한 노동조합이 없는 경우에는 근로자 과반수(근로자 대표)의 동의를 받아야 한다.
④ 사업자가 설정되거나 변경된 퇴직급여제도의 내용을 변경하려는 경우에는 근로자대표의 의견을 들어야 한다. 다만, 근로자에게 불리하게 변경하려는 경우에는 근로자대표의 동의를 받아야 한다.

04 근로자퇴직급여보장법상 확정급여형퇴직연금제도의 급여 종류인 연금의 수급요건은?

① 50세 이상으로서 가입기간이 10년 이상인 가입자에게 지급할 것
② 55세 이상으로서 가입기간이 10년 이상인 가입자에게 지급할 것
③ 58세 이상으로서 가입기간이 10년 이상인 가입자에게 지급할 것
④ 60세 이상으로서 가입기간이 10년 이상인 가입자에게 지급할 것

05 근로자퇴직급여 보장법상 퇴직금 지급의 소멸시효는?

① 2년 ② 3년
③ 4년 ④ 5년

06 근로자퇴직급여 보장법상 부담금의 부담수준 및 납입에 관한 설명으로 옳지 않은 것은?

① 확정기여형퇴직연금제도를 설정한 사업자는 가입자의 연간 임금총액의 12분의 1 이상에 해당하는 부담금을 현금으로 가입자의 확정기여형퇴직연금제도 계정에 납입하여야 한다.
② 가입자는 사업자가 부담하는 부담금 외에 스스로 부담하는 추가 부담금을 가입자의 확정기여형퇴직연금 계정에 납입할 수 있다.
③ 사업자는 매년 1회 이상 정기적으로 제1항에 따른 부담금을 가입자의 확정기여형퇴직연금제도 계정에 납입하여야 한다.
④ 사업자가 정하여진 기일까지 부담금을 납입하지 아니한 경우 그 다음 날부터 부담금을 납입한 날까지 지연 일수에 대하여 연 100분의 60 이내의 범위에서 지연이자를 납입하여야 한다.

07 근로자퇴직급여 보장법상 내용에 관한 설명으로 옳지 않은 것은?

① 확정기여형퇴직연금제도의 가입자는 적립금의 운용방법을 스스로 선정할 수 있고, 반기마다 1회 이상 적립금의 운용방법을 변경할 수 있다.

② 퇴직연금사업자는 반기마다 1회 이상 위험과 수익구조가 서로 다른 세 가지 이상의 적립금 운용방법을 제시하여야 한다.

③ 퇴직연금사업자는 운용방법별 이익 및 손실의 가능성에 관한 정보 등 가입자가 적립금의 운용방법을 선정하는 데 필요한 정보를 제공하여야 한다.

④ 확정기여형퇴직연금제도에 가입한 근로자는 주택구입 등 무주택자인 가입자가 본인 명의로 주택을 구입하는 경우에는 적립금을 중도인출할 수 없다.

정답 01. ② 02. ③ 03. ① 04. ② 05. ② 06. ④ 07. ④

노 · 동 · 관 · 계 · 법 · 규

CHAPTER

09 고용정책 기본법

[시행 2015.3.27] [법률 제13262호, 2015.3.27., 일부개정] 고용노동부(노동시장정책과)

1. 총 칙

1) 목 적

이 법은 국가가 고용에 관한 정책을 수립·시행하여 국민 개개인이 평생에 걸쳐 직업능력을 개발하고 더 많은 취업기회를 가질 수 있도록 하는 한편, 근로자의 고용안정, 기업의 일자리 창출과 원활한 인력 확보를 지원하고 노동시장의 효율성과 인력수급의 균형을 도모함으로써 국민의 삶의 질 향상과 지속가능한 경제성장 및 고용을 통한 사회통합에 이바지함을 목적으로 한다.

2) 용어의 뜻

이 법에서 "근로자"란 사업자에게 고용된 사람과 취업할 의사를 가진 사람을 말한다.

3) 기본 원칙

국가는 이 법에 따라 고용정책을 수립·시행하는 경우에 다음 각호의 사항이 실현되도록 하여야 한다.

1. 근로자의 직업선택의 자유와 근로의 권리가 확보되도록 할 것
2. 사업자의 자율적인 고용관리를 존중할 것
3. 구직자의 자발적인 취업노력을 촉진할 것
4. 고용정책은 효율적이고 성과지향적으로 수립·시행할 것

5. 고용정책은 노동시장의 여건과 경제정책 및 사회정책을 고려하여 균형 있게 수립 · 시행할 것
6. 고용정책은 국가 · 지방자치단체 간, 공공부문 · 민간부문 간 및 근로자 · 사업자 · 정부 간의 협력을 바탕으로 수립 · 시행할 것

※ 다른 법률과의 관계 : 고용정책에 관한 다른 법률을 제정하거나 개정하는 경우에는 이 법의 목적과 기본 원칙에 맞도록 하여야 한다.

4) 근로자 및 사업자 등의 책임과 의무

① 근로자는 자신의 적성과 능력에 맞는 직업을 선택하여 직업생활을 하는 기간 동안 끊임없이 직업에 필요한 능력(직업능력)을 개발하고, 직업을 통하여 자기발전을 도모하도록 노력하여야 한다.

② 사업자는 사업에 필요한 인력을 스스로 양성하고, 자기가 고용하는 근로자의 직업능력을 개발하기 위하여 노력하며, 근로자가 그 능력을 최대한 발휘하면서 일할 수 있도록 고용관리의 개선, 근로자의 고용안정 촉진 및 고용평등의 증진 등을 위하여 노력하여야 한다.

③ 노동조합과 사업자단체는 근로자의 직업능력개발을 위한 노력과 사업자의 근로자 직업능력개발, 고용관리 개선, 근로자의 고용안정 촉진 및 고용평등의 증진 등을 위한 노력에 적극 협조하여야 한다.

④ 근로자와 사업자, 노동조합과 사업자단체는 국가와 지방자치단체의 시책이 원활하게 시행될 수 있도록 적극 협조하여야 한다.

⑤ 고용보험법에 따른 실업급여 수급자, 국민기초생활 보장법에 따른 근로능력이 있는 수급자, 그 밖에 정부에서 지원하는 취업지원사업에 참여하는 사람 등은 스스로 취업하기 위하여 적극적으로 노력하여야 하며, 국가와 지방자치단체가 하는 직업소개, 직업지도, 직업능력개발훈련 등에 성실히 따르고 적극 참여하여야 한다.

5) 국가와 지방자치단체의 시책

① 국가는 다음의 사항에 관하여 필요한 시책을 수립 · 시행하여야 한다.

1. 국민 각자의 능력과 적성에 맞는 직업의 선택과 인력수급의 불일치 해소를 위한 고용·직업 및 노동시장 정보의 수집·제공에 관한 사항과 인력수급 동향·전망에 관한 조사·공표에 관한 사항
2. 근로자의 전 생애에 걸친 직업능력개발과 산업에 필요한 기술·기능인력을 양성하기 위한 직업능력개발훈련 및 기술자격 검정에 관한 사항
3. 근로자의 실업 예방, 고용안정 및 고용평등 증진에 관한 사항
4. 산업·직업·지역 간 근로자 이동의 지원에 관한 사항
5. 실업자의 실업기간 중 소득지원과 취업촉진을 위한 직업소개·직업지도·직업훈련, 보다 나은 일자리로 재취업하기 위한 불완전 취업자의 경력개발 및 비경제활동 인구의 노동시장 참여 촉진에 관한 사항
6. 학력·경력의 부족, 고령화, 육체적·정신적 장애, 실업의 장기화, 국외로부터의 이주 등으로 인하여 노동시장의 통상적인 조건에서 취업이 특히 곤란한 자와 국민기초생활 보장법에 따른 수급권자 등(취업취약계층)의 고용촉진에 관한 사항
7. 사업자의 일자리 창출, 인력의 확보, 고용유지 등의 지원 및 인력부족의 예방에 관한 사항
8. 지역 고용창출 및 지역 노동시장의 활성화를 위한 지역별 고용촉진에 관한 사항
9. 제1호부터 제8호까지의 사항에 관한 시책 추진을 위한 각종 지원금, 장려금, 수당 등 지원에 관한 제도의 효율적인 운영에 관한 사항
10. 제1호부터 제8호까지의 사항에 관한 시책을 효과적으로 시행하기 위하여 하는 구직자 또는 구인자에 대한 고용정보의 제공, 직업소개·직업지도 또는 직업능력개발 등 고용을 지원하는 업무(고용서비스)의 확충 및 민간 고용서비스 시장의 육성에 관한 사항
11. 그 밖에 노동시장의 효율성 및 건전성을 높이는 데 필요한 사항

② 국가는 시책을 수립·시행하는 경우에 기업경영기반의 개선, 경제·사회의 균형 있는 발전, 국토의 균형 있는 개발 등의 시책을 종합적으로 고려하여야 하며, 고용기회를 늘리고 지역 간 불균형을 시정하며 중소기업을 우대할 수 있도록 하여야 하고, 차별적 고용관행 등 근로자가 능력을 발휘하는 데에 장애가 되는 고용관행을 개선하도록 노력하여야 한다.

③ 지방자치단체는 수립된 국가 시책과 지역 노동시장의 특성을 고려하여 지역주민의 고용촉진과 지역주민에게 적합한 직업의 소개, 직업훈련의 실시 등에 관한 시책을 수립·시행하도록 노력하여야 한다.

④ 국가는 시책을 수립·시행하는 지방자치단체에 필요한 지원을 할 수 있다.

6) 취업기회의 균등한 보장

① 사업자는 근로자를 모집 · 채용할 때에 합리적인 이유 없이 성별, 신앙, 연령, 신체조건, 사회적 신분, 출신지역, 학력, 출신학교, 혼인 · 임신 또는 병력 등(성별 등)을 이유로 차별을 하여서는 아니 되며, 균등한 취업기회를 보장하여야 한다(국적 제외).

② 고용서비스를 제공하는 자는 그 업무를 수행할 때에 합리적인 이유 없이 성별 등을 이유로 구직자를 차별하여서는 아니 된다.

③ 직업능력개발훈련을 실시하는 자는 훈련대상자의 모집, 훈련의 실시 및 취업지원 등을 하는 경우에 합리적인 이유 없이 성별 등을 이유로 훈련생을 차별하여서는 아니 된다.

2. 고용정책의 수립 및 추진체계

1) 고용정책 기본계획의 수립 · 시행

① 고용노동부장관은 관계 중앙행정기관의 장과 협의하여 5년마다 국가의 고용정책에 관한 기본계획을 수립하여야 한다.

② 고용노동부장관은 기본계획을 수립할 때에는 고용정책심의회의 심의를 거쳐야 하며, 수립된 기본계획은 국무회의에 보고하고 공표하여야 한다.

③ 기본계획에는 다음의 사항이 포함되어야 한다.

※ 고용정책 기본계획에 포함되어야 할 사항

1. 고용에 관한 중장기 정책 목표 및 방향
2. 인력의 수요와 공급에 영향을 미치는 경제, 산업, 교육, 복지 또는 인구정책 등의 동향에 관한 사항
3. 고용 동향과 인력의 수급 전망에 관한 사항
4. 국가와 지방자치단체의 시책(제6조 제1항)에 관한 시책의 기본 방향에 관한 사항
5. 그 밖의 고용 관련 주요 시책에 관한 사항

④ 관계 중앙행정기관의 장은 고용과 관련된 계획을 수립할 때에는 기본계획과 조화되도록 하여야 한다.

⑤ 고용노동부장관은 기본계획을 세우기 위하여 필요하면 관계 중앙행정기관의 장 및 지방자치단체의 장에게 필요한 자료의 제출을 요청할 수 있다.

2) 지역고용정책 기본계획의 수립 · 시행

① 특별시장 · 광역시장 · 특별자치시장 · 도지사 및 특별자치도지사(시 · 도지사)는 지역고용심의회의 심의를 거쳐 지역주민의 고용촉진과 고용안정 등에 관한 지역고용정책 기본계획(지역고용계획)을 수립 · 시행하여야 한다.

② 시 · 도지사는 지역고용계획을 수립할 때에는 기본계획과 조화되도록 하여야 한다.

③ 시 · 도지사는 지역고용계획을 세우기 위하여 필요하면 관계 중앙행정기관의 장 및 관할 지역의 직업안정기관의 장에게 협조를 요청할 수 있다.

④ 국가는 시 · 도지사가 지역고용계획을 수립 · 시행하는 데에 필요한 지원을 할 수 있다.

3) 고용정책심의회

(1) 고용에 관한 주요 사항을 심의하기 위하여 고용노동부에 고용정책심의회(정책심의회)를 두고, 특별시 · 광역시 · 특별자치시 · 도 및 특별자치도에 지역고용심의회를 둔다. 이 경우 「노사관계 발전 지원에 관한 법률」 지역 노사민정 간 협력 활성화를 위한 협의체가 특별시 · 광역시 · 특별자치시 · 도 및 특별자치도에 구성되어 있는 경우에는 이를 지역고용심의회로 볼 수 있다.

(2) 정책심의회는 다음 각호의 사항을 심의한다. 가령 정책심의회는 인력의 공급구조와 산업구조의 변화 등에 따른 고용 및 실업대책에 관한 사항 등을 심의한다.

1. 국가에 따른 시책 및 고용정책에 따른 기본계획의 수립에 관한 사항
2. 인력의 공급구조와 산업구조의 변화 등에 따른 고용 및 실업대책에 관한 사항
3. 고용영향평가 대상의 선정, 평가방법 등에 관한 사항
4. 재정지원 일자리사업의 효율화에 관한 사항
5. 사회적기업 육성법에 따른 다음의 사항

가. 사회적기업 육성법에 따른 사회적기업 육성 기본계획 나. 사회적기업 육성법에 따른 사회적기업 인증의 심사기준에 관한 사항 다. 그 밖에 사회적기업의 지원을 위하여 필요한 사항으로서 대통령령으로 정하는 사항

6. 「남녀고용평등과 일 · 가정 양립 지원에 관한 법률」 제17조의8 각호의 사항

> **※ 적극적 고용개선조치에 관한 중요 사항 심의**
> 적극적 고용개선조치에 관한 다음 각호의 사항은 고용정책 기본법에 따른 고용정책심의회의 심의를 거쳐야 한다.
> 1. 여성 근로자 고용기준에 관한 사항
> 2. 시행계획의 심사에 관한 사항
> 3. 적극적 고용개선조치 이행실적의 평가에 관한 사항
> 4. 적극적 고용개선조치 우수기업의 표창 및 지원에 관한 사항
> 5. 공표 여부에 관한 사항
> 6. 적극적 고용개선조치에 관하여 고용정책심의회의 위원장이 회의에 부치는 사항

7. 장애인고용촉진 및 직업재활법에 따른 다음 각목의 사항

가. 장애인고용촉진 및 직업재활법에 따른 장애인의 고용촉진 및 직업재활을 위한 기본계획의 수립에 관한 사항 나. 그 밖에 장애인의 고용촉진 및 직업재활에 관하여 위원장이 회의에 부치는 사항

8. 근로복지기본법 제8조 각 호의 사항

> **※ 근로복지 증진에 관한 중요 사항 심의**
> 1. 근로복지 증진에 관한 기본계획
> 2. 근로복지사업에 드는 재원 조성에 관한 사항
> 3. 그 밖에 고용정책심의회 위원장이 근로복지정책에 관하여 회의에 부치는 사항

9. 관계 중앙행정기관의 장이 고용과 관련하여 심의를 요청하는 사항
10. 다른 법령에서 정책심의회의 심의를 거치도록 한 사항 및 대통령령으로 정하는 사항

(3) 고용정책심의회의 조직구성

① 정책심의회는 위원장 1명을 포함한 30명 이내의 위원으로 구성하고, 위원장은 고용노동부장관이 되며, 위원은 다음의 어느 하나에 해당하는 사람 중에서 고용노동부장

관이 위촉하는 사람과 대통령령으로 정하는 관계 중앙행정기관의 차관 또는 차관급 공무원이 된다.

> 1. 근로자와 사업자를 대표하는 사람
> 2. 고용문제에 관하여 학식과 경험이 풍부한 사람
> 3. 지방자치법에 따른 전국 시 · 도지사 협의체에서 추천하는 사람

가령 고용노동부장관은 고용문제에 관하여 학식과 경험이 풍부한 사람 등을 정책심의회 위원으로 위촉할 수 있다.

② 위촉위원의 임기는 2년으로 한다. 다만, 보궐위원의 임기는 전임자 임기의 남은 기간으로 한다.

③ 정책심의회의 위원장은 정책심의회의 회의를 소집하고, 그 의장이 된다. 그리고 정책심의회의는 재적위원 과반수의 출석으로 개의하고 출석위원 과반수의 찬성으로 의결한다.

④ 정책심의회를 효율적으로 운영하고 정책심의회의 심의사항을 전문적으로 심의하도록 하기 위하여 정책심의회에 분야별로 전문위원회를 둘 수 있다.

> ※ **고용정책심의회 전문위원회**(시행령 제7조)
> 1. 사회적기업육성전문위원회
> 2. 적극적고용개선전문위원회
> 3. 장애인고용촉진전문위원회
> 4. 근로복지전문위원회
> 5. 건설근로자고용개선전문위원회 [주의] 청년, 고령자고용촉진전문위원회(x)

4) 직업안정기관의 설치

① 국가는 시책을 추진하는 경우에 지역 근로자와 사업자가 편리하게 고용서비스를 받을 수 있도록 지역별로 직업안정기관을 설치 · 운영하여야 한다.

② 국가는 지방자치단체의 장이 해당 지역의 구직자와 구인기업에 대하여 고용서비스를 제공하는 업무를 담당하는 조직을 운영하는 경우에 그 조직의 운영에 필요한 지원을 할 수 있다.

③ 직업안정기관의 장과 지방자치단체의 장은 고용서비스 제공 업무를 수행하는 경우에 서로 협력하여야 한다.

④ 국가 또는 지방자치단체는 대통령령으로 정하는 바에 따라 취업취약계층에 대한 고용서비스 제공에 필요한 시설을 설치 · 운영할 수 있다.

5) 민간에 의한 고용서비스 제공 지원

국가는 민간 고용서비스 산업의 발전에 필요한 다음의 시책을 수립 · 시행할 수 있다.

1. 고용서비스 전문가의 양성
2. 공공부문과 민간의 고용 관련 정보망의 연계
3. 국가와 지방자치단체에서 하는 고용서비스 제공사업 중 민간의 전문성을 활용할 수 있는 사업의 발굴과 그 사업의 위탁
4. 우수한 고용서비스를 제공하는 민간기관에 대한 인증

6) 고용영향평가

① 중앙행정기관의 장과 지방자치단체의 장은 소관정책이 일자리 증감 및 고용의 질 등에 미치는 영향을 분석 · 평가(고용영향평가)하고, 그 결과를 정책의 수립 · 시행에 반영하도록 노력하여야 한다.

② 고용노동부장관은 고용에 미치는 영향이 큰 정책으로서 다음의 어느 하나에 해당하는 경우 고용영향평가를 하고, 그 결과를 소관 중앙행정기관의 장 또는 지방자치단체의 장에게 통보할 수 있다.

1. 관계 중앙행정기관의 장 또는 지방자치단체의 장이 고용영향평가를 요청하는 정책
2. 관계 중앙행정기관 또는 지방자치단체가 시행할 계획 또는 시행 중이거나 시행이 완료된 정책으로서 정책심의회에서 고용영향평가를 하기로 심의한 정책
3. 고용노동부장관이 직권으로 고용영향평가가 필요하다고 인정하는 정책
4. 대규모의 예산이 투입되는 정책으로서 대통령령으로 정하는 정책

7) 재정지원 일자리사업 통합정보전산망의 구축 · 운영

① 고용노동부장관은 재정지원 일자리사업 참여자의 선발, 취업의 지원, 각종 급여 · 수당의 지급 및 환수 등 재정지원 일자리사업의 수행 및 관리에 필요한 각종 자료 또는

정보의 효율적 처리와 기록 · 관리업무의 전자화를 위하여 정보시스템(통합정보전산망)을 구축 · 운영할 수 있다.

② 고용노동부장관은 업무를 수행하기 위하여 법원 · 보건복지부 · 행정자치부 · 국세청 등 국가기관과 지방자치단체의 장 및 관련 기관 · 단체의 장에게 자료 제공 및 관계 전산망의 이용을 요청할 수 있다. 이 경우 자료의 제공 등을 요청받은 기관의 장은 정당한 사유가 없으면 그 요청에 따라야 한다.

③ 고용노동부장관은 자료 및 관계 전산망의 이용을 위하여 사회보장기본법에 따른 사회보장정보시스템을 연계하여 사용할 수 있다.

3. 고용정보 등의 수집 · 제공

1) 고용 · 직업 정보의 수집 및 제공

① 고용노동부장관은 구직과 구인이 신속하고 적절하게 연결될 수 있도록 구직 · 구인 정보, 산업별 · 지역별 고용동향, 노동시장 정보, 직업의 현황과 전망에 관한 정보, 직업능력개발훈련 정보, 재정지원에 의한 일자리에 대한 정보 및 그 밖의 고용 · 직업에 관한 정보를 수집 · 관리하여야 한다.

② 고용노동부장관은 구직자 · 구인자, 직업훈련기관, 교육기관 및 그 밖에 고용 · 직업 정보를 필요로 하는 자가 신속하고 편리하게 이용할 수 있도록 책자를 발간 · 배포하는 등 필요한 조치를 하여야 한다.

③ 고용노동부장관은 업무를 효율적으로 수행하기 위하여 고용안정정보망과 고용보험 전산망 등 고용 관련 정보통신망을 구축 · 운영하여야 한다.

④ 고용노동부장관은 고용 · 직업정보의 수집 · 관리를 위하여 노동시장의 직업구조를 반영한 고용직업분류표를 작성 · 고시하여야 한다. 이 경우 미리 관계 행정기관의 장과 협의할 수 있다.

⑤ 고용노동부장관은 수집한 고용 · 직업정보를 지방자치단체 등에 제공하여 취업알선 등에 활용하게 할 수 있으며, 지방자치단체 등이 수집한 고용 · 직업 정보를 제공받아 취업알선 등에 활용할 수 있다.

⑥ 고용노동부장관은 효율적인 고용정책 수행을 위하여 필요하면 관련 기관 또는 단체에 정보시스템의 연계를 요청할 수 있다. 이 경우 연계를 요청받은 자는 정당한 사유가 없으면 그 요청에 따라야 한다.

2) 고용형태 현황 공시

① 상시 300명 이상의 근로자를 고용하는 사업자는 매년 근로자의 고용형태 현황을 공시하여야 한다.

② 고용형태, 공시절차 및 그 밖에 필요한 사항은 고용노동부령으로 정한다.

3) 인력의 수급 동향 등에 관한 자료의 작성

① 고용노동부장관은 인력의 수급에 영향을 미치는 경제 · 산업의 동향과 그 전망 등이 포함된 인력의 수급 동향과 전망에 관하여 조사하고 자료를 매년 작성하여 공표하여야 한다.

② 고용노동부장관은 인력의 수급 동향과 전망에 관한 자료를 작성하기 위하여 필요하다고 인정하면 다음의 기관에 필요한 자료의 제공을 요청할 수 있다.

1. 관계행정기관	2. 교육 · 연구기관	3. 사업자 · 사업자단체
4. 노동조합	5. 기타 관계기관	

4) 고용 관련 통계의 작성 · 보급

① 고용노동부장관은 고용정책의 효율적 수립 · 시행을 위하여 산업별 · 직업별 · 지역별 고용구조 및 인력수요 등에 관한 통계를 작성 · 공표하여 국민들이 이용할 수 있도록 하여야 한다.

② 고용노동부장관은 작성된 통계를 국민들이 편리하게 이용할 수 있도록 데이터베이스를 구축하는 등 필요한 조치를 하여야 한다.

4. 한국고용정보원 및 한국잡월드의 설립

1) 한국고용정보원의 설립

① 고용정보의 수집·제공과 직업에 관한 조사·연구 등 위탁받은 업무와 그 밖에 고용지원에 관한 업무를 효율적으로 수행하기 위하여 한국고용정보원을 설립한다.

② 한국고용정보원은 법인으로 한다.

③ 한국고용정보원은 고용노동부장관의 승인(허가 X)을 받아 분사무소를 둘 수 있다.

④ 한국고용정보원의 사업은 다음 각호와 같다.

> 1. 고용 동향, 직업의 현황 및 전망에 관한 정보의 수집·관리
> 2. 인력 수급의 동향 및 전망에 관한 정보의 제공
> 3. 고용안정정보망, 고용보험전산망 등 고용 관련 정보통신망 운영
> 4. 직업지도, 직업심리검사 및 직업상담에 관한 기법의 연구·개발 및 보급
> 5. 고용서비스의 평가 및 지원
> 6. 제1호부터 제5호까지의 사업에 관한 국제협력과 그 밖의 부대사업
> 7. 고용노동부장관, 다른 중앙행정기관의 장 또는 지방자치단체로부터 위탁받은 사업

⑤ 정부는 예산의 범위에서 한국고용정보원의 설립·운영에 필요한 경비와 사업에 필요한 경비를 출연할 수 있다.

⑥ 한국고용정보원에 관하여 이 법과 「공공기관의 운영에 관한 법률」에 규정된 것 외에는 민법 중 재단법인에 관한 규정을 준용한다.

2) 한국잡월드(Korea Jobworld)의 설립

① 다음 각호의 사업을 수행하기 위하여 한국고용정보원 산하에 한국잡월드를 설립한다 (2012년 2월에 설립한 공공기관).

> 1. 직업 관련 자료·정보의 전시 및 제공
> 2. 직업체험 프로그램 개설·운영
> 3. 청소년 등에 대한 직업교육 프로그램 개설·운영
> 4. 교사 등에 대한 직업지도 교육 프로그램 개설·운영
> 5. 직업상담 및 직업심리검사 서비스 제공

6. 직업 관련 자료 · 정보의 전시기법 및 체험 프로그램 연구 · 개발
7. 제1호부터 제6호까지의 사업에 관한 국제협력과 그 밖의 부대사업
8. 고용노동부장관, 다른 중앙행정기관 장 또는 지방자치단체의 장으로부터 위탁받은 사업

② 한국잡월드는 법인으로 한다.

③ 정부는 한국잡월드의 설립 · 운영에 필요한 경비와 사업에 필요한 경비를 예산의 범위에서 출연할 수 있다.

④ 한국잡월드는 사업수행에 필요한 경비를 조달하기 위하여 입장료 · 체험관람료 징수 및 광고 등 대통령령으로 정하는 바에 따라 수익사업을 할 수 있다.

⑤ 개인 또는 법인 · 단체는 한국잡월드의 사업을 지원하기 위하여 한국잡월드에 금전이나 현물, 그 밖의 재산을 출연 또는 기부할 수 있다.

⑥ 한국잡월드의 수입은 국가나 국가 외의 자로부터 받은 출연금 및 기부금과 그 밖에 한국잡월드의 수입금의 것으로 한다.

⑦ 정부는 한국잡월드의 설립 및 운영을 위하여 필요한 경우에는 국유재산법, 물품관리법에도 불구하고 국유재산 및 국유물품을 한국잡월드에 무상으로 대부 또는 사용하게 할 수 있다.

5. 직업능력개발

1) 직업능력개발에 관한 시책

① 국가는 직업능력개발을 촉진 · 지원하기 위하여 필요한 다음 각호의 시책을 수립 · 시행하여야 한다.

1. 직업능력개발에 관한 표준 설정
2. 직업능력개발훈련 시설 · 장비의 확충
3. 직업능력개발훈련의 내용 및 훈련방법의 연구 · 개발
4. 직업능력개발훈련 교사의 양성 · 확보 및 자질 향상 등
5. 그 밖에 근로자의 직업능력개발을 지원하기 위하여 필요한 사항

② 국가는 다음 각호의 훈련이 연계되도록 함으로써 산업에 필요한 직업능력을 갖춘 근로자가 양성될 수 있도록 하여야 한다.

1. 교육 · 연구기관에서 하는 교육 · 연구 2. 공공직업훈련시설이 하는 직업능력개발훈련 3. 사업자나 그 밖에 개인 또는 단체가 하는 직업능력개발훈련

③ 직업능력개발에 필요한 사항은 따로 법률(근로자직업능력 개발법)로 정한다.

2) 직업능력개발의 지원

① 사업자는 그가 고용하는 근로자에 대하여 필요한 직업능력개발훈련을 실시하고 근로자는 스스로 직업능력을 개발하도록 노력하여야 한다.

② 국가는 근로자와 사업자에게 직업능력개발에 관한 정보를 제공하고 지도 · 상담하며 필요한 비용을 지원할 수 있다.

③ 국가는 국민 모두가 전 생애에 걸쳐 직업능력을 개발하고, 경력을 관리할 수 있도록 필요한 지원을 할 수 있다.

3) 기술 · 기능인력의 양성

국가는 산업발전의 추이와 노동시장의 인력수급 상황을 조사하여 지속적인 국가경제의 발전에 필요한 기술 · 기능인력을 양성하기 위하여 필요한 시책을 수립 · 시행하여야 한다.

4) 직업능력 평가제도의 확립

① 국가는 직업능력 평가를 위한 기준을 설정하여 근로자의 지식 · 기술 및 기능에 대한 검정제도를 확립하고, 이를 확산하도록 노력하여야 한다.

② 검정제도에 관하여 필요한 사항은 따로 법률(국가기술자격법과 자격기본법 등)로 정한다.

6. 근로자의 고용촉진 및 사업자의 인력확보 지원

고용정책기본법상 근로자의 고용촉진 지원에 대한 사항으로는 1) 구직자와 구인자에 대한 지원, 2) 학생 등에 대한 직업지도, 3) 청년 · 여성 · 고령자 등의 고용촉진의 지원, 4) 취업취약계층의 고용촉진 지원 등이 직접 관련되어 있다.

1) 구직자와 구인자에 대한 지원

① 직업안정기관의 장은 구직자가 그 적성 · 능력 · 경험 등에 맞게 취업할 수 있도록 구직자 개개인의 적성 · 능력 등을 고려하여 그 구직자에게 적합하도록 체계적인 고용서비스를 제공하여야 한다.

② 직업안정기관의 장은 구인자가 적합한 근로자를 신속히 채용할 수 있도록 구직자 정보의 제공, 상담 · 조언, 그 밖에 구인에 필요한 지원을 하여야 한다.

2) 학생 등에 대한 직업지도

국가는 초 · 중등교육법과 고등교육법에 따른 각급 학교의 학생 등에 대하여 장래 직업 선택에 관하여 지도 · 조언하고, 각자의 적성과 능력에 맞는 직업을 가질 수 있도록 직업에 관한 정보를 제공하며, 직업적성검사 등 직업지도를 받을 수 있게 하는 등 필요한 지원을 하여야 한다.

3) 청년 · 여성 · 고령자 등의 고용촉진의 지원

① 국가는 청년 · 여성 · 고령자 등의 고용을 촉진하기 위하여 이들의 취업에 적합한 직종의 개발, 직업능력개발훈련 과정의 개설, 고용기회 확대를 위한 제도의 마련, 관련 법령의 정비, 그 밖에 필요한 대책을 수립 · 시행하여야 한다.

② 청년 · 여성 · 고령자 등의 고용촉진에 필요한 사항은 따로 법률로 정한다.

4) 취업취약계층의 고용촉진 지원

국가는 취업취약계층의 고용을 촉진하기 위하여 다음의 내용이 포함된 취업지원 프로그램에 따라 직업능력을 개발하게 하는 등 필요한 지원을 하여야 한다.

1. 취업취약계층의 능력 · 적성 등에 대한 진단 2. 취업의욕의 고취 및 직업능력의 증진 3. 집중적인 직업소개 등 지원

5) 일용근로자 등의 고용안정 지원

국가는 일용근로자와 파견근로자 등의 고용안정을 위하여 그 근로형태의 특성에 맞는 고용정보의 제공, 직업상담, 직업능력개발 기회의 확대, 그 밖에 필요한 조치를 하여야 한다.

6) 사회서비스일자리 창출 및 사회적기업 육성

① 국가는 사회적으로 필요함에도 불구하고 수익성 등으로 인하여 시장에서 충분히 제공되지 못하는 교육, 보건, 사회복지, 환경, 문화 등 사회서비스 부문에서 법인 · 단체가 일자리를 창출하는 경우에는 이에 필요한 지원을 할 수 있다.

② 국가는 취업취약계층 등에 사회서비스 또는 일자리를 제공하여 지역주민의 삶의 질을 높이는 등의 사회적 목적을 추구하면서 재화 및 서비스의 생산 · 판매 등 영업활동을 하는 법인 · 단체를 사회적기업으로 육성하도록 노력하여야 한다.

7) 기업의 고용창출 등 지원

① 국가는 근로자의 고용기회를 확대하고 기업의 경쟁력을 높이기 위하여 기업의 고용창출, 고용유지 및 인력의 재배치 등 지원에 필요한 대책을 수립 · 시행하여야 한다.

② 직업안정기관의 장은 근로자의 모집 · 채용 또는 배치, 직업능력개발, 승진, 임금체계, 그 밖에 기업의 고용관리에 관하여 사업자, 근로자 대표 또는 노동조합 등으로부터 지원요청을 받으면 고용정보 등을 활용하여 상담 · 지도 등 필요한 지원을 하여야 한다.

8) 중소기업 인력확보지원계획의 수립 · 시행

① 고용노동부장관은 중소기업의 인력확보를 지원하기 위하여 작업환경의 개선, 복리후생시설의 확충, 그 밖에 고용관리의 개선 등을 지원하기 위한 계획(이하 "중소기업 인력확보지원계획"이라 한다)을 수립 · 시행할 수 있다.

② 고용노동부장관은 중소기업 인력확보지원계획을 수립하려면 미리 관계 중앙행정기관의 장과 협의하여야 한다.

9) 외국인근로자의 도입

국가는 노동시장에서의 원활한 인력수급을 위하여 외국인근로자를 도입할 수 있다. 이 경우 국가는 국민의 고용이 침해되지 아니하도록 노력하여야 한다.

7. 고용조정 지원 및 고용안정대책

1) 업종별 · 지역별 고용조정의 지원

① 고용노동부장관은 국내외 경제사정의 변화 등으로 고용사정이 급격히 악화되거나 악화될 우려가 있는 업종 또는 지역에 대하여 다음의 사항을 지원할 수 있다.

1. 사업자의 고용 조정	2. 근로자의 실업 예방	3. 실업자의 재취업 촉진
4. 그 밖에 고용안정과 실업자의 생활안정을 위하여 필요한 지원		

② 지원 조치에 필요한 사항은 대통령령으로 정한다.

※ 지원대상 업종 및 지역(시행령 제29조)

※ 고용조정 지원 등이 필요한 업종 또는 지역의 지정요건

고용조정 지원 등이 필요한 업종 또는 지역은 다음의 업종 또는 지역 중에서 고용노동부장관이 정하여 고시한 기준에 따라 지정 · 고시하는 업종 또는 지역으로 한다.

1. 사업의 전환이나 사업의 축소 · 정지 · 폐업으로 인하여 고용량이 현저히 감소하거나 감소할 우려가 있는 업종
2. 지정업종이 특정 지역에 밀집되어 그 지역의 고용사정이 현저히 악화되거나 악화될 우려가 있는 지역으로서 그 지역 근로자의 실업 예방 및 재취업 촉진 등의 조치가 필요하다고 인정되는 지역

> 3. 많은 구직자가 다른 지역으로 이동하거나 구직자의 수에 비하여 고용기회가 현저히 부족한 지역으로서 그 지역의 고용 개발을 위한 조치가 필요하다고 인정되는 지역

2) 고용재난지역의 선포 및 지원

① 고용노동부장관은 대규모로 기업이 도산하거나 구조조정 등으로 지역의 고용안정에 중대한 문제가 발생하여 특별한 조치가 필요하다고 인정되는 지역에 대하여 고용재난지역으로 선포할 것을 대통령에게 건의할 수 있다.

② 고용재난지역의 선포를 건의받은 대통령은 국무회의 심의를 거쳐 해당 지역을 고용재난지역으로 선포할 수 있다.

③ 고용노동부장관은 고용재난지역으로 선포할 것을 대통령에게 건의하기 전에 관계 중앙행정기관의 장과 합동으로 고용재난조사단을 구성하여 실업 등 피해상황을 조사할 수 있다.

④ 고용재난지역으로 선포하는 경우 정부는 행정상 · 재정상 · 금융상의 특별지원이 포함된 종합대책을 수립 · 시행할 수 있다.

3) 대량 고용변동의 신고

① 사업자는 생산설비의 자동화, 신설 또는 증설이나 사업규모의 축소, 조정 등으로 인한 고용량의 변동이 대통령령으로 정하는 기준에 해당하는 경우에는 그 고용량의 변동에 관한 사항을 직업안정기관의 장에게 신고하여야 한다. 다만, 근로기준법에 따른 신고를 한 경우에는 그러하지 아니하다.

> ※ **대량 고용변동의 신고기준**(시행령 제31조) "대통령령으로 정하는 기준"이란 1개월 이내에 이직하는 근로자의 수가 다음의 구분에 따른 기준에 해당하는 경우를 말한다. 다만, 이직하는 근로자가 고용노동부령으로 정하는 기준에 해당하는 경우는 제외한다. 가령 상시 근로자 300명 이상을 고용하는 사업 또는 사업장의 대량 고용변동의 신고기준은 상시 근로자 총수의 100분의 10 이상이다.
>
> 1. 상시 근로자 300명 미만을 고용하는 사업 또는 사업장 : 30명 이상
> 2. 상시 근로자 300명 이상을 고용하는 사업 또는 사업장 : 상시 근로자 총수의 100분의 10 이상

② 직업안정기관의 장은 신고를 받으면 구인 · 구직정보를 확보하여 직업소개를 확대하고, 직업훈련기관으로 하여금 직업훈련을 실시하게 하는 등 실업자의 재취업 촉진 또는 해당 사업의 인력확보에 필요한 조치를 하여야 한다.

[참조] **대량 고용변동의 신고**(시행규칙 제2조) : 이직하는 근로자가 다음의 고용노동부령으로 정하는 기준에 해당하는 경우는 제외한다.

> 1. 일용근로자 또는 기간을 정하여 고용된 사람
>   다만, 일용근로자 또는 6개월 미만의 기간을 정하여 고용된 사람으로서 6개월을 초과하여 계속 고용되고 있는 사람 또는 6개월을 초과하는 기간을 정하여 고용된 사람으로서 해당 기간을 초과하여 계속 고용되고 있는 사람은 제외함 : 대량 고용변동의 신고시 이직근로자 수에 포함되는 사람
> 2. 수습 고용된 날부터 3개월 이내의 사람
> 3. 자기의 사정 또는 귀책사유로 이직하는 사람
> 4. 상시 근무를 요하지 아니하는 사람으로 고용된 사람
> 5. 천재지변이나 그 밖의 부득이한 사유로 인하여 사업의 계속이 불가능하게 되어 이직하는 사람

4) 실업대책사업

① 고용노동부장관은 산업별 · 지역별 실업상황을 조사하여 다수의 실업자가 발생하거나 발생할 우려가 있는 경우나 실업자의 취업촉진 등 고용안정이 필요하다고 인정되는 경우에는 관계 중앙행정기관의 장과 협의하여 다음의 사항이 포함된 실업대책사업을 실시할 수 있다. 가령 실업자에 대한 생계비, 생업자금, 사회보험료, 의료비 등의 지원을 실시할 수 있다.

> 1. 실업자의 취업촉진을 위한 훈련의 실시와 훈련에 대한 지원
> 2. 실업자에 대한 생계비, 생업자금, 국민건강보험법에 따른 보험료 등 사회보험료, 의료비(가족의 의료비 포함), 학자금(자녀의 학자금 포함), 주택전세자금 및 창업점포임대 등의 지원
> 3. 실업의 예방, 실업자의 재취업 촉진, 그 밖에 고용안정을 위한 사업을 하는 자에 대한 지원
> 4. 고용촉진과 관련된 사업을 하는 자에 대한 대부
> 5. 실업자에 대한 공공근로사업
> 6. 그 밖에 실업의 해소에 필요한 사업

가령 실업대책사업에는 고용촉진과 관련된 사업을 하는 자에 대한 대부도 포함된다.

② 고용노동부장관은 대통령령으로 정하는 바에 따라 실업대책사업의 일부를 산업재해 보상보험법에 따른 근로복지공단에 위탁할 수 있다.

③ 제1항과 제2항을 적용할 때에 대통령령으로 정하는 무급휴직자는 실업자로 본다. 여기서 대통령령으로 정하는 무급휴직자란 6개월 이상 기간을 정하여 무급으로 휴직하는 사람을 말한다(실업자로 보는 무급휴직자의 범위).

5) 실업대책사업의 자금 조성

① 공단은 실업대책사업을 위탁받아 하는 경우에는 다음 각호의 방법으로 해당 사업에 드는 자금을 조성한다. 즉, 공단은 고용노동부장관으로부터 실업대책사업을 위탁받아 실시하는 경우 허용되는 자금조성 방법으로 정부나 정부 외의 자의 출연 또는 보조 등이 있다.

1. 정부나 정부 외의 자의 출연 또는 보조
2. 고용노동부장관의 승인을 받은 자금 차입(국제기구, 외국정부 또는 외국인으로부터의 차입 포함)
3. 그 밖의 수입금

② 공단은 조성된 자금을 근로복지기본법에 따른 근로복지진흥기금의 재원으로 하여 관리 · 운용하여야 한다.

6) 자금의 차입

공단은 위탁받은 실업대책사업을 실시하기 위하여 필요하다고 인정하면 고용노동부장관의 승인을 받아 자금을 차입(국제기구, 외국정부 또는 외국인으로부터의 차입 포함)할 수 있다.

8. 보 칙

1) 위 탁

① 고용노동부장관은 고용정보 등의 수집 · 제공 등에 관한 업무의 일부를 한국고용정보

원에 위탁할 수 있다.

② 국가나 지방자치단체는 시설의 설치 · 운영에 관한 업무를 대통령령으로 정하는 비영리 법인 · 단체에 위탁할 수 있다.

2) 벌 칙

(1) 10년 이하의 징역 또는 1억 원 이하의 벌금

재정지원 일자리사업 업무에 종사하거나 종사하였던 자는 재정지원 일자리사업 업무 수행과 관련하여 알게 된 개인 · 법인 또는 단체의 정보를 누설하거나 다른 용도로 사용금지 및 한국고용정보원의 임직원이나 임직원으로 재직하였던 사람은 그 직무상 알게 된 비밀을 누설하거나 다른 용도로 사용금지 규정을 위반하여 직무상 알게 된 비밀을 누설하거나 다른 용도로 사용한 자

(2) 300만 원 이하의 과태료

1. 대량 고용변동의 신고를 위반하여 신고를 하지 아니하거나 거짓으로 신고한 자
2. 보고의무에 따른 보고를 하지 아니하거나 거짓으로 보고한 자
3. 고용노동부장관은 고용관리 및 고용조정의 지원과 관련하여 법 위반 사실의 확인 등이 필요하다고 인정하면 관계 공무원에게 사업자의 사무소 또는 사업장에 출입하여 관계자에게 한 질문에 대하여 답변을 거부 · 방해 또는 기피하거나 거짓으로 답변한 자 또는 같은 항에 따른 검사를 거부 · 방해 또는 기피한 자

학습 핵심문제

01 고용정책 기본법상 근로자의 개념으로 옳은 것은?

① 직업의 종류를 불문하고 임금, 급료, 기타 이에 준하는 수입에 의하여 생활하는 사람
② 직업의 종류와 관계없이 임금을 목적으로 사업이나 사업장에 근로를 제공하는 사람
③ 사업주에게 고용된 사람과 취업할 의사를 가진 사람
④ 사업주에게 고용된 사람과 취업 또는 창업할 의사를 가진 사람

02 고용정책 기본법상 일정한 임무를 부여받고 있는 주체가 아닌 것은?

① 사업주
② 직업안정기관
③ 고용노동부장관
④ 노동위원회

03 고용정책 기본법상 고용정책을 수립 · 시행할 때 실현되도록 하여야 할 기본 원칙이 아닌 것은?

① 근로자의 직업선택의 자유가 확보되도록 할 것
② 근로자의 근로의 권리가 확보되도록 할 것
③ 사업주의 자율적인 고용관리를 존중할 것
④ 노동조합의 견제기능이 확보되도록 할 것

04 고용정책 기본법상 취업기회의 균등한 보장을 위한 차별금지 사유가 아닌 것은?

① 업무능력 ② 병력 ③ 출신학교 ④ 신앙

05 고용정책 기본법상 고용정책심의회에 관한 설명으로 틀린 것은?

① 고용정책심의회는 위원장 1인을 포함한 30인 이내의 위원으로 구성한다.
② 고용정책심의회 위원장은 고용노동부차관이 된다.
③ 고용정책심의회 회의는 재적위원 과반수의 출석으로 개의하고 출석위원 과반수의 찬성으로 의결한다.
④ 고용정책심의회 위원의 임기는 원칙적으로 2년으로 한다.

06 고용정책 기본법상 고용정책심의회에 두는 전문위원회가 아닌 것은?

① 사회적기업육성전문위원회
② 건설근로자고용개선전문위원회
③ 근로복지전문위원회
④ 청년고용촉진전문위원회

07 고용정책 기본법상 고용정책 기본계획에 직접적으로 포함되는 내용이 아닌 것은?

① 고용동향과 인력의 수급전망에 관한 사항
② 고용에 관한 국가시책의 기본 방향이 되는 사항
③ 지정직업훈련시설의 설치에 관한 사항
④ 인력의 수요와 공급에 영향을 미치는 산업정책 동향에 관한 사항

08 고용정책 기본법상 근로자의 고용촉진 및 사업주의 인력확보 지원시책이 아닌 것은?

① 구직자와 구인자에 대한 지원
② 학생 등에 대한 직업지도
③ 취업취약계층의 고용촉진 지원
④ 업종별 · 지역별 고용조정의 지원

09 고용정책 기본법상 한국고용정보원에 관한 설명으로 틀린 것은?

① 고용정보의 수집 · 제공과 직업에 관한 조사 · 연구 등에 따라 위탁받은 업무와 그 밖에 고용지원에 관한 업무를 효율적으로 수행하기 위하여 설립하였다.
② 한국고용정보원은 법인으로 한다.
③ 고용노동부장관의 허가를 받아 분사무소를 둘 수 있다.
④ 정보는 예산의 범위에서 한국고용정보원의 설립 · 운영에 필요한 경비를 출연할 수 있다.

10 고용정책 기본법상 한국잡월드에 관한 설명으로 틀린 것은?

① 한국잡월드는 법인으로 한다.
② 한국잡월드는 사업수행에 필요한 경비를 조달하기 위하여 입장료, 체험관람료 징수

및 광고 등의 수익사업을 할 수 없다.

③ 개인 또는 법인단체는 한국잡월드의 사업을 지원하기 위하여 한국잡월드에 금전이나 현물, 그 밖의 재산을 출연 또는 기부할 수 있다.

④ 정부는 한국잡월드의 설립 및 운영을 위하여 필요한 경우에는 국유재산법, 물품관리법에도 불구하고 국유재산 및 국유물품을 한국잡월드에 무상으로 대부 또는 사용하게 할 수 있다.

11 **고용정책 기본법령상 상시 근로자 300명 이상을 사용하는 사업 또는 사업장의 대량 고용 변동의 신고기준으로 옳은 것은?**

① 상시 근로자 총수의 100분의 10 이상
② 상시 근로자 총수의 100분의 20 이상
③ 상시 근로자 총수의 100분의 30 이상
④ 상시 근로자 총수의 100분의 40 이상

12 **고용정책 기본법규상 사업주의 대량 고용변동 신고 시 이직하는 근로자 수에 포함되는 자는?**

① 수습 사용된 날부터 3개월 이내의 사람
② 자기의 사정 또는 귀책사유로 이직하는 사람
③ 상시 근무를 요하지 아니하는 사람으로 고용된 사람
④ 6개월을 초과하는 기간을 정하여 고용된 사람으로서 당해 기간을 초과하여 계속 고용되고 있는 사람

13 **고용정책 기본법상 노동부장관이 실시할 수 있는 실업대책사업에 해당되지 않는 것은?**

① 고용촉진과 관련된 사업을 하는 자에 대한 대부
② 실업자의 취업촉진을 위한 훈련의 실시와 훈련에 대한 지원
③ 실업의 예방, 실업자의 재취업 촉진, 그 밖에 고용안정을 위한 사업을 하는 자에 대한 지원
④ 실업자에 대한 생계비, 국민건강보험법에 의한 보험료 등 의료비(가족의 의료비 제외), 주택매입자금 등의 지원

14 다음 ( ) 안에 들어갈 알맞은 것은?

고용정책 기본법상 실업대책사업을 적용할 때에 실업자로 보는 무급휴직자는 ( ) 이상 기간을 정하여 무급으로 휴직하는 사람을 말한다.

① 6개월
② 9개월
③ 12개월
④ 15개월

15 고용정책 기본법상 근로복지공단이 고용노동부장관으로부터 실업대책사업을 위탁받아 실시하는 경우 허용되는 자금조성 방법이 아닌 것은?

① 정부의 출연
② 정부의 보조
③ 정부 외의 자의 출연 또는 보조
④ 기획재정부장관의 승인을 받은 자금의 차입

16 고용정책 기본법상 고용조정 지원 등이 필요한 업종 및 지역의 지정요건이 아닌 것은?

① 사업의 전환이나 이전으로 인하여 고용량이 현저히 감소하거나 감소할 우려가 있는 지역
② 사업의 축소 · 정지 · 폐업으로 인하여 고용량이 현저히 감소하거나 감소할 우려가 있는 업종
③ 많은 구직자가 다른 지역으로 이동하거나 구직자의 수에 비하여 고용기회가 현저히 부족한 지역으로서 그 지역의 고용 개발을 위한 조치가 필요하다고 인정되는 지역
④ 지정업종이 특정 지역에 밀집되어 그 지역의 고영사정이 현저히 악화되거나 악화될 우려가 있는 지역으로서 그 지역 근로자의 실업 예방 및 재취업 촉진 등의 조치가 필요하다고 인정 되는 지역

17 고용정책 기본법상 고용정책심의회에 관한 내용으로 틀린 것은?

① 고용에 관한 주요 사항을 심의하기 위하여 국무총리실에 고용정책심의회를 둔다.
② 인력의 공급구조와 산업구조의 변화 등에 따른 고용 및 실업대책에 관한 사항 등을 심의한다.
③ 위원장 1명을 포함한 30명 이내의 위원으로 구성한다.

④ 고용정책심의회를 효율적으로 운영하고 고용정책심의회의 심의사항을 전문적으로 심의하도록 하기 위하여 고용정책심의회에 분야별로 전문위원회를 둘 수 있다.

18 **고용정책 기본법상 한국고용정보원에 관한 설명으로 틀린 것은?**

① 고용정보의 수집 · 제공과 직업에 관한 조사 · 연구 등에 따라 위탁받은 업무와 그 밖에 고용지원에 관한 업무를 효율적으로 수행하기 위하여 설립하였다.
② 한국고용정보원은 법인으로 한다.
③ 고용노동부장관의 허가를 받아 분사무소를 둘 수 있다.
④ 정부는 예산의 범위에서 한국고용정보원의 설립 · 운영에 필요한 경비를 출연할 수 있다.

19 **고용정책 기본법상 근로자의 고용촉진 지원에 대한 내용과 직접적으로 관련되지 않은 것은?**

① 저소득층의 고용촉진 지원
② 고령자의 고용촉진 지원
③ 여성의 고용촉진 지원
④ 취업취약계층의 고용촉진 지원

20 **고용정책 기본법상 고용조정 지원 등이 필요한 업종 및 지역의 지정요건이 아닌 것은?**

① 사업의 전환이나 이전으로 인하여 고용량이 현저히 감소하거나 감소할 우려가 있는 지역
② 사업의 축소 · 정지 · 폐업으로 인하여 고용량이 현저히 감소하거나 감소할 우려가 있는 업종
③ 많은 구직자가 다른 지역으로 이동하거나 구직자의 수에 비하여 고용기회가 현저히 부족한 지역으로서 그 지역의 고용 개발을 위한 조치가 필요하다고 인정되는 지역
④ 지정업종이 특정 지역에 밀집되어 그 지역의 고용사정이 현저히 악화되거나 악화될 우려가 있는 지역으로서 그 지역 근로자의 실업 예방 및 재취업 촉진 등의 조치가 필요하다고 인정되는 지역

정답 01. ③ 02. ④ 03. ④ 04. ① 05. ② 06. ④ 07. ③ 08. ④ 09. ③ 10. ② 11. ① 12. ④ 13. ④ 14. ① 15. ④ 16. ① 17. ① 18. ③ 19. ① 20. ①

노 · 동 · 관 · 계 · 법 · 규

CHAPTER

10 직업안정법

[시행 2015.7.21] [법률 제13049호, 2015.1.20., 일부개정] 고용노동부(고용서비스정책과)

1. 총 칙

1) 목 적

이 법은 모든 근로자가 각자의 능력을 계발·발휘할 수 있는 직업에 취업할 기회를 제공하고, 정부와 민간부문이 협력하여 각 산업에서 필요한 노동력이 원활하게 수급되도록 지원함으로써 근로자의 직업안정을 도모하고 국민경제의 균형 있는 발전에 이바지함을 목적으로 한다.

2) 균등처우

누구든지 성별, 연령, 종교, 신체적 조건, 사회적 신분 또는 혼인 여부 등을 이유로 직업소개 또는 직업지도를 받거나 고용관계를 결정할 때 차별대우를 받지 아니한다.

3) 용어의 뜻

1. "직업안정기관"이란 직업소개, 직업지도 등 직업안정 업무를 수행하는 지방고용노동행정기관을 말한다.
2. "직업소개"란 구인 또는 구직의 신청을 받아 구직자 또는 구인자를 탐색하거나 구직자를 모집하여 구인자와 구직자 간에 고용계약이 성립되도록 알선하는 것을 말한다.
3. "직업지도"란 취업하려는 사람이 그 능력과 소질에 알맞은 직업을 쉽게 선택할 수 있도록 하기 위한 직업적성검사, 직업정보의 제공, 직업상담, 실습, 권유 또는 조언,

그 밖에 직업에 관한 지도를 말한다.

4. "무료직업소개사업"이란 수수료, 회비 또는 그 밖의 어떠한 금품도 받지 아니하고 하는 직업소개사업을 말한다.
5. "유료직업소개사업"이란 무료직업소개사업이 아닌 직업소개사업을 말한다.
6. "모집"이란 근로자를 고용하려는 자가 취업하려는 사람에게 피고용인이 되도록 권유하거나 다른 사람으로 하여금 권유하게 하는 것을 말한다.
7. "근로자공급사업"이란 공급계약에 따라 근로자를 타인에게 고용하게 하는 사업을 말한다. 다만, 「파견근로자보호 등에 관한 법률」에 따른 근로자파견사업은 제외한다.
8. "직업정보제공사업"이란 신문, 잡지, 그 밖의 간행물 또는 유선 · 무선방송이나 컴퓨터통신 등으로 구인 · 구직정보 등 직업정보를 제공하는 사업을 말한다.
9. "고용서비스"란 구인자 또는 구직자에 대한 고용정보의 제공, 직업소개, 직업지도 또는 직업능력개발 등 고용을 지원하는 서비스를 말한다.

4) 정부의 업무

① 정부는 이 법의 목적을 달성하기 위하여 다음 각호의 업무를 수행한다.

1. 노동력의 수요와 공급을 적절히 조절하는 업무
2. 구인자, 구직자에게 국내외의 직업을 소개하는 업무
3. 구직자에 대한 직업지도 업무
4. 고용정보를 수집 · 정리 또는 제공하는 업무
5. 구직자에 대한 직업훈련 또는 재취업을 지원하는 업무
6. 직업소개사업, 직업정보제공사업, 근로자 모집 또는 근로자공급사업의 지도 · 감독에 관한 업무
7. 노동시장에서 취업이 특히 곤란한 사람에 대한 고용을 촉진하는 업무
8. 직업안정기관, 지방자치단체 및 민간 고용서비스 제공기관과의 업무 연계 · 협력과 고용서비스 시장의 육성에 관한 업무

② 사업에 드는 비용은 대통령령으로 정하는 지원대상 및 지원방법에 따라 일반회계 또는 고용보험법에 따른 고용보험기금에서 지원할 수 있다.

5) 지방자치단체의 국내 직업소개 업무

① 지방자치단체의 장은 필요한 경우 구인자 · 구직자에 대한 국내 직업소개, 직업지도, 직업정보 제공 업무를 할 수 있다.

② 지방자치단체의 장은 업무를 수행하는 데에 필요한 전문인력을 둘 수 있다.

③ 고용노동부장관은 업무를 원활하게 수행하기 위하여 필요하다고 인정하면 지방자치단체의 장과 공동으로 구인자 · 구직자에 대한 국내 직업소개, 직업지도, 직업정보 제공 업무를 할 수 있다.

6) 민간직업상담원

고용노동부장관은 직업안정기관에 직업소개, 직업지도 및 고용정보 제공 등의 업무를 담당하는 공무원이 아닌 직업상담원(민간직업상담원)을 배치할 수 있다.

※ **민간직업상담원의 배치**(시행규칙 제1조의2)
고용노동부장관은 직업안정법에 따른 민간직업상담원을 배치할 때에는 직업안정기관이 위치한 지역의 인구, 근로자 수 및 사업장 수 등을 고려하여야 한다.

7) 고용서비스 우수기관 인증

① 고용노동부장관은 무료직업소개사업을 하는 자, 유료직업소개사업을 하는 자, 직업정보제공사업을 하는 자, 그 밖에 전문기관으로서 대통령령으로 정하는 기관으로서 구인자 · 구직자가 편리하게 이용할 수 있는 시설과 장비를 갖추고 직업소개 또는 취업정보 제공 등의 방법으로 구인자 · 구직자에 대한 고용서비스 향상에 기여하는 기관을 고용서비스 우수기관으로 인증할 수 있다.

② 고용노동부장관은 고용서비스 우수기관 인증업무를 대통령령으로 정하는 전문기관에 위탁할 수 있다.

> ※ **고용서비스 우수기관 인증업무의 위탁**(시행령 제2조의5)
> 1. 고용정책 기본법에 따른 한국고용정보원
> 2. 그 밖에 고용서비스 우수기관 인증업무를 수행할 능력이 있다고 고용노동부장관이 정하여 고시하는 조직 및 인력 기준을 갖춘 법인 또는 단체

③ 고용노동부장관은 고용서비스 우수기관으로 인증을 받은 기관에 대하여는 공동사업을 하거나 위탁할 수 있는 사업에 우선적으로 참여하게 하는 등 필요한 지원을 할 수 있다.

④ 고용노동부장관은 고용서비스 우수기관으로 인증을 받은 자가 다음의 어느 하나에 해당하면 인증을 취소할 수 있다.

> 1. 거짓이나 그 밖의 부정한 방법으로 인증을 받은 경우
> 2. 정당한 사유 없이 1년 이상 계속 사업 실적이 없는 경우
> 3. 인증기준을 충족하지 못하게 된 경우
> 4. 고용서비스 우수기관으로 인증을 받은 자가 폐업한 경우

가령 고용서비스 우수기관으로 인증을 받은 자가 정당한 사유 없이 1년 이상 계속 사업 실적이 없는 경우에 해당하면 인증을 취소할 수 있다.

⑤ 고용서비스 우수기관 인증의 유효기간은 인증일부터 3년으로 한다.

⑥ 고용서비스 우수기관으로 인증을 받은 자가 인증의 유효기간이 지나기 전에 다시 인증을 받으려면 대통령령으로 정하는 바에 따라 고용노동부장관에게 재인증을 신청하여야 한다.

⑦ 고용서비스 우수기관의 인증기준, 인증방법 및 재인증에 필요한 사항은 고용노동부령으로 정한다.

2. 직업소개

1) 업무 담당기관(직업안정기관의 장)

업무의 일부는 직업안정기관의 장이 수행한다.

2) 구인의 신청

① 직업안정기관의 장은 구인신청의 수리를 거부하여서는 아니 된다. 다만, 다음 각호의 어느 하나에 해당하는 경우에는 그러하지 아니하다.

> ※ 직업안정기관의 장이 구인신청의 수리를 거부할 수 있는 경우
> 1. 구인신청의 내용이 법령을 위반한 경우
> 2. 구인신청의 내용 중 임금, 근로시간, 그 밖의 근로조건이 통상적인 근로조건에 비하여 현저하게 부적당하다고 인정되는 경우
> 3. 구인자가 구인조건을 밝히기를 거부하는 경우
> 4. 구인자가 구인신청 당시 근로기준법 명단이 공개 중인 체불사업자인 경우

② 구인신청은 구인자의 사업장소재지를 관할하는 직업안정기관에 하여야 한다. 다만, 사업장소재지관할 직업안정기관에 신청하는 것이 적절하지 아니하다고 인정되는 경우에는 인근의 다른 직업안정기관에 신청할 수 있다(시행령 제5조).

3) 구직의 신청

① 직업안정기관의 장은 구직신청의 수리를 거부하여서는 아니 된다. 다만, 그 신청내용이 법령을 위반한 경우에는 그러하지 아니하다.

② 직업안정기관의 장은 구직자의 요청이 있거나 필요하다고 인정하여 구직자의 동의를 받은 경우에는 직업상담 또는 직업적성검사를 할 수 있다.

③ 직업안정기관의 장은 구직신청을 접수할 경우에는 구직자의 신원을 확인하여야 한다. 다만, 신원이 확실한 경우에는 이를 생략할 수 있다(시행령 제6조).

④ 직업안정기관의 장이 구직신청의 수리를 거부하는 경우에는 구직자에게 그 이유를 설명하여야 한다.

⑤ 고용노동부장관은 일용근로자 등 상시 근무하지 아니하는 근로자에 대하여는 그 구직신청 및 소개에 관하여는 따로 절차를 정할 수 있다.

⑥ 직업안정기관의 장이 구직신청을 수리한 때에는 해당 구직자가 고용보험법 구직급여의 수급자격이 있는지를 확인하여 수급자격이 있다고 인정되는 경우에는 구직급여지급을 위하여 필요한 조치를 취하여야 한다.

4) 근로조건의 명시

구인자가 직업안정기관의 장에게 구인신청을 할 때에는 구직자가 취업할 업무의 내용과 근로조건을 구체적으로 밝혀야 하며, 직업안정기관의 장은 이를 구직자에게 알려주어야 한다.

> ※ **구인 · 구직신청의 유효기간**(시행규칙 제3조)
>
> ① 수리된 구인신청의 유효기간은 15일 이상 2개월 이내에서 구인업체가 정한다.
>
> ② 수리된 구직신청의 유효기간은 3개월로 한다. 다만, 구직급여 수급자, 직업훈련 또는 직업안정기관의 취업지원 프로그램에 참여하는 구직자의 구직신청의 유효기간은 해당 프로그램의 종료시점을 고려하여 직업안정기관의 장이 따로 정할 수 있고, 국외 취업희망자의 구직신청의 유효기간은 6개월로 한다.
>
> ③ 직업안정기관의 장은 접수된 구인신청서 및 구직신청서를 1년간 관리 · 보관하여야 한다.
>
> ④ 직업안정기관의 장은 관할구역의 읍 · 면 · 동사무소에 구인신청서와 구직신청서를 갖추어 두어 구인자 · 구직자의 편의를 도모하여야 한다.

5) 직업소개의 원칙

① 직업안정기관의 장은 구직자에게는 그 능력에 알맞은 직업을 소개하고, 구인자에게는 구인조건에 적합한 구직자를 소개하도록 노력하여야 한다.

② 직업안정기관의 장은 가능하면 구직자가 통근할 수 있는 지역에서 직업을 소개하도록 노력하여야 한다.

③ 직업안정기관의 장이 직업소개 업무를 행할 때에는 구인자 또는 구직자 어느 한쪽의 이익에 치우치지 아니할 것과 구직자가 취업할 직업에 쉽게 적응할 수 있도록 종사하게 될 업무의 내용, 임금, 근로시간, 그 밖의 근로조건에 대하여 상세히 설명할 것의 원칙을 준수하여야 한다.

6) 광역 직업소개

직업안정기관의 장은 통근할 수 있는 지역에서 구직자에게 그 희망과 능력에 알맞은 직업을 소개할 수 없을 경우 또는 구인자가 희망하는 구직자나 구인 인원을 채울 수 없을 경우에는 광범위한 지역에 걸쳐 직업소개를 할 수 있다.

7) 직업소개의 절차(시행령 제4조)

직업안정기관의 장은 다음 각호의 절차에 따라 직업소개를 하여야 한다.

1. 구인 · 구직에 필요한 기초적인 사항의 확인	2. 구인 · 구직신청의 수리
3. 구인 · 구직의 상담	4. 직업 또는 구직자의 알선
5. 취업 또는 채용 여부의 확인	

가령 직업소개의 절차는 1. 구인 · 구직에 필요한 기초적인 사항의 확인 → 2. 구인 · 구직신청의 수리 → 3. 구인 · 구직의 상담 → 4. 직업 또는 구직자의 알선 → 5. 취업 또는 채용 여부의 확인 등의 절차에 따라 직업소개를 하여야 한다.

8) 훈련기관 알선

직업안정기관의 장은 구직자의 취업을 위하여 직업능력개발훈련을 받는 것이 필요하다고 인정되면 구직자가 근로자직업능력 개발법에 따른 직업능력개발훈련시설 등에서 직업능력개발훈련을 받도록 알선할 수 있다.

3. 직업지도

1) 직업지도

① 직업안정기관의 장은 다음의 어느 하나에 해당하는 사람에게 직업지도를 하여야 한다.

1. 새로 취업하려는 사람	2. 신체 또는 정신에 장애가 있는 사람
3. 그 밖에 취업을 위하여 특별한 지도가 필요한 사람	

② 직업안정기관의 장이 신체 또는 정신에 장애가 있는 자(장애인)에 대하여 직업지도를 하는 경우에는 소속직원 중에서 이에 대한 특별한 지식과 기능을 가진 자로 하여금 담당하게 하여야 한다.

③ 직업안정기관의 장은 장애인에 대한 직업지도를 위하여 필요하다고 인정하는 경우에는 전문기관에 위탁하여 장애인의 직업지도에 관한 조사 · 연구를 하게 할 수 있다.

④ 직업안정기관의 장은 직업지도를 받아 취업한 사람이 그 직업에 쉽게 적응할 수 있도록

하기 위하여 필요하다고 인정하는 경우에는 취업 후에도 직업지도를 실시할 수 있다.

⑤ 직업안정기관의 장은 효과적인 직업지도를 위하여 필요하다고 인정하는 경우에는 구직자에 대한 직업적성검사, 흥미검사, 직업선호도검사, 기타 필요한 검사를 실시할 수 있다.

2) 직업안정기관의 장과 학교의 장 등의 협력

직업안정기관의 장은 필요하다고 인정하는 경우에는 초·중등교육법 및 고등교육법에 따른 각급 학교의 장이나 근로자직업능력 개발법에 따른 공공직업훈련시설의 장이 실시하는 무료직업소개사업에 협력하여야 하며, 이들이 요청하는 경우에는 학생 또는 직업훈련생에게 직업지도를 할 수 있다.

4. 고용정보의 제공

1) 고용정보의 수집·제공

① 직업안정기관의 장은 관할 지역의 각종 고용정보를 수시로 또는 정기적으로 수집하고 정리하여 구인자, 구직자, 그 밖에 고용정보를 필요로 하는 자에게 적극적으로 제공하여야 한다.

② 직업안정기관의 장은 고용정보를 수집하여 분석한 결과 관할 지역에서 노동력의 수요와 공급에 급격한 변동이 있거나 현저한 불균형이 발생하였다고 판단되는 경우에는 적절한 대책을 수립하여 추진하여야 한다.

※ **고용정보 제공의 내용**(시행령 제12조)

① 직업안정기관의 장이 수집·제공하여야 할 고용정보는 다음의 각호와 같다.

1. 경제 및 산업 동향	2. 노동시장, 고용·실업동향
3. 임금, 근로시간 등 근로조건	4. 직업에 관한 정보
5. 채용·승진 등 고용관리에 관한 정보	6. 직업능력개발훈련에 관한 정보
7. 고용 관련 각종 지원 및 보조제도	8. 구인·구직에 관한 정보

② 직업안정기관의 장으로부터 구인·구직정보를 제공받은 자는 당해 정보를 구인·구직 및 취업알선 목적 외에 사용하여서는 아니 된다.

2) 구인 · 구직의 개척

직업안정기관의 장은 구직자의 취업기회를 확대하고 산업에 부족한 인력의 수급을 지원하기 위하여 구인 · 구직의 개척에 노력하여야 한다.

5. 직업소개사업 및 직업정보제공사업

1) 무료직업소개사업

① 무료직업소개사업은 소개대상이 되는 근로자가 취업하려는 장소를 기준으로 하여 국내 무료직업소개사업과 국외 무료직업소개사업으로 구분하되, 국내 무료직업소개사업을 하려는 자는 주된 사업소의 소재지를 관할하는 특별자치도지사 · 시장 · 군수 및 구청장에게 신고하여야 하고, 국외 무료직업소개사업을 하려는 자는 고용노동부장관에게 신고하여야 한다. 신고한 사항을 변경하려는 경우에도 또한 같다.

② 무료직업소개사업을 하려는 자는 대통령령으로 정하는 비영리법인 또는 공익단체이어야 한다.

③ 신고사항, 신고절차, 그 밖에 신고에 필요한 사항은 대통령령으로 정한다.

④ 다만, 다음 각호의 어느 하나에 해당하는 직업소개의 경우에는 신고를 하지 아니하고 무료직업소개사업을 할 수 있다.

> **※ 직업안정법상 신고를 하지 아니하고 무료직업소개사업을 할 수 있는 단체**
> 1. 한국산업인력공단법에 따른 한국산업인력공단이 하는 직업소개
> 2. 장애인고용촉진 및 직업재활법에 따른 한국장애인고용공단이 장애인을 대상으로 하는 직업소개
> 3. 교육 관계법에 따른 각급 학교의 장, 근로자직업능력 개발법에 따른 공공직업훈련시설의 장이 재학생 · 졸업생 또는 훈련생 · 수료생을 대상으로 하는 직업소개
> 4. 산업재해보상보험법에 따른 근로복지공단이 업무상 재해를 입은 근로자를 대상으로 하는 직업소개

가령 직업안정법상 신고를 필요로 하는 무료직업소개사업는 공익단체가 하는 국내 무료직업소개사업 등이 있다.

⑤ 제1항 및 제4항에 따라 무료직업소개사업을 하는 자 및 그 종사자는 구인자가 구인 신청 당시 근로기준법에 따라 명단이 공개 중인 체불사업자인 경우 그 사업자에게 직업소개를 하지 아니하여야 한다.

2) 유료직업소개사업

① 유료직업소개사업은 소개대상이 되는 근로자가 취업하려는 장소를 기준으로 하여 국내 유료직업소개사업과 국외 유료직업소개사업으로 구분하되, 국내 유료직업소개사업을 하려는 자는 주된 사업소의 소재지를 관할하는 특별자치도지사 · 시장 · 군수 및 구청장에게 등록하여야 하고, 국외 유료직업소개사업을 하려는 자는 고용노동부장관에게 등록하여야 한다. 등록한 사항을 변경하려는 경우에도 또한 같다.

② 등록을 하고 유료직업소개사업을 하려는 자는 둘 이상의 사업소를 둘 수 없다. 다만, 사업소별로 직업소개 또는 직업상담에 관한 경력, 자격 또는 소양이 있다고 인정되는 사람 등 대통령령으로 정하는 사람(예 국가기술자격법에 의한 직업상담사 1급 또는 2급의 국가기술자격이 있는 자)을 1명 이상 고용하는 경우에는 그러하지 아니하다.

※ **유료직업소개사업의 등록요건**(시행령 제21조)

① 유료직업소개사업의 등록을 할 수 있는 자는 다음의 어느 하나에 해당하는 자에 한정한다. 다만, 법인의 경우에는 직업소개사업을 목적으로 설립된 상법상 회사 또는 협동조합기본법 협동조합(같은 조 제3호에 따른 사회적협동조합은 제외함)으로서 납입자본금이 5천만 원(둘 이상의 사업소를 설치하는 경우에는 추가하는 사업소 1개소당 2천만 원을 가산한 금액)이상이고 임원 2명 이상이 다음의 어느 하나에 해당하는 자 또는 근로자직업능력 개발법에 따른 직업능력개발훈련법인으로서 임원 2명 이상이 다음의 어느 하나에 해당하는 자에 한정한다.

※ **유료직업소개사업의 등록을 할 수 있는 자**

1. 국가기술자격법에 의한 직업상담사 1급 또는 2급의 국가기술자격이 있는 자
2. 직업소개사업의 사업소, 근로자직업능력 개발법에 의한 직업능력개발훈련시설, 초 · 중등교육법 및 고등교육법에 의한 학교, 청소년기본법에 의한 청소년단체에서 직업상담, 직업지도, 직업훈련, 기타 직업소개와 관련이 있는 상담업무에 2년 이상 종사한 경력이 있는 자
3. 공인노무사법에 의한 공인노무사 자격을 가진 자
4. 조합원이 100인 이상인 단위노동조합, 산업별 연합단체인 노동조합 또는 총연합단

체인 노동조합에서 노동조합업무전담자로 2년 이상 근무한 경력이 있는 자
5. 상시고용근로자 300인 이상인 사업 또는 사업장에서 노무관리업무전담자로 2년 이상 근무한 경력이 있는 자
6. 국가공무원 또는 지방공무원으로서 2년 이상 근무한 경력이 있는 자
7. 초·중등교육법에 의한 교원자격증을 가지고 있는 자로서 교사근무경력이 2년 이상인 자
8. 사회복지사업법에 따른 사회복지사 자격증을 가진 사람

② "직업소개 또는 직업상담에 관한 경력, 자격 또는 소양이 있다고 인정되는 사람 등 대통령령으로 정하는 사람"이란 제1항 각호의 어느 하나에 해당하는 사람을 말한다.
③ 유료직업소개사업의 등록을 하고자 하는 자는 고용노동부령이 정하는 시설을 갖추어야 한다.

③ 등록을 하고 유료직업소개사업을 하는 자는 고용노동부장관이 결정·고시한 요금 외의 금품을 받아서는 아니 된다. 다만, 고용노동부령으로 정하는 고급·전문인력을 소개하는 경우에는 당사자 사이에 정한 요금을 구인자로부터 받을 수 있다.

④ 고용노동부장관이 요금을 결정하려는 경우에는 고용정책 기본법에 따른 고용정책심의회의 심의를 거쳐야 한다.

⑤ 유료직업소개사업의 등록기준이 되는 인적·물적 요건과 그 밖에 유료직업소개사업에 관한 사항은 대통령령으로 정한다.

⑥ 등록을 하고 유료직업소개사업을 하는 자 및 그 종사자는 다음의 사항을 준수하여야 한다.

※ **유료직업소개사업자의 준수사항**
1. 구인자가 구인신청 당시 근로기준법에 따라 명단이 공개 중인 체불사업자인 경우 구직자에게 그 사실을 고지할 것
2. 구인자의 사업이 행정관청의 허가·신고·등록 등을 필요로 하는 사업인 경우에는 그 허가·신고·등록 등의 여부를 확인할 것
3. 그 밖에 대통령령으로 정하는 사항

3) 명의대여 등의 금지

유료직업소개사업을 등록한 자는 타인에게 자기의 성명 또는 상호를 사용하여 직업소개사업을 하게 하거나 그 등록증을 대여하여서는 아니 된다.

4) 선급금의 수령 금지

주된 사업소의 소재지를 관할하는 특별자치도지사 · 시장 · 군수 및 구청장에게 등록을 하고 유료직업소개사업을 하는 자 및 그 종사자는 구직자에게 제공하기 위하여 구인자로부터 선급금을 받아서는 아니 된다.

5) 연소자에 대한 직업소개의 제한

① 무료직업소개사업 또는 유료직업소개사업을 하는 자와 그 종사자(직업소개사업자 등)는 구직자의 연령을 확인하여야 하며, 18세 미만의 구직자를 소개하는 경우에는 친권자나 후견인의 취업동의서를 받아야 한다.

② 직업소개사업자 등은 18세 미만의 구직자를 근로기준법에 따라 18세 미만자의 고용이 금지되는 직종의 업소에 소개하여서는 아니 된다.

③ 직업소개사업자 등은 청소년 보호법에 따른 청소년인 구직자를 청소년유해업소에 소개하여서는 아니 된다.

6) 유료직업소개사업의 종사자

① 특별자치도지사 · 시장 · 군수 및 구청장에게 등록을 하고 유료직업소개사업을 하는 자는 아래에 해당하는 사람을 고용하여서는 아니 된다.

1. 미성년자, 피성년후견인 및 피한정후견인
2. 파산선고를 받고 복권되지 아니한 자
3. 이 법, 「성매매알선 등 행위의 처벌에 관한 법률」, 「풍속영업의 규제에 관한 법률」 또는 청소년 보호법을 위반하거나 직업소개사업과 관련된 행위로 선원법을 위반한 자로서 다음 각 목의 어느 하나에 해당하는 자
   가. 금고 이상의 실형을 선고받고 그 집행이 끝나거나 집행을 하지 아니하기로 확정된 날부터 3년이 지나지 아니한 자
   나. 금고 이상의 형의 집행유예를 선고받고 그 유예기간이 끝난 날부터 3년이 지나지 아니한 자
   다. 벌금형이 확정된 후 2년이 지나지 아니한 자

> 4. 해당 사업의 등록이나 허가가 취소된 후 5년이 지나지 아니한 자
> 5. 임원 중에 제1호부터 제6호까지의 어느 하나에 해당하는 자가 있는 법인

② 특별자치도지사 · 시장 · 군수 및 구청장에게 등록을 하고 유료직업소개사업을 하는 자는 사업소별로 고용노동부령으로 정하는 자격을 갖춘 직업상담원을 1명 이상 고용하여야 한다. 다만, 유료직업소개사업을 하는 사람과 동거하는 가족이 본문에 따른 직업상담원의 자격을 갖추고 특정 사업소에서 상시 근무하는 경우에 해당 사업소에 직업상담원을 고용한 것으로 보며, 유료직업소개사업을 하는 자가 직업상담원 자격을 갖추고 특정 사업소에서 상시 근무하는 경우에 해당 사업소에는 직업상담원을 고용하지 아니할 수 있다.

③ 유료직업소개사업의 종사자 중 직업상담원이 아닌 사람은 직업소개에 관한 사무를 담당하여서는 아니 된다.

7) 직업정보제공사업의 신고

① 직업정보제공사업을 하려는 자(무료직업소개사업을 하는 자와 유료직업소개사업을 하는 자 제외)는 고용노동부장관에게 신고하여야 한다. 신고사항을 변경하는 경우에도 또한 같다.

8) 직업정보제공사업자의 준수사항

무료직업소개사업을 하는 자 또는 유료직업소개사업을 하는 자로서 직업정보제공사업을 하는 자와 직업정보제공사업을 하는 자는 다음의 사항을 준수하여야 한다.

1. 구인자가 구인신청 당시 근로기준법에 따라 명단이 공개 중인 체불사업자인 경우 그 사실을 구직자가 알 수 있도록 게재할 것
2. 최저임금법에 따라 결정 · 고시된 최저임금에 미달되는 구인정보를 제공하지 아니할 것
3. 그 밖에 대통령령으로 정하는 사항

※ **직업정보제공사업자의 준수사항**(시행령 제28조)

직업정보제공사업을 하는 자 및 그 종사자가 준수하여야 할 사항은 다음의 각호와 같다.

1. 구인자의 업체명(또는 성명)이 표시되어 있지 아니하거나 구인자의 연락처가 사서함 등으로 표시되어 구인자의 신원이 확실하지 아니한 구인광고를 게재하지 아니할 것
2. 직업정보제공매체의 구인 · 구직의 광고에는 구인 · 구직자의 주소 또는 전화번호를 기재하고, 직업정보제공사업자의 주소 또는 전화번호는 기재하지 아니할 것
3. 직업정보제공매체 또는 직업정보제공사업의 광고문에 "(무료)취업상담" · "취업추천" · "취업지원" 등의 표현을 사용하지 아니할 것
4. 구직자의 이력서 발송을 대행하거나 구직자에게 취업추천서를 발부하지 아니할 것
5. 직업정보제공매체에 정보이용자들이 알아보기 쉽게 법에 따른 신고로 부여받은 신고번호를 표시할 것
6. 최저임금법에 따라 결정 고시된 최저임금에 미달되는 구인정보, 「성매매알선 등 행위의 처벌에 관한 법률」에 따른 금지행위가 행하여지는 업소에 대한 구인광고를 게재하지 아니할 것

9) 겸업금지

식품위생법에 따른 식품접객업 또는 공중위생관리법에 따른 숙박업을 경영하는 자는 무료직업소개사업 또는 유료직업소개사업을 할 수 없다.

6. 근로자의 모집

1) 근로자의 모집

근로자를 고용하려는 자는 광고, 문서 또는 정보통신망 등 다양한 매체를 활용하여 자유롭게 근로자를 모집할 수 있다.

2) 국외 취업자의 모집

누구든지 국외에 취업할 근로자를 모집한 경우에는 고용노동부장관에게 신고하여야 한다.

3) 모집방법 등의 개선 권고 - 모집방법 등의 서면권고

① 고용노동부장관은 건전한 모집질서를 확립하기 위하여 필요하다고 인정하는 경우에는 근로자 모집방법 등의 개선을 권고할 수 있다.

② 고용노동부장관이 권고를 하려는 경우에는 고용정책심의회의 심의를 거쳐야 한다.

③ 권고에 필요한 사항은 대통령령으로 정한다. 고용노동부장관이 모집방법 등의 개선을 권고할 때에는 권고사항, 개선기한 등을 명시하여 서면으로 하여야 한다.

4) 금품 등의 수령금지

근로자를 모집하려는 자와 그 모집업무에 종사하는 자는 어떠한 명목으로든 응모자로부터 그 모집과 관련하여 금품을 받거나 그 밖의 이익을 취하여서는 아니 된다. 다만, 유료직업소개사업을 하는 자가 구인자의 의뢰를 받아 구인자가 제시한 조건에 맞는 자를 모집하여 직업소개한 경우에는 그러하지 아니하다.

7. 근로자공급사업

1) 근로자공급사업의 구분

① 누구든지 고용노동부장관의 허가를 받지 아니하고는 근로자공급사업을 하지 못한다.

② 근로자공급사업 허가의 유효기간은 3년으로 하되, 유효기간이 끝난 후 계속하여 근로자공급사업을 하려는 자는 고용노동부령으로 정하는 바에 따라 연장허가를 받아야 한다. 이 경우 연장허가의 유효기간은 연장 전 허가의 유효기간이 끝나는 날부터 3년으로 한다.

③ 근로자공급사업은 공급대상이 되는 근로자가 취업하려는 장소를 기준으로 국내 근로자공급사업과 국외 근로자공급사업으로 구분하며, 각각의 사업의 허가를 받을 수 있는 자의 범위는 다음의 각호와 같다.

> ※ **사업의 허가를 받을 수 있는 자의 범위**
> 1. 국내 근로자공급사업의 경우는 노동조합 및 노동관계조정법에 따른 노동조합
> 2. 국외 근로자공급사업의 경우는 국내에서 제조업 · 건설업 · 용역업, 그 밖의 서비스업을 하고 있는 자. 다만, 연예인을 대상으로 하는 국외 근로자공급사업의 허가를 받을 수 있는 자는 민법에 따른 비영리법인으로 한다.

④ 고용노동부장관이 근로자공급사업을 허가하는 경우 국내 근로자공급사업에 대하여는 노동조합의 업무범위와 해당 지역별 · 직종별 인력수급 상황 및 고용관계 안정유

지 등을, 국외 근로자공급사업에 대하여는 해당 직종별 인력수급 상황, 고용관계 안정유지 및 근로자취업질서 등을 종합적으로 고려하여야 한다.

⑤ 근로자공급사업 허가의 기준, 허가의 신청, 국외 공급 근로자의 보호, 국외 근로자공급사업의 관리, 국외 공급 연예인의 심사 · 선발 및 그 밖에 근로자공급사업의 허가 절차에 관하여 필요한 사항은 고용노동부령으로 정한다.

2) 근로자공급사업허가의 신청 및 국외 공급근로자의 보호

(1) 근로자공급사업 허가의 신청

근로자공급사업의 허가를 받으려는 자는 국내(국외) 근로자공급사업 허가신청서에 관련 서류를 첨부하여 허가관청에 제출하여야 한다.

(2) 국외 공급 근로자의 보호

① 국외 근로자공급사업자는 다음 각호의 기준에 따라 국외 공급 근로자를 보호하고 국외 근로자공급사업을 관리하여야 한다.

1. 공급대상 국가로부터 취업자격을 취득한 근로자만을 공급할 것
2. 공급 근로자를 공급계약 외의 업무에 종사하게 하거나 공급계약 기간을 초과하여 체류하게 하지 아니할 것
3. 국외의 임금수준 등을 고려하여 공급 근로자에게 적정 임금을 보장할 것
4. 임금은 매월 1회 이상 일정한 기일을 정하여 통화로 직접 해당 근로자에게 그 전액을 지급할 것
5. 다음 각 목의 사항을 작성 · 관리할 것

가. 공급 근로자의 출국일자, 국외 취업기간, 현 근무처 및 귀국일자 등을 기록한 명부
나. 공급 근로자별 임금, 월별 임금 지급방법 및 지급일자 등을 기록한 임금대장
다. 공급 근로자의 고충처리 상황

8. 보 칙

1) 거짓 구인광고 등 금지

① 직업소개사업, 근로자 모집 또는 근로자공급사업을 하는 자나 이에 종사하는 사람은 거짓 구인광고를 하거나 거짓 구인조건을 제시하여서는 아니 된다.

② 거짓 구인광고의 범위에 관한 사항은 대통령령으로 정한다.

> ※ **거짓 구인광고의 범위**(시행령 제34조)
> 거짓 구인광고 또는 거짓 구인조건 제시의 범위는 신문 · 잡지, 그 밖의 간행물, 유선 · 무선방송, 컴퓨터 통신, 간판, 벽보 또는 그 밖의 방법에 의하여 광고를 하는 행위 중 다음 각호의 어느 하나에 해당하는 것으로 한다.
> 1. 구인을 가장하여 물품판매 · 수강생모집 · 직업소개 · 부업알선 · 자금모금 등을 행하는 광고
> 2. 거짓 구인을 목적으로 구인자의 신원(업체명 또는 성명)을 표시하지 아니하는 광고
> 3. 구인자가 제시한 직종 · 고용형태 · 근로조건 등이 응모할 때의 그것과 현저히 다른 광고
> 4. 기타 광고의 중요 내용이 사실과 다른 광고

2) 손해배상책임의 보장

① 특별자치도지사 · 시장 · 군수 및 구청장에게 등록을 하고 유료직업소개사업을 하는 자 또는 허가를 받고 국외 근로자공급사업을 하는 자(유료직업소개사업자 등)는 직업소개, 근로자 공급을 할 때 고의 또는 과실로 근로자 또는 근로자를 소개 · 공급받은 자에게 손해를 발생하게 한 경우에는 그 손해를 배상할 책임이 있다.

② 손해배상책임을 보장하기 위하여 유료직업소개사업자 등은 대통령령으로 정하는 바에 따라 보증보험 또는 공제에 가입하거나 예치금을 금융기관에 예치하여야 한다.

> ※ **예치금의 예치 및 인출**(시행령 제34조의2)
> ① 국내 유료직업소개사업자는 사업소별로 1천만 원, 국외 유료직업소개사업자는 1억 원, 국외 근로자공급사업자는 2억 원을 금융기관에 예치하거나 보증보험에 가입하여야 한다. 다만, 국외 연수생만을 소개하는 국외 유료직업소개사업자의 경우에는 5천만 원을 금융기관에 예치하거나 보증보험에 가입하여야 한다.
> ② 예치금의 예치기간 또는 보증보험의 보증기간이 만료되는 때에는 당해 기간의 만료일까지 제1항의 규정에 의한 금액을 다시 금융기관에 예치하거나 보증보험에 가입하고 10일 이내에 그 증빙서류를 등록관청 또는 허가관청에 제출하여야 한다.

③ 사업자협회는 손해배상책임을 보장하기 위하여 고용노동부장관이 정하는 바에 따라 공제사업을 할 수 있다.

④ 사업자협회가 공제사업을 하려면 공제규정을 제정하여 고용노동부장관의 승인을 받아야 한다. 공제규정을 변경할 때에도 또한 같다.

⑤ 공제규정에는 다음 각호의 사항이 포함되어야 한다.

1. 공제사업의 범위 2. 공제계약의 내용 3. 공제금 4. 공제료 5. 공제금에 충당하기 위한 책임준비금 6. 그 밖에 공제사업의 운영에 필요한 사항

3) 허가 · 등록 또는 신고 사업의 폐업신고

신고 또는 등록을 하거나 허가를 받고 사업을 하는 자가 그 사업을 폐업한 경우에는 폐업한 날부터 7일 이내에 고용노동부장관 또는 특별자치도지사 · 시장 · 군수 · 구청장에게 신고하여야 한다.

4) 등록 · 허가 등의 취소

① 고용노동부장관 또는 특별자치도지사 · 시장 · 군수 · 구청장은 신고 또는 등록을 하거나 허가를 받고 사업을 하는 자가 공익을 해칠 우려가 있는 경우로서 다음 각호의 어느 하나에 해당하는 경우에는 6개월 이내의 기간을 정하여 그 사업을 정지하게 하거나 등록 또는 허가를 취소할 수 있다.

1. 거짓이나 그 밖의 부정한 방법으로 신고 · 등록하였거나 허가를 받은 경우 2. 제38조(결격사유) 각호의 어느 하나에 해당하게 된 경우(등록 또는 허가를 취소하여야 함) 3. 이 법 또는 이 법에 따른 명령을 위반한 경우

② 고용노동부장관 또는 특별자치도지사 · 시장 · 군수 · 구청장은 임원 중에 결격사유에 해당하는 자가 있는 법인에 해당하는 사유로 등록 또는 허가를 취소하여야 할 때에는 미리 해당 임원을 바꾸어 임명할 기간을 1개월 이상 주어야 한다.

5) 청 문

고용노동부장관 또는 특별자치도지사 · 시장 · 군수 · 구청장은 등록 또는 허가를 취소하려면 청문을 하여야 한다.

6) 결격사유

다음의 어느 하나에 해당하는 자는 직업소개사업의 신고 · 등록을 하거나 근로자공급사업의 허가를 받을 수 없다.

1. 미성년자, 피성년후견인 및 피한정후견인
2. 파산신고를 받고 복권되지 아니한 자
3. 금고 이상의 실형을 선고받고 그 집행이 끝나거나 집행을 하지 아니하기로 확정된 날부터 2년이 지나지 아니한 자
4. 이 법, 「성매매알선 등 행위의 처벌에 관한 법률」, 「풍속영업의 규제에 관한 법률」 또는 청소년 보호법을 위반하거나 직업소개사업과 관련된 행위로 선원법을 위반한 자로서 다음의 어느 하나에 해당하는 자
   가. 금고 이상의 실형을 선고받고 그 집행이 끝나거나 집행을 하지 아니하기로 확정된 날부터 3년이 지나지 아니한 자
   나. 금고 이상의 형의 집행유예를 선고받고 그 유예기간이 끝난 날부터 3년이 지나지 아니한 자
   다. 벌금형이 확정된 후 2년이 지나지 아니한 자
5. 금고 이상의 형의 집행유예를 선고받고 그 유예기간 중에 있는 자
6. 해당 사업의 등록이나 허가가 취소된 후 5년이 지나지 아니한 자
7. 임원 중에 제1호부터 제6호까지의 어느 하나에 해당하는 자가 있는 법인

7) 장부 등의 작성 · 비치

유료직업소개사업의 근로자공급사업의 등록을 하거나 허가를 받은 자는 고용노동부령으로 정하는 바에 따라 장부 · 대장이나 그 밖에 필요한 서류를 작성하여 갖추어 두어야 한다. 이 경우 장부 · 대장은 전자적 방법으로 작성 · 관리할 수 있다.

※ **유료직업소개사업자의 장부 비치기간**(시행규칙 제26조) – 2년

유료직업소개사업을 하는 자는 다음의 장부 및 서류를 작성하여 해당 기간(2년) 동안 갖추어 두어야 한다. 다만, 일용근로자의 직업소개에 대해서는 제2호 · 제4호 및 제6호의 서류를 작성하여 갖추어 두지 아니할 수 있다.

1. 종사자명부 : 2년 2. 구인신청서 : 2년 3. 구인접수대장 : 2년
4. 구직신청서 : 2년 5. 구직접수 및 직업소개대장 : 2년 6. 근로계약서 : 2년
7. 일용근로자 회원명부(일용근로자를 회원제로 소개 · 운영하는 경우만 해당함) : 2년
8. 금전출납부 및 금전출납 명세서 : 2년

☞ 근로자공급사업자의 장부 및 서류 비치(시행규칙 제40조) – 3년

근로자공급사업을 하는 자는 다음의 장부 및 서류를 작성하여 3년간 갖추어 두어야 한다.

1. 사업계획서 2. 근로자명부 3. 공급 요청 접수부 또는 공급계약서
4. 근로자공급대장 5. 경리 관련 장부 6. 공급 근로자 임금대장

8) 직업소개사업을 하는 자 등에 대한 교육훈련

① 고용노동부장관 또는 특별자치도지사 · 시장 · 군수 · 구청장은 직업소개사업을 하는 자 및 그 종사자가 직업소개, 직업상담 등을 할 때 필요한 전문지식 및 직업윤리 의식을 향상시킬 수 있도록 교육훈련을 하여야 한다.

② 교육훈련의 내용 · 방법 및 그 밖에 필요한 사항은 고용노동부령으로 정한다.

[별표 3] **직업소개사업자 및 그 종사자에 대한 교육훈련의 내용 · 방법 및 시간**

교육과목	교육내용	방 법	시간(연간)
직업소개제도	– 직업안정법 해설 – 불법 직업소개 행위 및 거짓 구인광고 유형과 처벌규정	– 강의	1시간
직업상담실무	– 직업상담이론 – 직업상담기법	– 강의 – 실습	1시간
직업정보관리	– 직업정보의 수집 · 제공 – 고용안정전산망 운용	– 강의 – 실습	1시간
직업윤리의식	– 직업소개사업의 사회적 책임 – 직업소개사업자의 윤리강령 및 자정노력	– 강의	1시간

9) 사업자협회의 설립

① 신고 또는 등록을 하거나 허가를 받고 사업을 하는 자는 직업소개사업, 직업정보제공사업 또는 근로자공급사업의 건전한 발전 등을 위하여 대통령령으로 정하는 바에 따라 사업자협회를 설립할 수 있다.

② 사업자협회는 법인으로 한다.

③ 사업자협회에 관하여 이 법에 특별한 규정이 있는 것을 제외하고는 민법 중 사단법인에 관한 규정을 준용한다.

10) 벌 칙

① 7년 이하의 징역 또는 7천만 원 이하의 벌금 – 미수범도 처벌한다.

1. 폭행 · 협박 또는 감금이나 그 밖에 정신 · 신체의 자유를 부당하게 구속하는 것을 수단으로 직업소개, 근로자 모집 또는 근로자 공급을 한 자
2. 「성매매알선 등 행위의 처벌에 관한 법률」 성매매 행위나 그 밖의 음란한 행위가 이루어지는 업무에 취업하게 할 목적으로 직업소개, 근로자 모집 또는 근로자공급을 한 자

② 1천만 원 이하의 과태료

1. 고용노동부장관이 고시한 요금 외의 금품을 받은 자
2. 선급금의 수령 금지규정 위반하여 선급금을 받은 자
3. 18세 미만의 구직자를 소개하는 경우에 친권자나 후견인의 취업동의서를 받지 아니한 자
4. 직업상담원이 아닌 사람이 직업소개에 관한 사무를 담당한 자

학습 핵심문제

01 직업안정법에 관한 설명으로 틀린 것은?

① 누구든지 어떠한 명목으로든 구인자로부터 그 모집과 관련하여 금품을 받거나 그 밖의 이익을 취하여서는 아니 된다.
② 누구든지 국외에 취업할 근로자를 모집할 경우에는 고용노동부장관에게 신고하여야 한다.
③ 누구든지 고용노동부장관의 허가를 받지 아니하고는 근로자공급사업을 하지 못한다.
④ 누구든지 성별, 연령, 종교, 신체적 조건, 사회적 신분 또는 혼인 여부 등을 이유로 직업소개 또는 직업지도를 받거나 고용관계를 결정할 때 차별대우를 받지 아니한다.

02 직업안정법상 지방자치단체의 장이 필요에 따라 구인자 및 구직자에 대하여 할 수 있는 업무가 아닌 것은?

① 국내 직업소개
② 직업지도
③ 직업정보 제공
④ 국외 직업소개

03 직업안정법상 직업안정기관의 장이 구인신청의 수리(受理)를 거부할 수 없는 경우는?

① 구인신청의 내용이 법령을 위반한 경우
② 구인신청을 구인자의 사업장 소재지를 관할하는 직업안정기관에 하지 않은 경우
③ 구인신청의 내용 중 임금 등 근로조건이 통상적인 근로조건에 비하여 현저하게 부적당하다고 인정되는 경우
④ 구인자가 구인조건을 밝히기를 거부하는 경우

04 직업안정법상 직업안정기관의 장이 직업지도를 하여야 하는 대상으로서 구체적으로 명시되어 있지 않은 자는?

① 새로 취업하려는 사람
② 국민기초생활 보장법상의 수급자
③ 신체에 장애가 있는 사람
④ 정신에 장애가 있는 사람

05 직업안정법상 직업소개의 원칙으로 틀린 것은?

① 구직자 능력에 알맞은 직업의 소개
② 구인자의 구인조건에 적합한 구직자 소개
③ 구직자에게 임금수준이 높은 직업의 소개
④ 구직자 통근 가능한 지역 내 직업 소개

06 직업안정법상 고용서비스 우수기관 인증에 관한 설명으로 틀린 것은?

① 노동부장관은 고용서비스 우수기관 인증업무를 대통령령으로 정하는 전문기관에 위탁할 수 있다.
② 고용서비스 우수기관으로 인증을 받은 자가 정당한 사유 없이 6개월 이상 계속 사업 실적이 없는 경우에는 인증을 취소할 수 있다.
③ 고용서비스 우수기관 인증의 유효기간은 인증일부터 3년으로 한다.
④ 고용서비스 우수기관으로 인증을 받은 자가 인증의 유효기간이 지나기 전에 다시 인증을 받으려면 노동부장관에게 재인증을 신청하여야 한다.

07 직업안정법상 신고를 하지 아니하고 무료직업소개사업을 할 수 있는 단체가 아닌 것은?

① 대한상공회의소
② 한국산업인력공단
③ 한국장애인고용공단
④ 교육관계법에 따른 각급 학교의 장

08 직업안정법상 직업소개사업에 관한 설명 중 옳은 것은?

① 무료직업소개사업은 사업장이 위치한 장소를 기준으로 하여 국내 무료직업소개사업과 국외 무료직업소개사업으로 구분한다.
② 국내 무려직업소개사업을 하려는 자는 주된 사업소의 소재지를 관할하는 특별자치도 지사, 시장, 군수 및 구청장에게 등록하여야 한다.
③ 국외 유료직업소개사업을 하려는 자는 고용노동부장관에게 신고하여야 한다.
④ 유료직업소개사업을 하는 자는 고용노동부장관이 결정 고시한 요금 이외의 금품을 받아서는 아니 되나, 고용노동부령으로 정하는 고급 · 전문인력을 소개하는 경우에는 당사자 사이에 정한 요금을 구인자로부터 받을 수 있다.

09 직업안정법상 유료직업소개에 관한 설명으로 틀린 것은?

① 유료직업소개사업은 소개대상이 되는 근로자가 취업하려는 장소를 기준으로 하여 국내 유료직업소개사업으로 구분한다.
② 국내 유료직업소개사업을 하려는 자는 노동부장관에게 등록하여야 한다.
③ 유료직업소개사업을 등록한 자는 타인에게 자기의 성명 또는 상호를 사용하여 직업소개사업을 하게 하거나 그 등록증을 대여하여서는 아니 된다.
④ 유료직업소개사업을 하는 자 및 그 종사자는 구직자에게 제공하기 위하여 구인자로부터 선급금을 받아서는 아니 된다.

10 직업안정법규상 유료직업소개사업자의 장부비치 기간으로 옳은 것은?

① 종사자명부 : 3년
② 구인신청서 및 구직신청서 : 3년
③ 근로계약서 : 2년
④ 금전출납부 및 금전출납명세서 : 1년

11 직업안정법상 구인 · 구직의 신청에 관한 설명으로 옳은 것은?

① 국외 취업희망자의 구직신청의 유효기간은 1년으로 한다.
② 직업안정기관의 장은 관할구역의 읍 · 면 · 동사무소에 구인신청서와 구직신청서를 갖추어 두어 구인자 · 구직자의 편의를 도모하여야 한다.
③ 직업안정기관의 장은 접수된 구인표 · 구직표를 3년간 관리 · 보관하여야 한다.
④ 수리된 구인신청의 유효기간은 3개월이다.

12 직업안정법에 관한 다음 설명 중 (　　)에 들어갈 알맞은 것은?

> 무료직업소개사업 또는 유료직업소개사업을 하는 자와 그 종사자는 구직자의 연령을 확인해야 하고, (　　　) 미만의 구직자를 소개하는 경우에는 친권자 또는 후견인의 동의서를 받아야 한다.

① 15세　　② 18세
③ 19세　　④ 20세

13 **직업안정법상 직업소개사업을 겸업할 수 없는 자는?**

① 교육사업자
② 제조업자
③ 결혼상담업자
④ 식품접객업자

14 **직업안정법령상 직업정보제공사업자가 준수해야 하는 사항이 아닌 것은?**

① 직업정보제공매체 또는 직업정보제공사업의 광고문에 "(무료)취업상담", "취업추천", "취업지원" 등의 표현을 사용하지 아니할 것
② 직업정보제공매체에 부여받은 신고번호를 표시하지 아니할 것
③ 직업정보제공매체의 구인 · 구직의 광고에 직업정보제공사업자의 주소 또는 전화번호는 기재하지 아니할 것
④ 구직자의 이력서 발송을 대행하거나 구직자에게 취업추천서를 발부하지 아니할 것

15 **직업안정법규상 국외 공급 근로자의 보호 및 국외 근로자공급사업의 관리에 관한 설명으로 틀린 것은?**

① 공급 국가로부터 취업자격을 취득한 근로자만을 공급할 것
② 국외의 임금수준 등을 고려하여 공급 근로자에게 적정임금을 보장할 것
③ 공급 근로자의 출국일자, 국외 취업기간, 현 근무처 및 귀국일자 등을 기록한 명부를 작성, 관리할 것
④ 임금은 매월 1회 이상 일정한 기일을 정하여 통화로 직접 해당 근로자에게 그 전액을 지급할 것

16 **직업안정법상 근로자공급사업에 관한 설명으로 틀린 것은?**

① 근로자공급사업 허가의 유효기간은 3년이다.
② 근로자공급사업 허가의 유효기간이 끝난 후 계속하여 근로자공급사업을 하려는 자는 연장허가를 받아야 하며, 이 경우 연장허가의 유효기간은 연장 전 허가의 유효기간이 끝나는 날부터 3년으로 한다.
③ 국내 근로자공급사업의 허가를 받을 수 있는 자는 노동조합 및 노동관계조정법에 따른 노동조합이다.
④ 연예인을 대상으로 하는 국외 근로자공급사업의 허가를 받을 수 있는 자는 민법에 따른 비영리 법인이 아니어야 한다.

17 **직업안정법상 "직업소개"의 뜻으로 옳은 것은?**

① 취업하려는 사람이 그 능력과 소질에 알맞은 직업을 쉽게 선택할 수 있도록 하기 위한 직업적성검사, 직업정보의 제공, 직업상담, 실습, 권유 또는 조언, 그 밖에 직업에 관한 지도를 말한다.

② 구인자와 구직자 간의 직업을 알선하는 것을 말한다.

③ 구인자와 구직자 간의 직업을 소개하고 수수료를 받는 것을 말한다.

④ 구인 또는 구직의 신청을 받아 구직자 또는 구인자를 탐색하거나 구직자를 모집하여 구인자와 구직자 간에 고용계약이 성립되도록 알선하는 것을 말한다.

18 **직업안정법상 유료직업소개사업에 대한 설명으로 옳은 것은?**

① 국내 유료직업소개사업을 실시하기 위해서는 고용노동부장관에게 등록하여야 한다.

② 유료직업소개사업의 종사자는 구직자에게 제공하기 위하여 구인자로부터 선급금을 받을 수 있다.

③ 유료직업소개사업의 종사자 중 직업상담원이 아닌 사람은 직업소개에 관한 사무를 담당하여서는 아니 된다.

④ 유료직업소개사업을 하는 자는 자격을 갖춘 직업상담원을 2인 이상 고용하여야 한다.

19 **직업안정법상 일용근로자 이외의 직업소개를 하는 유료직업소개사업자의 장부 및 서류의 비치 기간으로 옳은 것은?**

① 종사자 명부 : 3년

② 구인신청서 및 구직신청서 : 2년

③ 근로계약서 : 1년

④ 금전출납부 및 금전출납 명세서 : 1년

정답 01. ① 02. ④ 03. ② 04. ② 05. ③ 06. ② 07. ① 08. ④ 09. ② 10. ③ 11. ③ 12. ② 13. ④ 14. ② 15. ① 16. ④ 17. ④ 18. ③ 19. ②

CHAPTER

11 고용보험법

[시행 2017.6.28] [법률 제14496호, 2016.12.27., 일부개정] 고용노동부(고용보험기획과)

1. 들어가는 말

1) 의 의

이 법의 관장 부서는 고용노동부(고용보험기획과)이며, 보험자는 근로복지공단이다. 고용보험법은 근로자(임금의 0.65%)와 사업자(임금총액의 0.25~1.3%)가 공동 부담하는 기금으로 실업의 예방, 실업 중의 소득 보장, 취업의 촉진 및 근로자의 직업능력의 개발과 향상, 고용구조 조정과정에서 근로자의 생활에 필요한 급여를 지급하여 실직근로자의 생활안정 및 재취업을 지원하는 법규범이다.

2) 특 징

(1) 실직근로자의 생활보장과 고용대책의 통합 제도 - 실업보험과 고용보험을 동시에 실시

현대 산업사회에서 빠르게 변화하는 산업구조 조정과 경영합리화를 촉진하고 인력을 원활한 공급하려는 고용정책과 근로자의 생활을 보장이 함께 융합된 제도로 볼 수 있다(실직근로자의 생계를 제도적으로 보장).

[참조] 실직자에 대한 생계지원, 재취업을 촉진, 실업의 예방, 노동시장의 구조 개편 등의 강화를 위한 인력정책 수단이며, 실직근로자에게 실업급여를 지급, 산업구조 조정의 촉진 및 실업예방, 고용안정사업, 직업능력개발사업을 상호 연계하여 실시하고 있다. 실업급여(사후적/ 소극적 사회보장)+고용안정사업 · 직업능력개발사업(사전적/ 적극적 노동시장) = 고용보험

(2) 관리운영의 국가 책임

관리운영의 국가(고용노동부) 책임이다. 구체적인 사업은 근로복지공단에 위탁하여 실행하고 있다. 이 법은 국가가 고용정책을 수행하기 위하여 보험의 원리와 방식을 도입하여 법률에 의하여 보험의 가입이 강제되는 사회보험이다.

(3) 보험사고의 예측이 어려운 실업보험

연금보험, 건강보험 및 산재보험의 보험사고 발생률이 비교적 안정적이며 예측할 수 있으나, 고용보험의 경우 실업률은 국가의 재정 · 통화정책 등 경기변동과 밀접한 관련이 있기 때문에 보험사고 발생률의 예측이 어렵다.

(4) 근로자와 사업자를 지원하는 공적인 사회보험

근로자에게 실업급여와 능력개발 비용을, 사업자에게는 고용유지와 교육훈련 비용을 지원하고 있다. 실업 등의 보험사고에 대하여 근로자와 사업자를 지원하는 공적인 사회보험법이다.

3) 연 혁

① 1993년 고용보험법 제정(1995년 7월 1일 시행)
② 1998년 5인 이상 → 1인 이상 사업장으로 확대

2. 총 칙

1) 목 적

이 법은 고용보험의 시행을 통하여 실업의 예방, 고용의 촉진 및 근로자의 직업능력의 개발과 향상을 꾀하고, 국가의 직업지도와 직업소개 기능을 강화한다. 근로자가 실업한 경우에 생활에 필요한 급여를 실시하여 근로자의 생활안정과 구직활동을 촉진함으로써 경제 · 사회 발전에 이바지하는 것을 목적으로 한다(노사정의 합의 : 코포라티즘 – 종합적인 노동제도).

2) 용어의 뜻

① "피보험자"란 다음 각 목에 해당하는 자를 말한다.

> 가. 「고용보험 및 산업재해보상보험의 보험료징수 등에 관한 법률」(보험료징수법)에 따라 보험에 가입되거나 가입된 것으로 보는 근로자
> 나. 보험료징수법에 따라 고용보험에 가입하거나 가입된 것으로 보는 자영업자

② "이직(離職)"이란 피보험자와 사업자 사이의 고용관계가 끝나게 되는 것을 말한다.
③ "실업"이란 근로의 의사와 능력이 있음에도 불구하고 취업하지 못한 상태에 있는 것을 말한다.
④ "실업의 인정"이란 직업안정기관의 장이 수급자격자가 실업한 상태에서 적극적으로 직업을 구하기 위하여 노력하고 있다고 인정하는 것을 말한다.
⑤ "보수"란 근로소득에서 대통령령으로 정하는 금품을 뺀 금액을 말한다. 다만, 휴직이나 그 밖에 이와 비슷한 상태에 있는 기간 중에 사업자 외의 자로부터 지급받는 금품 중 고용노동부장관이 정하여 고시하는 금품은 보수로 본다.
⑥ "일용근로자"란 1개월 미만 동안 고용되는 자를 말한다.

3) 운영기관(관장기관)

① 고용보험은 고용노동부장관이 관장한다(보험의 관장).
② 관리운영체계는 고용노동부가 직접 관장하지만, 실제적으로 보험가입자의 관리 등의 업무를 담당하는 기관은 근로복지공단과 고용노동부의 지방관서이다.
③ 국가는 매년 보험사업에 드는 비용의 일부를 일반회계에서 부담하여야 한다(제5조 국고의 부담). 국가는 매년 예산의 범위에서 보험사업의 관리·운영에 드는 비용을 부담할 수 있다.

4) 보험료(제6조) - 보험료와 징수금 : 보험료징수법

① 고용보험법에 따른 보험사업에 드는 비용을 충당하기 위하여 징수하는 보험료와 그 밖의 징수금에 대하여는 보험료징수법으로 정하는 바에 따른다.

> **※ 보험료의 징수**
> - 실업급여의 보험료 : 피보험자인 근로자와 사업자가 각각 2분의 1(50%)씩 부담한다(2자 부담).
> ◆ 실업급여의 보험료는 근로자가 64세가 된 때에는 그날이 속한 달로부터 고용보험료를 징수하지 아니한다.
> - 고용안정사업과 직업능력개발사업의 보험료 : 사업자로부터 전액(100%)을 징수한다(1자 부담).

② 보험료징수법에 따라 징수된 고용안정 · 직업능력개발사업의 보험료 및 실업급여의 보험료는 각각 그 사업에 드는 비용에 충당한다. 다만, 실업급여의 보험료는 육아휴직 급여 및 출산전후휴가 급여 등에 드는 비용에 충당할 수 있다(모성보호사업).

③ 자영업자[1]인 피보험자로부터 보험료징수법에 따라 징수된 고용안정 · 직업능력개발사업의 보험료 및 실업급여의 보험료는 각각 자영업자인 피보험자를 위한 그 사업에 드는 비용에 충당한다.

[주의] 여기서 자영업자의 실업급여 보험료는 육아휴직 급여 및 출산전후휴가 급여 등에 드는 비용에 충당하지 아니한다.

5) 적용범위

(1) 보험가입자(당연적용사업)[2]

① 고용보험법은 근로자를 고용하는 모든 사업 또는 사업장(사업)에 적용한다. 사업의 사업자와 근로자는 당연히 보험의 가입자가 된다. 1인 이상 근로자가 있는 사업자는 의무적으로 가입하여야 한다(당연적용사업, 강제가입).

(2) 보험가입 제외자(임의적용사업)

① 고용보험 적용제외 사업장 - 산업별 특성 및 규모 등 고려

고용보험은 산업별 특성 및 규모 등 고려하여 사업에 대하여는 적용하지 아니한다.

---

1) 자영업자란 근로자를 고용하지 않거나 5인 미만의 근로자를 고용하는 사업자로서 소득세법에 따라 사업자등록을 한 자를 말한다.

2) 당연적용사업이란 사업이 적용요건을 충족하게 되었을 때에 사업자 또는 근로자의 의사와 관계없이 당연히 고용보험을 강제로 적용받는 사업을 말한다.

1. 농업 · 임업 및 어업 중 법인이 아닌 자가 상시 4명 이하의 근로자를 고용하는 사업(상시 5인 미만의 근로자를 고용하는 사업) → [주의] 산업재해보상보험과 제외 대상자는 동일하지만, 벌목업은 산재보험 대상의 대상에 해당되고 고용보험은 제외대상이 된다.
2. 다음 각 목의 어느 하나에 해당하는 공사
   가. 총공사금액이 2천만 원 미만인 공사
   나. 연면적이 100제곱미터 이하인 건축물의 건축
   다. 연면적이 200제곱미터 이하인 건축물의 대수선에 관한 공사
3. 가구 내 고용활동 및 달리 분류되지 아니한 자가소비 생산활동(가사서비스업)

② 적용제외 근로자(제10조) – 고용보험료를 내지 않는 사람

1. 65세 이후에 고용되거나 자영업을 개시한 자(고용안정, 직업능력개발사업에 관하여는 적용함)
2. 소정근로시간이 대통령령으로 정하는 시간 미만인 자
   • 1개월간 근로시간 60시간 미만인 자[3]
   • 1주간 15시간 미만인 근로제공자

   다만, 생업을 목적으로 근로를 제공하는 자 중 3개월 이상 계속하여 근로를 제공하는 자와 일용근로자는 적용대상에 포함한다.
3. 국가공무원법과 지방공무원법에 따른 공무원
   (다만, 별정직 공무원 및 임기제 공무원의 경우는 본인 의사에 따라 고용보험에 가입할 수 있다)
4. 사립학교교직원 연금법의 적용을 받는 사립학교교직원
5. 그 밖에 대통령령으로 정하는 자
   • 합법적으로 취업하지 못한 외국인 근로자[4]
   • 별정우체국법에 따른 별정우체국 직원

※ **위 기준 제외자** : 생계를 목적으로 3개월 이상 근로를 제공(1개월 미만 동안 고용되는 일용직 근로자는 제외)하는 경우 근로자 과반수 이상의 동의를 얻어 고용보험 가입신청서를 관할 근로복지공단에 제출하여 승인을 받아야 가입할 수 있다(실업급여에 한하여 가입할 수 있다).

가령 65세 이후에 고용되거나 자영업을 개시한 자에게도 고용보험법상의 고용안정 · 직업능력개발사업은 적용된다.

---

3) 유사적용하는 예 : 국민연금법, 국민건강보험법, 고용보험법에서 제외대상은 동일함

4) 불법체류 근로자 : 법적으로 거주 자격을 가지지 아니한 외국인 근로자

(3) 외국인에 대한 적용(시행령 제3조)

출입국관리법에 따라 취업활동을 할 수 있는 체류자격이 있는 자에게 적용한다.

(4) 자영업자에 대한 특례

자영업자는 자기 자신을 피보험자로 하여 고용안정 · 직업능력개발사업에 임의가입할 수 있다(고용보험의 적용을 받음). 다만, 피보험자격의 취득 및 상실에 관한 신고를 하지 아니한다.

3. 피보험자의 관리

1) 피보험자격의 취득일

피보험자는 고용보험법이 적용되는 사업에 고용된 날에 피보험자격을 취득한다. 즉, 당연적용사업의 경우는 사업의 종료와 규모가 성립요건에 충족하게 된 날이다.

다만, 다음의 경우에는 각각 그 해당되는 날에 피보험자격을 취득한 것으로 본다.

1. 적용 제외 근로자였던 자가 이 법의 적용을 받게 된 경우에는 그 적용을 받게 된 날
2. 보험료징수법에 따른 보험관계 성립일 전에 고용된 근로자의 경우에는 그 보험관계가 성립한 날
3. 자영업자인 피보험자는 보험관계가 성립한 날

가령 적용 제외 근로자였던 자가 이 법의 적용을 받게 된 경우에는 그 적용을 받게 된 날에 피보험자격을 취득한 것으로 본다. 그리고 보험관계 성립일 전에 고용된 근로자의 경우에는 그 보험관계가 성립한 날에 피보험자격을 취득한 것으로 본다.

2) 피보험자격의 상실일(당연소멸, 해약에 의한 소멸, 직권소멸)

1. 피보험자가 적용 제외 근로자에 해당하게 된 경우에는 그 적용 제외 대상자가 된 날
2. 보험료징수법 보험관계가 소멸한 경우에는 그 보험관계가 소멸한 날
3. 피보험자가 이직한 경우에는 이직한 날의 다음 날
4. 피보험자가 사망한 경우에는 사망한 날의 다음 날
5. 자영업자인 피보험자는 보험관계가 소멸한 날

가령 피보험자는 피보험자가 적용 제외 근로자에 해당하게 된 경우에는 그 적용 제외 대상자가 된 날에 각각 그 피보험자격을 상실한다.

3) 고용보험위원회 - 정책기구

① 고용보험법 및 보험료징수법의 시행에 관한 주요 사항(보험에 관한 사항만 해당)을 심의하기 위하여 고용노동부에 고용보험위원회(20명 이내의 위원으로 구성)를 둔다.

② 고용보험위원회는 다음 각호의 사항을 심의한다.

1. 보험제도 및 보험사업의 개선에 관한 사항 2. 보험료징수법에 따른 보험료율 결정에 관한 사항 3. 보험사업의 평가에 관한 사항 4. 기금운용 계획의 수립 및 기금의 운용 결과에 관한 사항 5. 그 밖에 위원장이 보험제도 및 보험사업과 관련하여 위원회의 심의가 필요하다고 인정하는 사항

4) 피보험자격에 관한 신고

① 사업자는 그 사업에 고용된 근로자의 피보험자격의 취득 및 상실 등에 관한 사항을 대통령령으로 정하는 바에 따라 고용노동부장관에게 신고하여야 한다.

② 보험료징수법에 따라 원수급인(元受給人)이 사업자로 된 경우에 그 사업에 종사하는 근로자 중 원수급인이 고용하는 근로자 외의 근로자에 대하여는 그 근로자를 고용하는 다음의 하수급인(下受給人)이 신고를 하여야 한다. 이 경우 원수급인은 고용노동부령으로 정하는 바에 따라 하수급인에 관한 자료를 고용노동부장관에게 제출하여야 한다.

1. 건설산업기본법에 따른 건설업자 2. 주택법에 따른 주택건설사업자 3. 전기공사업법에 따른 공사업자 4. 정보통신공사업법에 따른 정보통신공사업자 5. 소방시설공사업법에 따른 소방시설업자 6. 「문화재수리 등에 관한 법률」에 따른 문화재수리업자

③ 사업자가 피보험자격에 관한 사항을 신고하지 아니하면 대통령령으로 정하는 바에 따라 근로자가 신고할 수 있다.

④ 고용노동부장관은 신고된 피보험자격의 취득 및 상실 등에 관한 사항을 고용노동부령으로 정하는 바에 따라 피보험자 및 원수급인 등 관계인에게 알려야 한다.

⑤ 사업자, 원수급인 또는 하수급인은 같은 항의 신고를 고용노동부령으로 정하는 전자적 방법으로 할 수 있다.

⑥ 고용노동부장관은 전자적 방법으로 신고를 하려는 사업자, 원수급인 또는 하수급인에게 고용노동부령으로 정하는 바에 따라 필요한 장비 등을 지원할 수 있다.

⑦ 다만, 자영업자인 피보험자는 피보험자격의 취득 및 상실에 관한 신고를 하지 아니한다.

5) 피보험자격 이중취득의 제한

근로자가 보험관계가 성립되어 있는 둘 이상의 사업에 동시에 고용되어 있는 경우에는 고용노동부령으로 정하는 바에 따라 그중 한 사업의 근로자로서의 피보험자격을 취득한다. 가령 고용보험법상 보험관계가 성립되어 있는 둘 이상의 사업에 동시에 고용되어 있는 근로자는 1. 보험료통합징수법에 따른 월평균 보수가 많은 사업 → 2. 월 소정근로시간이 많은 사업 → 3. 근로자가 선택한 사업의 순서에 따라 피보험자격을 취득한다.

※ **둘 이상의 사업에 고용된 자의 피보험자격**(시행규칙 제14조)

보험관계가 성립되어 있는 둘 이상의 사업에 동시에 고용되어 있는 근로자는 다음의 순서에 따라 피보험자격을 취득한다. 다만, 일용근로자와 일용근로자가 아닌 자로 동시에 고용되어 있는 경우에는 일용근로자가 아닌 자로 고용된 사업에서 우선적으로 피보험자격을 취득한다.

1. 보험료통합징수법에 따른 월평균 보수가 많은 사업
2. 월 소정근로시간이 많은 사업
3. 근로자가 선택한 사업

4. 고용보험사업

① 고용보험사업은 보험의 목적을 이루기 위하여 1. 고용안정 · 직업능력개발사업, 2. 실업급여(구직급여, 취업촉진 수당), 3. 육아휴직 급여 및 4. 출산전후휴가 급여 등을 실시한다.

② 고용보험사업의 보험연도는 정부의 회계연도에 따른다(1년 단기보험).

1) 고용안정 · 직업능력개발사업 – 보험료 : 사업자 전액부담, 적극노동정책

① 고용노동부장관은 피보험자 및 피보험자였던 자, 취업할 의사를 가진 자(피보험자 등)에게 다음을 지원하기 위하여 고용안정 · 직업능력개발사업을 실시한다.

> ※ **고용안정 · 직업능력개발사업 실시** : 실업의 예방, 취업의 촉진, 고용기회의 확대, 직업능력 개발 · 향상의 기회 제공 및 지원, 그 밖에 고용안정과 사업자에 대한 인력 확보

이는 적극적 노동시장정책에서 실업의 예방에 초점을 두기 위한 것이다. 또한 65세 이상인 사람도 고용안정 · 직업능력개발사업에 참여할 수 있다.

[주의] 실업급여는 이전에 제외대상이었으나 2012년 8월부터 대상이 되었다. 그러나 또다시 65세 이상 실업급여의 적용 연장(제39조)규정을 삭제하였다.

② 고용노동부장관은 고용안정 · 직업능력개발사업을 실시할 때에는 근로자의 수, 고용안정 · 직업능력개발을 위하여 취한 조치 및 실적 등 대통령령으로 정하는 기준에 해당하는 기업을 우선적으로 고려하여야 한다.

> ※ 우선지원 대상기업의 범위(시행령 제12조 제1항 관련)
>
> ① "대통령령으로 정하는 기준에 해당하는 기업"이란 산업별로 상시 고용하는 근로자 수가 별표 1의 기준에 해당하는 기업(우선지원 대상기업)을 말한다.
>
> [별표 1] 우선지원 대상기업의 상시 고용하는 근로자 기준

산업분류	상시 고용하는 근로자 수
1. 제조업	500명 이하
2. 광업	300명 이하
3. 건설업	
4. 운수업	
5. 출판, 영상, 방송통신 및 정보 서비스업	
6. 사업시설관리 및 사업지원 서비스업	
7. 전문, 과학 및 기술 서비스업	
8. 보건업 및 사회복지 서비스업	
9. 도매 및 소매업	200명 이하
10. 숙박 및 음식점업	
11. 금융 및 보험업	

12. 예술, 스포츠 및 여가 관련 서비스업	
13. 그 밖의 업종	100명 이하

② 우선지원 대상기업에 해당하지 아니하는 기업으로서 중소기업기본법의 중소기업을 육성하기 위한 시책에 해당하는 기업은 제1항에도 불구하고 우선지원 대상기업으로 본다.
③ 우선지원 대상기업이 그 규모의 확대 등으로 우선지원 대상기업에 해당하지 아니하게 된 경우 그 사유가 발생한 연도의 다음 연도부터 5년간 우선지원 대상기업으로 본다.

(1) 고용창출 지원

고용노동부장관은 고용환경 개선, 근무형태 변경 등으로 고용의 기회를 확대한 사업자에게 대통령령으로 정하는 바에 따라 필요한 지원을 할 수 있다.

※ **고용창출에 대한 지원**(시행령 제17조)
고용노동부장관은 다음 각호의 어느 하나에 해당하는 사업자에게 임금의 일부를 지원할 수 있다. 다만, 제1호의 경우에는 근로시간이 감소된 근로자에 대한 임금의 일부와 필요한 시설의 설치비의 일부도 지원할 수 있으며, 제2호의 경우에는 시설의 설치비의 일부도 지원할 수 있다.

1. 근로시간 단축, 교대근로 개편, 정기적인 교육훈련 또는 안식휴가 부여 등(일자리 함께하기)을 통하여 실업자를 고용함으로써 근로자 수가 증가한 경우
2. 고용노동부장관이 정하는 시설을 설치 · 운영하여 고용환경을 개선하고 실업자를 고용하여 근로자 수가 증가한 경우
3. 직무의 분할, 근무체계 개편 또는 시간제 직무 개발 등을 통하여 실업자를 근로계약 기간을 정하지 않고 시간제로 근무하는 형태로 하여 새로 고용하는 경우
4. 위원회에서 심의 · 의결한 성장유망업종, 인력수급 불일치 업종, 국내복귀기업 또는 지역특화산업 등 고용지원이 필요한 업종에 해당하는 기업이 실업자를 고용하는 경우
5. 위원회에서 심의 · 의결한 업종에 해당하는 우선지원 대상기업이 고용노동부장관이 정하는 전문적인 자격을 갖춘 자(전문인력)를 고용하는 경우
6. 임금피크제, 임금을 감액하는 제도, 근로시간 단축 제도의 도입 또는 그 밖의 임금체계 개편 등을 통하여 15세 이상 34세 이하의 청년 실업자를 고용하는 경우

(2) 고용조정의 지원

① 고용노동부장관은 사업규모의 축소, 사업의 폐업 또는 전환으로 고용조정이 불가피하게 된 사업자가 근로자에 대한 휴업, 휴직, 직업전환에 필요한 직업능력개발훈련(인력의 재배치 등을 실시) 등 근로자의 고용안정을 위한 조치를 하면 대통령령으로 정하는 바에 따라 그 사업자에게 필요한 지원을 할 수 있다(지원금이나 장려금 지급).

② 휴업이나 휴직 등 고용안정을 위한 조치로 근로자의 임금이 대통령령으로 정하는 수준으로 감소할 때에는 그 근로자에게도 필요한 지원을 할 수 있다.

③ 고용노동부장관은 지원을 할 때에는 고용정책 기본법에 따른 업종에 해당하거나 지역에 있는 사업자 또는 근로자에게 우선적으로 지원할 수 있다.

(3) 고용촉진 지원 – 고용기회가 부족한 지역, 악화된 지역으로 이전하는 사업자

가) 지역고용의 촉진(제22조)

나) 고령자 등 고용촉진의 지원(제23조)

다) 건설근로자 등의 고용안정 지원(제24조)

라) 고용안정 및 취업 촉진(제25조)

마) 고용촉진 시설에 대한 지원(제26조) : 고용노동부장관은 피보험자 등의 고용안정 고용촉진 및 사업자의 인력 확보를 지원하기 위하여 상담시설, 어린이집(보육시설), 그 밖에 대통령령으로 정하는 고용촉진 시설을 설치 · 운영하는 자에게 필요한 지원을 할 수 있다.

※ 그 밖에 대통령령으로 정하는 고용촉진시설

1. 취업취약계층에 대한 고용서비스 제공에 필요한 시설
2. 고용노동부장관이 지정한 학교가 운영하는 취업지원시설
3. 고용노동부장관이 지정한 학교
4. 고령자 인재은행

바) 직업능력개발의 촉진(제31조)

사) 직업능력개발사업의 실시

※ **직업능력개발사업의 지원** : 고용촉진시설에 대한 지원, 사업자에 대한 직업능력개발훈련의 지원, 피보험자 등에 대한 직업능력개발 지원, 직업능력개발훈련시설에 대한 지원, 직업능력개발의 촉진, 건설근로자 등의 직업능력개발 지원

⊞ 사업자에 대한 직업능력개발훈련의 지원(제27조)

① 고용노동부장관은 피보험자 등의 직업능력을 개발 · 향상시키기 위하여 직업능력개발훈련을 실시하는 사업자에게 대통령령으로 정하는 바에 따라 그 훈련에 필요한 비용을 지원할 수 있다.

② 고용노동부장관은 사업자가 다음에 해당하는 사람에게 직업능력개발훈련을 실시하는 경우에는 대통령령으로 정하는 바에 따라 우대 지원할 수 있다.

1. 기간제근로자 2. 단시간근로자 3. 파견근로자 4. 일용근로자
5. 고령자 또는 준고령자

※ **사업자에 대한 직업능력개발훈련 비용의 지원**(제27조 제2항)

다음 각호의 어느 하나에 해당하는 자를 대상으로 직업능력개발훈련을 실시하는 사업자에 대하여는 제2항에도 불구하고 고용노동부장관이 정하여 고시하는 바에 따라 지원수준을 높게 정할 수 있다. 이 경우 훈련기간 중 지급한 임금의 전부 또는 일부에 해당하는 금액을 함께 지원할 수 있다.

1. 「기간제 및 단시간근로자 보호 등에 관한 법률」 에 따른 기간제근로자
2. 근로기준법에 따른 단시간근로자
3. 「파견근로자보호 등에 관한 법률」에 따른 파견근로자
4. 일용근로자
5. 직업능력개발훈련 및 평가를 받는 것을 조건으로 고용한 근로자

(4) 지역고용촉진 지원금(시행령 제24조)

고용노동부장관은 법 제22조에 따라 지정지역으로 사업을 이전하거나 지정지역에서 사업을 신설 또는 증설하는 경우로서 다음 각호의 요건을 모두 갖추어 사업을 이전, 신설 또는 증설하는 사업자에게 지역고용촉진 지원금을 지급한다.

1. 고용정책 기본법 시행령에 따라 고시된 고용조정의 지원 등의 기간(지정기간)에 사업의 이전, 신설 또는 증설과 그에 따른 근로자의 고용에 관한 지역고용계획을 세워 고용노동부장관에게 신고할 것
2. 고용노동부장관에게 신고한 지역고용계획에 따라 시행할 것
3. 지역고용계획이 제출된 날부터 1년 6개월 이내에 이전, 신설 또는 증설된 사업의 조업이 시작될 것
4. 이전, 신설 또는 증설된 사업의 조업이 시작된 날(조업시작일) 현재 그 지정지역이나 다른 지정지역에 3개월 이상 거주한 구직자를 그 이전, 신설 또는 증설된 사업에 피보험자로 고용할 것
5. 고용정책 기본법에 따른 고용정책심의회에서 그 필요성이 인정된 사업일 것
6. 지역고용계획의 실시 상황과 고용된 피보험자에 대한 임금지급 상황이 적힌 서류를 갖추고 시행할 것

(5) 고령자 등 고용촉진의 지원

고용노동부장관은 고령자 등 노동시장의 통상적인 조건에서는 취업이 특히 곤란한 자(고령자 등)의 고용을 촉진하기 위하여 고령자 등을 새로 고용하거나 이들의 고용안정에

필요한 조치를 하는 사업자 또는 사업자가 실시하는 고용안정조치에 해당된 근로자에게 대통령령으로 정하는 바에 따라 필요한 지원을 할 수 있다.

2) 실업급여 - 구직급여 + 취업촉진수당, 소극적 노동정책

(1) 통칙

① 실업급여[5]의 종류(제37조) : 고용보험법상의 실업급여는 구직급여와 취업촉진 수당으로 구분한다. 취업촉진 수당의 종류는 1. 조기재취업 수당, 2. 직업능력개발 수당, 3. 광역 구직활동비, 4. 이주비 등이 있다(실업급여수급계좌의 사용의무).

② 수급권의 보호(제38조) : 실업급여를 받을 권리는 양도 또는 압류하거나 담보로 제공할 수 없다. 실업급여로서 지급된 금품에 대하여는 국가나 지방자치단체의 공과금을 부과하지 아니한다(공과금의 면제 제38조의2). ☆ 지정된 실업급여수급계좌의 예금 중 대통령령으로 정하는 액수(150만 원) 이하의 금액에 관한 채권은 압류할 수 없다.

문제

고용보험법령상의 실업급여로서 취업촉진 수당의 종류에 해당하지 않는 것은?

① 조기재취업 수당 ② 직업능력개발 수당 ③ 광역 구직활동비
④ 이주비 ⑤ 휴직수당

☆ 고용보험법령상 취업촉진 수당의 종류로 옳은 것을 모두 고른 것은? 정답 ⑤

(2) 구직급여

가. 구직급여의 수급 요건

① 구직급여는 이직한 피보험자가 다음의 요건을 모두 갖춘 경우에 지급한다. 다만, 제5호와 제6호는 최종 이직 당시 일용근로자였던 자만 해당한다.

---

5) 실업급여는 근로자가 실직하였을 때 실직자와 그 가족의 생활안정, 그리고 원활한 구직활동을 위하여 일정한 기간 동안 급여를 지급함으로써 실업으로 인한 생계불안을 일부를 해결하고, 생활의 안정을 도와주며 재취업의 기회를 지원해 주는 것을 말한다.

※ **구직급여의 수급요건**

1. 급여를 받으려면 이직일 이전 18개월간(기준기간) 피보험 단위기간이 통산(通算)하여 180일 이상일 것
2. 근로의 의사와 능력이 있음에도 불구하고 취업(영리를 목적으로 사업을 영위하는 경우를 포함)하지 못한 상태에 있을 것
3. 이직사유가 수급자격의 제한사유(피보험자가 자기의 중대한 귀책사유로 해고되거나 정당한 사유 없는 자기 사정으로 이직한 경우) 등에 해당하지 아니할 것
   가령 피보험자가 정당한 사유 없이 자기 사정으로 자영업을 하기 위하여 이직한 경우에는 수급자격이 없다. 피보험자가 자기의 중대한 귀책사유로 해고된 경우 수급자격이 제한된다. 이와 같이 수급자격은 해고사유와 관계가 있다.
4. 재취업(구직)을 위한 노력을 적극적으로 할 것
5. 수급자격 인정신청일 이전 1개월 동안의 근로일수가 10일 미만일 것(최종 이직 시 일용근로자였던 자만 해당)
6. 최종 이직일 이전 기준기간의 피보험 단위기간 180일 중 다른 사업에서 수급자격의 제한사유에 해당하는 사유로 이직한 사실이 있는 경우에는 그 피보험 단위기간 중 90일 이상을 일용근로자로 근로하였을 것(최종 이직 당시 일용근로자였던 자만 해당)

② 피보험자가 이직일 이전 18개월 동안에 질병 · 부상, 그 밖에 대통령령으로 정하는 사유 [1. 사업장의 휴업, 2. 임신 · 출산 · 육아에 따른 휴직, 3. 휴직이나 그 밖에 이와 유사한 상태로서 고용노동부장관이 정하여 고시하는 사유 : 사업자의 명에 의한 외국에서의 근무(다만, 국내에서 보수가 지급되는 경우 제외), 노동조합 및 노동관계조정법에 따른 쟁의행위, 4. 동거친족(민법에 따른 배우자, 8촌 이내의 혈족, 4촌 이내의 인척을 말함)의 질병 · 부상을 간호하기 위한 휴직, 5. 군복무를 위한 휴직, 6. 사업자의 명에 의하여 고용보험이 적용되지 아니하는 사업장으로 파견되는 경우, 7. 고용보험법 시행령의 경영상 이유에 의한 휴직, 8. 부당해고]로 계속하여 30일 이상 보수의 지급을 받을 수 없었던 경우에는 18개월에 그 사유로 보수를 지급받을 수 없었던 일수를 가산한 기간을 기준기간(3년을 초과할 때에는 3년)으로 한다. 고용노동부장관이 정하는 금품을 지급받는 경우는 제외한다.

※ **고용보험법상 구직급여의 수급수준에 직접적인 영향을 미치는 요소**

① 가입자의 가입기간(180일)
② 가입자의 연령
③ 가입자의 평균임금

나. 실업의 신고

① 구직급여를 지급받으려는 자는 이직 후 지체없이 직업안정기관에 출석하여 실업을 신고하여야 한다.

② 실업의 신고에는 구직 신청과 수급자격의 인정신청을 포함하여야 한다.

다. 실업의 인정

① 구직급여는 수급자격자가 실업한 상태에 있는 날 중에서 직업안정기관의 장으로부터 실업의 인정을 받은 날에 대하여(날로부터 X) 지급한다.

② 실업의 인정을 받으려는 수급자격자는 실업의 신고를 한 날부터 계산하기 시작하여 1주부터 4주의 범위에서 직업안정기관의 장이 지정한 날(실업인정일)에 출석하여 재취업을 위한 노력을 하였음을 신고하여야 하고, 직업안정기관의 장은 직전 실업인정일의 다음 날부터 그 실업인정일까지의 각각의 날에 대하여 실업의 인정을 한다.

③ 다만, 다음에 해당하는 자에 대한 실업의 인정방법은 고용노동부령으로 정하는 기준에 따른다.

> 1. 직업능력개발훈련 등을 받는 수급자격자
> 2. 천재지변이 발생한 경우, 대량 실업의 발생 [월간 구직급여 수급자격의 인정을 신청한 자의 수를 매월 말일의 피보험자 수로 나누어 얻은 비율 : 수급자격신청률)이 연속하여 2개월간 100분의 1을 초과하는 경우, 특별연장급여의 지급이 결정된 경우 등] 대통령령으로 정하는 사유가 발생한 경우의 수급자격자
> 3. 그 밖에 대통령령으로 정하는 수급자격자

라. 급여의 기초가 되는 임금일액(제45조)

① 구직급여의 산정 기초가 되는 임금일액(기초일액 : 일일단위의 임금액)은 수급자격의 인정과 관련된 마지막 이직 당시 근로기준법에 따라 산정된 평균임금으로 한다. 다만, 마지막 이직일 이전 3개월 이내에 피보험자격을 취득한 사실이 2회 이상인 경우에는 마지막 이직일 이전 3개월간(일용근로자의 경우에는 마지막 이직일 이전 4개월 중 최종 1개월을 제외한 기간)에 그 근로자에게 지급된 임금 총액을 그 산정의 기준이 되는 3개월의 총일수로 나눈 금액을 기초일액으로 한다.

② 산정된 금액이 근로기준법에 따른 그 근로자의 통상임금보다 적을 경우에는 그 통상임금액을 기초일액으로 한다(마지막 사업에서 이직 당시 일용근로자 제외).

③ 기초일액을 산정하는 것이 곤란한 경우와 보험료를 보험료징수법 제3조에 따른 기준보수를 기준으로 낸 경우에는 기준보수를 기초일액으로 한다. 다만, 보험료를 기준보수로 낸 경우에도 산정한 기초일액이 기준보수보다 많은 경우에는 그러하지 아니하다.

④ 위의 규정에도 불구하고 이들 규정에 따라 산정된 기초일액이 그 수급자격자의 이직 전 1일 소정근로시간에 이직일 당시 적용되던 최저임금법에 따른 시간단위에 해당하는 최저임금액을 곱한 금액(최저기초일액)보다 낮은 경우에는 최저기초일액을 기초일액으로 한다. 이 경우 이직 전 1일 소정근로시간은 고용노동부령으로 정하는 방법에 따라 산정한다.

⑤ 위의 규정에도 불구하고 이들 규정에 따라 산정된 기초일액이 보험의 취지 및 일반근로자의 임금수준 등을 고려하여 대통령령으로 정하는 금액을 초과하는 경우에는 대통령령으로 정하는 금액(8만 6천 원)을 기초일액으로 한다.

마. 구직급여일액(제46조)

① 구직급여일액은 다음 각호의 구분에 따른 금액으로 한다.

> **※ 구직급여일액**
> 1. 구직급여일액 = 이직 전 평균임금의 50%(수급자격자의 기초일액에 100분의 50을 곱한 금액) × 지급일수
> 2. 최고 구직급여일액 : 1일 86,000원
> 3. 최저 구직급여일액 : 최저임금법의 시간급 최저금액(최저기초일액) 90% × 1일 근로시간(8시간)

② 산정된 구직급여일액이 최저 구직급여일액보다 낮은 경우에는 최저 구직급여일액을 그 수급자격자의 구직급여일액으로 한다.

- 구직급여 산정기준(기초일액) = 평균임금 〉 통상임금 〉 기준임금 〉 최저기초일액

바. 실업인정대상기간 중의 근로 · 창업 등의 신고

수급자격자는 실업의 인정을 받으려 하는 기간(실업인정 대상기간) 중에 근로를 제공하거나 창업한 경우에는 그 사실을 직업안정기관의 장에게 신고하여야 한다.

사. 수급기간 및 수급일수

① 구직급여는 이 법에 따로 규정이 있는 경우 외에는 그 구직급여의 수급자격과 관련된 이직일의 다음 날부터 계산하기 시작하여 12개월 내에 소정급여일수를 한도로 하여 지급한다.

② 12개월의 기간 중 임신·출산·육아, 그 밖에 대통령령으로 정하는 사유로 취업할 수 없는 자가 그 사실을 수급기간에 직업안정기관에 신고한 경우에는 12개월의 기간에 그 취업할 수 없는 기간을 가산한 기간(4년을 넘을 때에는 4년)에 소정급여일수를 한도로 하여 구직급여를 지급한다.

수급기간	이직한 날에 다음 날부터 12개월
구직급여일 수	90~240일 – 연령에 따라 차등 지급
대기기간	실업의 신고일로부터 계산하기 시작하여 7일간은 대기기간으로 보아 구직급여를 지급하지 아니한다(7일 동안 구직급여 지급 안함).

※ **수급기간의 연기사유**(시행령 제70조)

1-1. 임신·출산·육아
1. 본인의 질병이나 부상(상병급여를 받은 경우의 질병이나 부상은 제외)
2. 배우자의 질병이나 부상
3. 본인과 배우자의 직계존속 및 직계비속의 질병이나 부상
4. 배우자의 국외 발령 등에 따른 동거목적의 거소 이전
5. 병역법에 따른 의무복무
6. 범죄혐의로 인한 구속이나 형의 집행(법 제58조 제1호 가목에 따라 수급자격이 없는 자는 제외)
7. 제1호부터 제6호까지의 규정에 준하는 경우로서 고용노동부령으로 정하는 사유

아. 소정급여일수 및 피보험기간

① 하나의 수급자격에 따라 구직급여를 지급받을 수 있는 날(소정급여일수)은 대기기간이 끝난 다음 날부터 계산하기 시작하여 피보험기간과 연령에 따라 별표 1에서 정한 소정급여일수가 되는 날까지로 한다. 가령 55세인 근로자 김씨는 2012년 3월 15일부터 2016년 5월 15일까지 근무하다가 실직하였다. 피보험 기간이 38개월인 근로자 김씨의 구직급여 소정일수는 180일이다.

[별표 1] **구직급여의 소정급여일수**

구 분		피보험 기간				
		1년 미만	1년 이상 3년 미만	3년 이상 5년 미만	5년 이상 10년 미만	10년 이상
이직일 현재 연령	30세 미만	90일	90일	120일	150일	180일
	30세 이상 50세 미만	90일	120일	150일	180일	210일
	50세 이상 및 장애인	90일	150일	180일	210일	240일

비고 : 장애인이란 장애인고용촉진 및 직업재활법에 따른 장애인을 말한다.

② 수급자격자가 소정급여일수 내에 임신 · 출산 · 육아, 그 밖에 대통령령으로 정하는 사유로 수급기간을 연장한 경우에는 그 기간만큼 구직급여를 유예하여 지급한다.

③ 피보험기간은 그 수급자격과 관련된 이직 당시의 적용사업에서 고용된 기간으로 한다. 다만, 자영업자인 피보험자의 경우에는 그 수급자격과 관련된 폐업 당시의 적용 사업에의 보험 가입기간 중에서 실제로 납부한 고용보험료에 해당하는 기간으로 한다.

자. 이직사유에 따른 수급자격의 제한

피보험자가 다음 각호의 어느 하나에 해당한다고 직업안정기관의 장이 인정하는 경우에는 수급자격이 없는 것으로 본다(수급자격의 제한 : 의제). 가령 자기 사정으로 자영업을 위하여 이직한 경우에는 수급자격이 없다.

⊞ 수급자격의 제한 · 귀책사유로 해고 · 정당한 사유 없는 자기사정으로 이직한 경우

1. 중대한 귀책사유(歸責事由)로 해고된 피보험자로서
   가. 형법 또는 직무와 관련 법률을 위반하여 금고 이상의 형을 선고받은 경우
   나. 사업에 막대한 지장을 초래하거나 재산상 손해를 끼친 경우
   다. 정당한 사유 없이 근로계약 또는 취업규칙 등을 위반하여 장기간 무단결근한 경우

2. 자기 사정으로 이직한 피보험자로서 다음 각 목의 어느 하나에 해당하는 경우
   가. 전직 또는 자영업을 하기 위하여 이직한 경우
   나. 제1호의 중대한 귀책사유가 있는 자가 해고되지 아니하고 사업자의 권고로 이직한 경우
   다. 그 밖에 고용노동부령으로 정하는 정당한 사유에 해당하지 아니하는 사유로 이직한 경우

가령 고용보험법상 중대한 귀책사유로 해고된 피보험자가 형법상 금고 이상의 형의 선고를 받은 경우와 직무에 관련한 법률을 위반하여 금고 이상의 형을 선고받고 그 사유로 해고된 자는 수급자격이 없는 것으로 본다.

차. 급여의 제한(제58~61조)

① 급여의 제한에는 이직사유에 따른 수급자격의 제한, 훈련거부 등에 따른 급여의 지급 제한(정지), 부정행위(부정행위에 따른 급여의 지급 제한) 등이 있다.

② 여기서 직업안정기관의 장은 거짓이나 부정한 방법으로 구직급여를 지급받은 자에게 지급받은 전체 구직급여의 전부 또는 일부의 반환을 명할 수 있다(반환명령 등).

※ **훈련 거부 등에 따른 급여의 지급 제한**(제60조)

수급자격자가 직업안정기관의 장이 소개하는 직업에 취직하는 것을 거부하거나 직업안정기관의 장이 지시한 직업능력개발훈련 등을 거부하면 대통령령으로 정하는 바에 따라 구직급여의 지급을 정지한다.

다만, 다음에 해당하는 정당한 사유가 있는 경우에는 구직급여의 지급한다.

1. 소개된 직업 또는 직업능력개발훈련 등을 받도록 지시된 직종이 수급자격자의 능력에 맞지 아니하는 경우
2. 취직하거나 직업능력개발훈련 등을 받기 위하여 주거의 이전이 필요하나 그 이전이 곤란한 경우
3. 소개된 직업의 임금수준이 같은 지역의 같은 종류의 업무 또는 같은 정도의 기능에 대한 통상의 임금수준에 비하여 100분의 20 이상 낮은 경우 등 고용노동부장관이 정하는 기준에 해당하는 경우
4. 그 밖에 정당한 사유가 있는 경우

⊞ **부정행위에 따른 급여의 지급 제한**(제61조)

거짓이나 그 밖의 부정한 방법으로 실업급여를 받았거나 받으려 한 자에게는 그 급여를 받은 날 또는 받으려 한 날부터의 구직급여를 지급하지 아니한다. 다만, 그 급여와 관련된 이직 이후에 새로 수급자격을 취득한 경우 그 새로운 수급자격에 따른 구직급여에 대하여는 그러하지 아니하다.

☆ 직업안정기관의 장은 부정한 방법으로 급여를 받은 자에게 구직급여의 반환을 명할 수 있다.

카. 반환명령

① 직업안정기관의 장은 거짓이나 부정한 방법으로 구직급여를 지급받은 자에게 지급받은 전체 구직급여의 전부 또는 일부의 반환을 명할 수 있고, 이에 추가하여 고용노동

부령으로 정하는 기준에 따라 그 거짓이나 그 밖의 부정한 방법으로 지급받은 구직 급여액에 상당하는 액수 이하의 금액을 징수할 수 있다.

② 거짓이나 부정한 방법이 사업자(사업자의 대리인 · 고용인, 그 밖의 종업원 포함)의 거짓된 신고 · 보고 또는 증명으로 인한 것이면 그 사업자도 그 구직급여를 지급받은 자와 연대하여 책임을 진다.

③ 직업안정기관의 장은 수급자격자 또는 수급자격이 있었던 자에게 잘못 지급된 구직 급여가 있으면 그 지급금액을 징수할 수 있다.

타. 연장급여[6] – 훈련연장급여, 개별연장급여 및 특별연장급여

연장급여는 그 수급자격자가 지급받을 수 있는 구직급여의 지급이 끝난 후에 지급한다.

(가) 훈련연장급여 – 훈련이 필요하다고 인정되는 경우, 최대 2년 한도로 구직급여의 연장지급이 가능하다.

(나) 개별연장급여 – 직업안정기관의 장은 취업이 특히 곤란하고 생활이 어려운 수급자격자로서 대통령령으로 정하는 자에게는 그가 실업의 인정을 받은 날에 대하여 소정급여일수를 초과하여 구직급여를 연장하여 지급할 수 있다. 구직급여(개별연장급여)는 60일의 범위에서 지급한다.

> ▸ **대통령령으로 정하는 자** : 취업되지 아니한 자로서 ㉮ 18세 미만이나 65세 이상인 자, ㉯ 장애인고용촉진 및 직업재활법에 따른 장애인, ㉰ 1개월 이상의 요양이 요구되는 환자, ㉱ 소득이 없는 배우자, ㉲ 학업 중인 사람으로서 고용노동부장관이 정하여 고시하는 사람, ㉳ 급여기초 임금일액과 본인과 배우자의 재산합계액이 고용노동부장관이 정하여 고시한 기준 이하인 자

(다) 특별연장급여 – 경제침체 등의 상황이 지속되는 경우(소정급여일수를 초과, 구직급여를 연장 지급 가능 : 실시기간 6개월 이내)

(3) 취업촉진 수당

실직한 근로자가의 생계지원을 목적으로 하는 것보다는 구직급여를 지급받는 근로자의 재취업을 촉진하기 위하여 부가급여의 성격으로 지급하는 수당을 말한다.

☆ 고용보험법상 취업촉진 수당의 종류로는 ① 조기재취업 수당, ② 직업능력개발 수당, ③ 광역 구직활동비, ④ 이주비 등으로 나눌 수 있다(고용보험법령상 취업촉진 수당의 종류).

---

6) 연장급여는 구직급여를 지급받을 수 있는 자격을 가진 근로자가 직업안정기관의 장이 지시한 직업훈련을 받거나 실직근로자의 기능, 전문지식, 경험, 기타 노동시장의 상황 등으로 특별히 취직이 어렵다고 인정하는 경우에 소정의 급여일수에 추가로 구직급여를 지급하는 것을 말한다.

문제

고용보험법령상 취업촉진 수당의 종류에 해당하지 않는 것은?

① 조기(早期)재취업 수당 ② 직업능력개발 수당 ③ 훈련연장급여
④ 광역 구직활동비 ⑤ 이주비

정답 ③

가. 조기재취업 수당

① 조기재취업 수당은 수급자격자(외국인근로자 제외)가 안정된 직업에 재취직하거나 스스로 영리를 목적으로 하는 사업을 영위하는 경우로서 대통령령으로 정하는 기준에 해당하면 지급한다.

> ※ **조기재취업 수당의 지급기준**(시행령 제84조)
> 수급자격자가 대기기간이 지난 후 재취업한 날의 전날을 기준으로 소정급여일수를 2분의 1 이상 남기고 재취업한 경우로서 다음의 어느 하나에 해당하는 경우를 말한다.
>
> 1. 12개월 이상 계속하여 고용된 경우 : 다만, 수급자격자가 최후에 이직한 사업의 사업자나 그와 관련된 사업자로서 고용노동부령으로 정하는 사업자에게 재고용되거나 실업의 신고일 이전에 채용을 약속한 사업자에게 고용된 경우는 제외한다.
> 2. 12개월 이상 계속하여 사업을 영위한 경우 : 이 경우 수급자격자가 해당 수급기간에 해당 사업을 영위하기 위한 준비활동을 재취업활동으로 신고하여 실업으로 인정받았을 때로 한정한다.

② 다만, 수급자격자가 안정된 직업에 재취업한 날 또는 스스로 영리를 목적으로 하는 사업을 시작한 날 이전의 대통령령으로 정하는 기간(2년)에 조기재취업 수당을 지급받은 사실이 있는 경우에는 조기재취업 수당을 지급하지 아니한다.

나. 직업능력개발 수당

직업능력개발 수당은 수급자격자가 직업안정기관의 장이 지시한 직업능력개발훈련 등을 받는 경우에 그 직업능력개발훈련 등을 받는 기간에 대하여 지급한다. 단, 훈련 거부 등 급여의 지급 제한에 따라 구직급여의 지급이 정지된 기간에 대하여는 직업능력개발 수당을 지급하지 아니한다.

> ※ **직업능력개발 수당**의 지급기준(시행령 제88조)
> 수급자격자가 직업안정기관의 장이 지시한 직업훈련 등을 받은 날로서 구직급여의 지급대상이 되는 날에 대하여 지급한다. 직업능력개발 수당의 금액은 교통비, 식대 등 직업훈련 등의 수강에 필요한 비용을 고려하여 고용노동부장관이 결정하여 고시하는 금액으로 한다.

다. 광역 구직활동비

광역 구직활동비는 수급자격자가 직업안정기관의 소개에 따라 광범위한 지역에 걸쳐 구직활동을 하는 경우로서, **대통령령으로 정하는 기준에 따라 직업안정기관의 장이 필요하다고 인정하면 지급할 수 있다.**

> ※ **광역 구직활동비**(시행령 제89조)
> 수급자격자가 다음의 요건을 모두 갖춘 경우에 지급한다(교통비, 숙박비 지급).
>
> 1. 구직활동에 드는 비용이 구직활동을 위하여 방문하는 사업장의 사업자로부터 지급되지 아니하거나 지급되더라도 그 금액이 광역 구직활동비의 금액에 미달할 것
> 2. 수급자격자의 거주지로부터 구직활동을 위하여 방문하는 사업장까지의 거리가 고용노동부령으로 정하는 거리(50Km) 이상일 것(이 경우 거리는 거주지로부터 사업장까지의 통상적인 거리에 따라 계산하되, 수로(水路)의 거리는 실제 거리의 2배로 본다)

라. 이주비

이주비는 수급자격자가 취업하거나 직업안정기관의 장이 지시한 직업능력개발훈련 등을 받기 위하여 그 주거를 이전하는 경우로서 대통령령으로 정하는 기준에 따라 직업안정기관의 장이 필요하다고 인정하면 지급할 수 있다.

> ※ **이주비의 지급요건**(시행령 제90조)
> 이주비는 수급자격자가 다음의 요건을 모두 갖춘 경우에 지급한다.
>
> ※ **주거를 이전하는 경우**
> 1. 취업하거나 직업훈련 등을 받게 된 경우로서 고용노동부장관이 정하는 기준에 따라 신청지 관할 직업안정기관의 장이 주거의 변경이 필요하다고 인정할 것
> 2. 해당 수급자격자를 고용하는 사업자로부터 주거의 이전에 드는 비용이 지급되지 아니하거나 지급되더라도 그 금액이 이주비에 미달할 것
> 3. 취업을 위한 이주인 경우 1년 이상의 근로계약 기간을 정하여 취업할 것

(4) 자영업자인 피보험자에 대한 실업급여 적용의 특례

가. 자영업자인 피보험자의 실업급여 종류(제69조의2)

자영업자인 피보험자의 실업급여 종류에는 구직급여와 취업촉진 수당인 직업능력개발 수당, 광역 구직활동비, 이주비 등이 있다(실업급여수급계좌의 사용의무). 다만, 연장급여(훈련연장급여, 개별연장급여 및 특별연장급여)와 조기재취업 수당은 제외한다. 가령 고용보험법상 자영업자인 피보험자의 실업급여 종류에서 연장급여(훈련연장급여, 개별연장급여 및 특별연장급여)와 조기재취업 수당은 제외한다.

☆ 고용보험법령상 자영업자인 피보험자의 실업급여에 해당하는 종류는 구직급여와 직업능력개발 수당, 광역 구직활동비, 이주비 등이 있다.

문제

고용보험법상 자영업자인 피보험자의 실업급여 종류에 해당하는 것은?

① 조기재취업 수당 ② 훈련연장급여 ③ 개별연장급여
④ 이주비 ⑤ 특별연장급여

정답 ④

나. 구직급여의 수급요건

구직급여는 폐업한 자영업자인 피보험자가 다음의 요건을 모두 갖춘 경우에 지급한다.

1. 폐업일 이전 24개월간 자영업자인 피보험자로서 갖춘 피보험 단위기간이 통산하여 1년 이상일 것
2. 근로의 의사와 능력이 있음에도 불구하고 취업을 하지 못한 상태에 있을 것
3. 폐업사유가 수급자격의 제한 사유에 해당하지 아니할 것
4. 재취업을 위한 노력을 적극적으로 할 것

다. 구직급여일액 및 소정급여일수

① 자영업자인 피보험자로서 폐업한 수급자격자에 대한 구직급여일액은 그 수급자격자의 기초일액에 100분의 50을 곱한 금액으로 한다.

② 자영업자인 피보험자로서 폐업한 수급자격자에 대한 소정급여일수는 대기기간이 끝난 다음 날부터 계산하기 시작하여 피보험 기간에 따라 별표 2에서 정한 일수가 되는 날까지로 한다.

[별표 2] **자영업자의 구직급여의 소정급여일수**(제69조의6 관련)

구 분	피보험 기간			
	1년 이상 3년 미만	3년 이상 5년 미만	5년 이상 10년 미만	10년 이상
소정급여일수	90일	120일	150일	180일

라. 폐업사유에 따른 수급자격의 제한

폐업한 자영업자인 피보험자가 다음의 어느 하나에 해당한다고 직업안정기관의 장이 인정하는 경우에는 수급자격이 없는 것으로 본다.

1. 법령을 위반하여 허가취소를 받거나 영업정지를 받음에 따라 폐업한 경우
2. 방화 등 피보험자 본인의 중대한 귀책사유로서 고용노동부령으로 정하는 사유로 폐업한 경우
3. 매출액 등이 급격하게 감소하는 등 고용노동부령으로 정하는 사유가 아닌 경우로서 전직 또는 자영업을 다시 하기 위하여 폐업한 경우
4. 그 밖에 고용노동부령으로 정하는 정당한 사유에 해당하지 아니하는 사유로 폐업한 경우

3) 육아휴직 급여 및 육아기 근로시간단축 급여(모성보호 급여)

(1) 육아휴직 급여의 신청

① 고용노동부장관은 「남녀고용평등과 일 · 가정 양립 지원에 관한 법률」에 따른 육아휴직을 30일(근로기준법상 출산전후휴가 기간과 중복되는 기간은 제외) 이상 부여받은 (피보험자 중 다음의 요건을 모두 갖춘) 피보험자에게 육아휴직 급여를 지급한다.

※ **육아휴직 급여의 신청자격 요건**

1. 육아휴직을 시작한 날 이전에 피보험 단위기간이 통산하여 180일 이상일 것
2. 같은 자녀에 대하여 피보험자인 배우자가 30일 이상의 육아휴직(30일 미만은 제외)을 부여받지 아니하거나 「남녀고용평등과 일 · 가정 양립지원에 관한 법률」에 따른 육아기 근로시간 단축을 30일 이상 실시하지 아니하고 있을 것

가령 피보험자가 육아휴직을 시작한 날 이전에 피보험 단위기간이 통산하여 180일 이상인 경우에 육아휴직 급여를 지급한다. 또는 같은 자녀에 대하여 피보험자인 배

우자가 30일 이상의 육아휴직(30일 미만은 제외)을 부여받지 아니한 경우에 육아휴직 급여를 지급한다.

② 육아휴직 급여를 지급받으려는 사람은 육아휴직을 시작한 날 이후 1개월부터 육아휴직이 끝난 날 이후 12개월 이내에 신청하여야 한다. 다만, 해당 기간에 대통령령으로 정하는 사유로 육아휴직 급여를 신청할 수 없었던 사람은 그 사유가 끝난 후 30일 이내에 신청하여야 한다(육아휴직 급여와 육아기 근로시간 단축급여의 신청기간 동일).

대통령령으로 정하는 사유 : 육아휴직 급여 신청기간의 연장 사유(시행령 제94조)

1. 천재지변	2. 본인이나 배우자의 질병 · 부상
3. 본인이나 배우자의 직계존속 및 직계비속의 질병 · 부상	
4. 병역법에 따른 의무복무	5. 범죄혐의로 인한 구속이나 형의 집행

※ 육아휴직 급여와 육아기 근로시간 단축급여의 신청기간은 동일함.

(2) 육아휴직 급여(시행령 제95조)

① 육아휴직 급여는 육아휴직 개시일을 기준(휴직전)으로 근로기준법에 따라 산정한 월 통상임금의 100분의 40에 해당하는 금액을 월별 지급액으로 한다. 다만, 육아휴직 급여의 지급대상 기간이 1개월을 채우지 못하는 경우에는 근로기준법에 따라 산정한 월 통상임금의 100분의 40에 해당하는 금액을 해당 월에 휴직한 일수로 일할계산하여 지급한다.

② 제1항에 따른 육아휴직 급여의 상한선과 하한선은 다음 각호의 구분과 같다.

1. 제1항 본문에 따라 지급하는 경우
   가. 상한액 : 월 100만 원　나. 하한액 : 월 50만 원
2. 제1항 단서에 따라 지급하는 경우
   가. 상한액 : 월 100만 원을 그달의 일수로 나누어 산정한 금액에 육아휴직 일수를 곱하여 산정한 금액
   나. 하한액 : 월 50만 원을 그달의 일수로 나누어 산정한 금액에 육아휴직 일수를 곱하여 산정한 금액

(3) 육아기 근로시간 단축 급여

① 고용노동부장관은 육아기(대상자 : 만 6세 이하의 취학 전 아동) 근로시간 단축을 30일(근로기준법에 따른 출산전후휴가 기간과 중복되는 기간은 제외) 이상 실시한 피보험자 중 다음의 요건을 모두 갖춘 피보험자에게 육아기 근로시간 단축 급여를 지급한다.

> **※ 육아기 근로시간 단축 급여 지급요건**
> 1. 육아기 근로시간 단축을 시작한 날 이전에 피보험 단위기간이 통산하여 180일 이상일 것
> 2. 같은 자녀에 대하여 피보험자인 배우자가 30일 이상의 육아휴직을 부여받지 아니하거나 육아기 근로시간 단축을 30일 이상 실시하지 아니하고 있을 것

② 육아기 근로시간 단축 급여를 지급받으려는 사람은 육아기 근로시간 단축을 시작한 날 이후 1개월부터 끝난 날 이후 12개월 이내에 신청하여야 한다.

(4) 취업의 신고 및 지급제한

피보험자가 육아휴직 급여 기간 중에 이직 또는 새로 취업(취직한 경우 1주간의 소정근로시간이 15시간 미만인 경우 제외)하거나 사업자로부터 금품을 지급받은 경우에는 그 사실을 직업안정기관의 장에게 신고하여야 한다.

> ※ **급여의 지급 제한**
> ① 피보험자가 육아휴직 급여 기간 중에 그 사업에서 이직하거나 새로 취업한 경우(취직한 경우 1주간의 소정근로시간이 15시간 미만인 경우는 제외)에는 그 이직 또는 취업하였을 때부터 육아휴직 급여를 지급하지 아니한다.
> ② 피보험자가 사업자로부터 육아휴직을 이유로 금품을 지급받은 경우 급여를 감액하여 지급할 수 있다(육아휴직 급여의 감액).
> ③ 거짓이나 그 밖의 부정한 방법으로 육아휴직 급여를 받았거나 받으려 한 자에게는 그 급여를 받은 날 또는 받으려 한 날부터의 육아휴직 급여를 지급하지 아니한다.
> 다만, 그 급여와 관련된 육아휴직 이후에 새로 육아휴직 급여 요건을 갖춘 경우 그 새로운 요건에 따른 육아휴직 급여는 그러하지 아니하다.

4) 출산전후휴가 급여

임신과 출산 등으로 인하여 소모된 체력을 회복시키기 위하여 제공하는 급여이다. 출산한 여성 근로자의 근로의무를 면제하고 임금의 상실 없이 휴식을 보상받도록 하는 제도이다.

(1) 출산전후휴가 급여 지급

고용노동부장관은 피보험자가 근로기준법 제74조(임산부의 보호)에 따른 출산전후휴가 또는 유산·사산휴가를 받은 경우로서 다음의 요건을 모두 갖춘 경우에 출산전후휴가 급여 등을 지급한다.

> 1. 휴가가 끝난 날 이전에 피보험 단위기간이 통산하여 180일 이상일 것
> 2. 휴가를 시작한 날[근로자의 수 등이 출산전후휴가 급여 등 신청기간의 연장 사유에 해당하는 기업이 아닌 경우는 휴가 시작 후 60일(쌍아 : 75일)이 지난 날로 본다] 이후 1개월부터 휴가가 끝난 날 이후 12개월 이내에 신청할 것
> 3. 다만, 그 기간에 대통령령으로 정하는 사유(천재지변, 본인이나 배우자의 질병·부상, 본인이나 배우자의 직계존속 및 직계비속의 질병·부상, 병역법에 따른 의무복무, 범죄혐의로 인한 구속이나 형의 집행)로 출산전후휴가 급여 등 신청할 수 없었던 자는 그 사유가 끝난 후 30일 이내에 신청할 것

(2) 지급기간

출산전후휴가 급여 등은 근로기준법 제74조[임산부의 보호 : 사업자는 임신 중의 여성에게 출산 전과 출산 후를 통하여 90일(한 번에 둘 이상 자녀를 임신한 경우에는 120일)]의 출산전후휴가를 주어야 한다. 이 경우 휴가기간의 배정은 출산 후에 45일(한 번에 둘 이상 자녀를 임신한 경우에는 60일) 이상이 되어야 한다. 이에 따른 휴가기간에 대하여 근로기준법의 통상임금(휴가를 시작한 날을 기준으로 산정함)에 해당하는 금액을 지급한다[다만, 근로자의 수 등이 대통령령으로 정하는 기준에 해당하는 기업이 아닌 경우에는 휴가기간 중 60일(쌍아 : 75일, 최초 60일 유급)을 초과한 일수 30일(쌍아 : 45일, 무급) 한도로 한정함].

> **※ 근로기준법 제74조(임산부의 보호)에 따른 휴가기간**
>
> ① 사업자는 임신 중의 여성에게 출산 전과 출산 후를 통하여 90일의 출산전후휴가를 주어야 한다. 이 경우 휴가기간의 배정은 출산 후에 45일 이상이 되어야 한다.
>
> ② 사업자는 임신 중인 여성 근로자가 유산의 경험 등 대통령령으로 정하는 사유로 제1항의 휴가를 청구하는 경우 출산 전 어느 때 라도 휴가를 나누어 사용할 수 있도록 하여야 한다. 이 경우 출산 후의 휴가기간은 연속하여 45일 이상이 되어야 한다.
>
> ③ 사업자는 임신 중의 여성 근로자에게 시간 외 근로를 하게 하여서는 아니 되며, 그 근로자의 요구가 있는 경우에는 쉬운 종류의 근로로 전환하여야 한다.
>
> ④ 사업자는 출산전후휴가 종료 후에는 휴가 전과 동일한 업무 또는 동등한 수준의 임금을 지급하는 직무에 복귀시켜야 한다.

5. 고용보험기금

1) 기금의 설치 및 조성 : 고용노동부장관

고용노동부장관은 보험사업에 필요한 재원에 충당하기 위하여 고용보험기금(기금)을 설치하며, 기금은 보험료와 이 법에 따른 징수금 · 적립금 · 기금운용 수익금과 그 밖의 수입으로 조성한다.

2) 기금의 관리 · 운용

① 기금은 고용노동부장관이 관리 · 운용한다.

② 기금의 관리 · 운용에 관한 세부사항은 국가재정법의 규정에 따른다.

③ 고용노동부장관은 다음 각호의 방법에 따라 기금을 관리 · 운용한다.

> 1. 금융기관에의 예탁
> 2. 재정자금에의 예탁
> 3. 국가 · 지방자치단체 또는 금융기관에서 직접 발행하거나 채무이행을 보증하는 유가증권의 매입
> 4. 보험사업의 수행 또는 기금 증식을 위한 부동산의 취득 및 처분
> 5. 그 밖에 대통령령으로 정하는 기금 증식 방법(증권의 매입)

④ 고용노동부장관은 기금을 관리 · 운용할 때에는 그 수익이 대통령령으로 정하는 수준 이상이 되도록 하여야 한다.

3) 고용보험기금의 용도(제80조)

> 1. <u>고용안정 · 직업능력개발사업에 필요한 경비</u>
> 2. <u>실업급여의 지급</u>
> 3. <u>육아휴직 급여 및 출산전후휴가 급여 등의 지급</u>
> 4. <u>보험료의 반환</u>
> 5. <u>일시 차입금의 상환금과 이자</u>
> 6. 업무를 대행하거나 위탁받은 자에 대한 출연금
> 7. 그 밖에 이 법의 시행을 위하여 필요한 경비

㉮ 보험사업의 관리 · 운영에 드는 경비
㉯ 기금의 관리 · 운용에 드는 경비
㉰ 보험사무대행기관에 대한 교부금
㉱ 법과 보험료징수법에 따른 사업이나 업무의 위탁수수료 지급금 등의 경비와 고용안정 · 직업능력개발사업에 필요한 경비 및 실업급여의 지급에 따른 사업의 수행에 딸린 경비

☆ 직업재활 급여의 지급은 고용보험기금의 용도가 아니다.

문제

고용부험법령상 고용보헌기금의 용도가 아닌 것은?

① 직업재활 급여의 지급 ② 보험료의 반환 ③ 육아휴직 급여의 지급
④ 실업급여의 지급 ⑤ 출산전후휴가 급여의 지급

정답 ①

4) 기금의 적립

① 고용노동부장관은 대량 실업의 발생이나 그 밖의 고용상태 불안에 대비한 준비금으로 여유자금을 적립하여야 한다.

② 제1항에 따른 여유자금의 적정규모는 다음 각호와 같다.

1. 고용안정 · 직업능력개발사업 계정의 연말 적립금 : 해당 연도 지출액의 1배 이상 1.5배 미만
2. 실업급여 계정의 연말 적립금 : 해당 연도 지출액의 1.5배 이상 2배 미만

가령 고용노동부장관은 기금을 관리 · 운용할 때에는 대량 실업의 발생이나 그 밖의 고용상태 불안에 대비한 준비금으로 여유자금을 적립하여야 한다. 실업급여 계정의 연말 적립금의 적정규모는 해당 연도 지출액의 1.5배 이상 2배 미만이다.

6. 권리구제 - 심사 및 재심사 청구(제87조)

심사 및 재심사의 청구는 일종의 권리구제로서 행정심판의 성격을 지니며, 고용보험법에서 정하고 있지 아니한 사항은 행정심판법이 준용된다.

1) 심사 및 재심사 청구

① 피보험자격의 취득·상실에 대한 확인, 실업급여 및 육아휴직 급여와 출산전후휴가 급여 등에 관한 처분[원처분(原處分)]에 이의가 있는 자는 고용노동부 고용보험심사관(심사관)에게 심사를 청구할 수 있다(심사청구). 그 결정에 이의가 있는 자는 고용보험심사위원회에 재심사를 청구할 수 있다(재심사청구).

> **※ 고용보험심사위원회**
>
> 고용노동부 소속으로 피보험자격의 취득 및 상실에 대한 확인, 실업급여 등의 처분에 관한 이의를 재심사한다.
>
> ① 재심사를 하게 하기 위하여 고용노동부에 고용보험심사위원회(심사위원회)를 둔다.
>
> ② 심사위원회는 근로자를 대표하는 자 및 사업자를 대표하는 자 각 1명 이상을 포함한 15명 이내의 위원으로 구성하며, 위원 중 2명은 상임위원으로 한다.
>
> ③ 심사위원회는 재심사의 청구를 받으면 50일 이내에 재결(裁決)을 하여야 한다.
>
> 📖 고용보험심사관
>
> ① 심사를 행하게 하기 위하여 고용보험심사관을 둔다.
>
> ② 심사관은 심사청구를 받으면 30일 이내에 그 심사청구에 대한 결정을 하여야 한다. 다만, 부득이한 사정으로 그 기간에 결정할 수 없을 때에는 1차에 한하여 10일을 넘지 아니하는 범위에서 그 기간을 연장할 수 있다.
>
> ③ 당사자는 심사관에게 심리·결정의 공정을 기대하기 어려운 사정이 있으면 그 심사관에 대한 기피신청을 고용노동부장관에게 할 수 있다.
>
> ④ 심사관은 심사의 청구에 대한 심리를 위하여 필요하다고 인정하면 심사청구인의 신청 또는 직권으로 다음 각호의 조사를 할 수 있다(심사관의 권한).
>
> 1. 심사청구인 또는 관계인을 지정 장소에 출석하게 하여 질문하거나 의견을 진술하게 하는 것
> 2. 심사청구인 또는 관계인에게 증거가 될 수 있는 문서와 그 밖의 물건을 제출하게 하는 것
> 3. 전문적인 지식이나 경험을 가진 제삼자로 하여금 감정(鑑定)하게 하는 것
> 4. 사건에 관계가 있는 사업장 또는 그 밖의 장소에 출입하여 사업자·종업원이나 그 밖의 관계인에게 질문하거나 문서와 그 밖의 물건을 검사하는 것

② 심사 및 재심사의 청구는 시효중단에 관하여 재판상의 청구로 본다.

③ 심사의 청구는 원처분 등의 집행을 정지시키지 아니한다.

④ 심사의 청구는 같은 항의 확인 또는 처분이 있음을 안 날부터 90일 이내에, 재심사의 청구는 심사청구에 대한 결정이 있음을 안 날부터 90일 이내에 각각 제기하여야 한다.

TIP 심사 및 재심사청구 : 권리구제

심사청구	• 피보험자가 자격, 급여 등에 처분에 이의가 있으면 고용보험심사관에게 심사청구할 수 있음 • 처분을 안 날로부터 90일 이내에 심사청구를 해야 함 • 고용보험심사관은 30일 이내에 결정, 예외적으로 10일 정도 연장 가능
재심사청구	• 이의가 있으면 그 결정을 안 날로부터 90일 이내에 재심을 청구할 수 있음 • 재심사는 고용보험심사위원회가 50일 이내에 결정함
행정소송	• 고용보험심사위원회에 불복하는 경우 → 사법부(행정법원 : 행정소송)

대리인의 선임

심사청구인 또는 재심사청구인은 법정대리인 외에 다음 각호의 어느 하나에 해당하는 자를 대리인으로 선임할 수 있다.

1. 청구인의 배우자, 직계존속 · 비속 또는 형제자매
2. 청구인인 법인의 임원 또는 직원
3. 변호사나 공인노무사
4. 심사위원회의 허가를 받은 자

2) 원처분등의 집행 정지

① 심사의 청구는 원처분 등의 집행을 정지시키지 아니한다. 다만, 심사관은 원처분 등의 집행에 의하여 발생하는 중대한 위해(危害)를 피하기 위하여 긴급한 필요가 있다고 인정하면 직권으로 그 집행을 정지시킬 수 있다.

② 심사관은 집행을 정지시키려고 할 때에는 그 이유를 적은 문서로 그 사실을 직업안정기관의 장에게 알려야 한다.

③ 직업안정기관의 장은 통지를 받으면 지체 없이 그 집행을 정지하여야 한다.

④ 심사관은 집행을 정지시킨 경우에는 지체 없이 심사청구인에게 그 사실을 문서로 알려야 한다.

3) 결 정

심사관은 심사의 청구에 대한 심리를 마쳤을 때에는 원처분 등의 전부 또는 일부를 취소하거나 심사청구의 전부 또는 일부를 기각한다.

① 결정은 문서로 하여야 하며, 심사관은 결정을 하면 심사청구인 및 원처분 등을 한 직업안정기관의 장에게 각각 결정서의 정본을 보내야 한다(결정의 방법).

② 결정은 심사청구인 및 직업안정기관의 장에게 결정서의 정본을 보낸 날부터 효력이 발생하며, 결정은 원처분 등을 행한 직업안정기관의 장을 기속(羈束)한다(결정의 효력).

7. 보 칙

1) 불이익 처우(변경)의 금지(제105조)

사업자는 근로자가 확인의 청구를 한 것을 이유로 그 근로자에게 해고나 그 밖의 불이익한 처우를 하여서는 아니 된다(불이익 처우 금지).

2) 소멸시효 - 3년

지원금 · 실업급여 · 육아휴직 급여 또는 출산전후휴가 급여 등을 지급받거나 그 반환을 받을 권리는 3년간 행사하지 아니하면 시효로 소멸한다.

※ 수급자격의 요건에 대한 사례

[사례연구] 평생농업에 종사해 온 고씨는 만 68세이며, 전업주부인 아내와 살고 있다. 현재 경제활동을 하지 않아 소득이 전혀 없고, 재산은 전세 보증금 2,500만 원이 전부이다.

문제

클라이언트 김씨가 받을 가능성이 있는 급여가 아닌 것을 고르시오.

① 국민기초생활 보장법상 생계급여
② 국민연금법상 노령연금
③ 고용보험법상 구직급여
④ 노인복지법상 노인복지시설 이용
⑤ 기초연금법상 기초연금

해설 고용보험법은 근로자를 대상으로 하며, 65세 이상인 자도 근로를 해도 적용제외 근로자가 되기 때문에 김씨는 구직급여를 받을 수 없다. 그 이유는 2012년 8월부터 65세 이상 자도 받을 수도 있었지만 2013년 6월 4일에 법 제39조(실업급여의 적용 연장 : 개정되면서 피보험자로서 65세 전에 이직한 자가 그 이직과 관련하여 실업한 상태에서 65세가 되면 제10조 제1호에도 불구하고 이 장을 적용한다)가 삭제됨

정답 ③

3) 벌 칙

① 불이익 처우(변경)의 금지를 위반하여 근로자를 해고하거나 그 밖에 근로자에게 불이익한 처우를 한 사업자는 3년 이하의 징역 또는 3천만 원 이하의 벌금에 처한다.

② 거짓이나 그 밖의 부정한 방법으로 실업급여 · 육아휴직 급여 및 출산전후휴가 급여 등을 받은 자는 1년 이하의 징역 또는 1천만 원 이하의 벌금에 처한다.

학습 핵심문제

01 고용보험법에서 사용하는 용어에 관한 설명으로 틀린 것은?

① "보수"란 소득세법에 따른 근로소득에서 비과세 근로소득을 뺀 금액을 말한다.
② "일용근로자"는 3개월 미만 동안 고용되는 자를 말한다.
③ "이직"은 피보험자와 사업주 사이의 고용관계가 끝나게 되는 것을 말한다.
④ "실업"은 근로의 의사와 능력이 있음에도 불구하고 취업하지 못한 상태에 있는 것을 말한다.

02 고용보험법상 고용보험에 해당하지 않는 것은?

① 재활사업
② 직업능력개발사업
③ 실업급여
④ 고용안정사업

03 고용보험법 적용제외 근로자에 해당하는 자는?

① 60세에 새로 고용된 근로자
② 1개월 미만 동안 고용되는 일용근로자
③ 사립학교교직원 연금법의 적용을 받는 자
④ 1일 6시간씩 주 3일 근무하기로 한자

04 고용보험법규상 둘 이상의 사업에 일용근로자가 아닌 자로 동시에 고용되어 있는 경우 피보험자격을 취득하는 순서로 옳은 것은?

A. 통상임금이 많은 사업
B. 근로자가 선택한 사업
C. 월 소정근로시간이 많은 사업

① A → B → C
② A → C → B
③ B → C → A
④ C → A → B

05 **고용보험상 피보험자격의 취득일과 상실일에 관한 설명으로 틀린 것은?**

① 피보험자가 사망한 경우에는 사망한 날의 다음 날에 피보험자격을 상실한다.
② 적용제외 근로자였던 자가 고용보험법의 적용을 받게 된 경우 그 사업에 고용된 날에 피보험자격을 취득한 것으로 본다.
③ 보험료징수법에 따른 보험관계 성립일 전에 고용된 근로자의 경우 그 보험관계가 성립된 날 피보험자격을 취득한 것으로 본다.
④ 피보험자가 적용제외 근로자에 해당하게 된 경우 그 적용제외 대상자가 된 날 피보험자격을 상실한다.

06 **고용보험법상 사업주에게 고용창출에 대한 지원으로 임금의 일부를 지원할 수 있는 경우가 아닌 것은?**

① 정기적인 교육훈련 · 안식휴가 부여, 교대근로 또는 근로시간 단축 등을 통하여 실업자를 고용함으로써 근로자 수가 증가한 경우
② 고용노동부장관이 정하는 시설을 설치 · 운영하여 고용환경을 개선하고 실업자를 고용하여 근로자 수가 증가한 경우
③ 직무의 분할, 근무체계 개편 또는 시간제직무 개발 등을 통하여 실업자를 근로계약기간을 정하고 시간제로 근무하는 형태로 하여 새로 고용하는 경우
④ 고용보험위원회에서 심의 · 의결한 성장유망업종에 해당하는 창업기업이 실업자를 고용하는 경우

07 **고용보험법상 지역고용촉진 지원금의 지급요건으로 틀린 것은?**

① 지역고용계획이 제출된 날부터 2년 이내에 이전, 신설 또는 증설된 사업의 조업이 시작될 것
② 지역고용계획의 실시 상황과 고용된 피보험자에 대한 임금지급 상황이 적힌 서류를 갖추고 시행할 것
③ 이전, 신설 또는 증설된 사업의 조업이 시작된 날 현재 그 지정지역이나 다른 지정지역에 3개월 이상 거주한 구직자를 그 이전, 신설 또는 증설된 사업에 피보험자로 고용할 것
④ 고용정책 기본법에 따른 고용정책심의회에서 그 필요성이 인정된 사업일 것

08 고용보험법상 직업능력개발훈련을 실시하는 사업주에 대하여 비용을 지원하는 경우 고용노동부장관이 정하여 고시하는 바에 따라 지원수준을 높게 정할 수 있는 대상자로 틀린 것은?

① 일용근로자
② 근로기준법에 따른 단시간 근로자
③ 산업재해보상보험법에 따른 특수형태근로종사자
④ 「기간제 및 단시간근로자 보호 등에 관한 법률」에 따른 기간제근로자

09 고용보험법상 실업급여에 포함되지 않는 것은?

① 생계비
② 이주비
③ 구직급여
④ 조기재취업수당

10 고용보험법상 이직한 피보험자의 구직급여 수급요건으로 틀린 것은?

① 이직일 이전 18개월간 피보험 단위기간이 통산하여 150일 이상일 것
② 근로의 의사와 능력이 있음에도 불구하고 취업하지 못한 상태에 있을 것
③ 재취업을 위한 노력을 적극적으로 할 것
④ 일용근로자는 수급자격 인정 신청일 이전 1개월 동안의 근로일수가 10일 미만일 것

11 고용보험법상 피보험 기간이 5년 이상 10년 미만이고, 이직일 현재 연령이 50세 이상인 경우의 구직급여 소정 급여일수는?

① 150일
② 180일
③ 210일
④ 240일

12 고용보험법상 구직급여의 수급 수준에 직접적인 영향을 미치지 않는 요소는?

① 가입자(신청인)의 가입기간
② 가입자(신청인)의 연령
③ 가입자(신청인)의 평균임금
④ 가입자(신청인)의 가족 수

13 다음 (　　)에 알맞은 것은?

> 고용보험법상 구직급여를 지급받고자 하는 자는 이직 후 (　　) 직업안정기관에 출석하여 실업을 신고하여야 한다.

① 14일 이내에
② 7일 이내에
③ 3일 이내에
④ 지체 없이

14 고용보험법상 자영업자인 피보험자의 실업급여에 관한 내용이다. (　　)에 알맞은 것은?

> 구직급여는 폐업한 자영업자인 피보험자가 폐업일 이전 (A)간 자영업자인 피보험자로서 갖춘 피보험 단위기간이 통산하여 (A) 이상이 되어야 지급한다.

① A : 12개월, B : 180일
② A : 18개월, B : 180일
③ A : 18개월, B : 1년
④ A : 24개월, B : 1년

15 고용보험법상 자영업자인 피보험자의 실업급여의 종류로 틀린 것은?

① 조기재취업 수당
② 직업능력개발 수당
③ 광역 구직활동비
④ 구직급여

16 고용보험법상 실업급여를 지급받을 권리는 몇 년간 행사하지 아니하면 시효로 소멸하는가?

① 1년
② 2년
③ 3년
④ 5년

17 고용보험법상 취업촉진수당이 아닌 것은?

① 이주비
② 직업능력개발 수당
③ 조기재취업수당
④ 구직급여

18 고용보험법상 육아휴직 급여에 관한 설명으로 옳은 것은?

① 피보험자가 「남녀고용평등 및 일 · 가정 양립 지원에 관한 법률」에 따른 육아휴직을 10일 이상 부여받은 경우에 육아휴직 급여를 지급한다.

② 같은 자녀에 대하여 피보험자인 배우자가 30일 이상의 육아휴직을 부여받은 경우에 육아휴직 급여를 지급한다.

③ 피보험자가 육아휴직을 시작한 날 이전에 피보험 단위 기간이 통산하여 90일 이상인 경우에 육아휴직 급여를 지급한다.

④ 피보험자가 육아휴직 급여 기간 중에 그 사업에서 이직한 경우에는 이직하였을 때부터 육아휴직 급여를 지급하지 아니한다.

19 **고용보험법령상 고용노동부장관은 고용보험기금을 관리 · 운용함에 있어 대량 실업의 발생이나 그 밖의 고용상태 불안에 대비한 준비금을 여유자금으로 적립하여야 한다. 실업급여 계정의 연말 적립금의 적정규모는?**

① 해당연도 지출액의 1배

② 해당연도 지출액의 1배 이상 2배 미만

③ 해당연도 지출액의 1.5배 이상 2배 미만

④ 해당연도 지출액의 1.5배 이상 2.5배 미만

20 **고용보험의 심사청구와 관련된 설명으로 틀린 것은?**

① 심사청구는 즉시 원처분의 집행을 정지시킨다.

② 결정은 원처분 등을 행한 직업안정기관의 장을 기속한다.

③ 심사의 청구는 대통령령으로 정하는 바에 따라 문서로 하여야 한다.

④ 직업안정기관은 심사청구서를 받은 날부터 5일 이내에 의견서를 첨부하여 심사청구서를 심사관에게 보내야 한다.

21 **고용보험법상 내용으로 틀린 것은?**

① 이직이란 피보험자와 사업주 사이의 고용관계가 끝나게 되는 것을 말한다.

② 일용근로자란 2개월 미만 동안 고용되는 자를 말한다.

③ 실업이란 근로의 의사와 능력이 있음에도 불구하고 취업하지 못한 상태에 있는 것을 말한다.

④ 고용보험은 고용노동부장관이 관장한다.

22 **고용보험법의 적용이 제외되는 자가 아닌 것은?**

① 65세 이후에 고용되거나 자영업을 개시한 자
② 국가공무원법에 의한 공무원
③ 6개월 미만의 기간 동안 고용되는 근로자
④ 별정우체국법에 의한 별정우체국 직원

23 **고용보험법상 실업의 신고 및 인정에 대한 설명으로 옳은 것은?**

① 구직급여를 지급받으려는 자는 이직 후 14일 이내에 직업안정기관에 출석하여 실업을 신고하여야 한다.
② 구직급여는 실업의 인정을 받은 날루부터 지급한다.
③ 구직급여는 이 법에 따로 규정이 있는 경우 외에는 그 구직급여의 수급자격과 관련된 이직일의 다음 날부터 계산하기 시작하여 10개월 내에 소정급여일수를 한도로 하여 지급한다.
④ 구직급여는 수급자격자가 실업한 상태에 있는 날 중에서 직업안정기관의 장으로부터 실업의 인정을 받은 날에 대하여 지급한다.

정답 01. ② 02. ① 03. ① 04. ② 05. ② 06. ③ 07. ① 08. ③ 09. ① 10. ① 11. ③ 12. ④ 13. ④ 14. ④ 15. ① 16. ③ 17. ④ 18. ④ 19. ③ 20. ① 21. ② 22. ③ 23. ④

노 · 동 · 관 · 계 · 법 · 규

CHAPTER

12 근로자직업능력 개발법 (약칭 : 직업능력개발법)

[시행 2016.7.28] [법률 제13902호, 2016.1.27., 일부개정] 고용노동부(직업능력정책과)

1. 총 칙

1) 목 적

이 법은 근로자의 생애에 걸친 직업능력개발을 촉진·지원하고 산업현장에서 필요로 하는 기술·기능인력을 양성하며 산학협력 등에 관한 사업을 수행함으로써 근로자의 고용촉진·고용안정 및 사회·경제적 지위 향상과 기업의 생산성 향상을 도모하고 능력중심사회의 구현 및 사회·경제의 발전에 이바지함을 목적으로 한다.

2) 용어의 뜻

1. "직업능력개발훈련"이란 근로자에게 직업에 필요한 직무수행능력을 습득·향상시키기 위하여 실시하는 훈련을 말한다.
2. "직업능력개발사업"이란 직업능력개발훈련, 직업능력개발훈련 과정·매체의 개발 및 직업능력개발에 관한 조사·연구 등을 하는 사업을 말한다.
3. "직업능력개발훈련시설"이란 다음 각 목의 시설을 말한다.

가. 공공직업훈련시설 : 국가·지방자치단체 및 대통령령으로 정하는 공공단체가 직업능력개발훈련을 위하여 설치한 시설로서 고용노동부장관과 협의하거나 고용노동부장관의 승인을 받아 설치한 시설

나. 지정직업훈련시설 : 직업능력개발훈련을 위하여 설립·설치된 직업전문학교·실용전문학교 등의 시설로서 고용노동부장관이 지정한 시설

4. “근로자”란 사업자에게 고용된 사람과 취업할 의사가 있는 사람을 말한다. 예컨대 근로의사와 능력이 있으나 취업하지 못한 상태에 있는 실업급여수급자는 비자발적 실업자로서 직업능력개발훈련의 대상이 되는 근로자에 해당한다. 다만, 전업주부, 고령자, 학생, 군인, 교도소 수형자, 심신장애인 등은 근로자직업능력 개발법상 직업능력개발훈련의 대상이 되는 근로자에 해당하지 않는다.
5. “기능대학”이란 고등교육법에 따른 전문대학으로서 학위과정인 다기능기술자 과정 또는 학위전공심화 과정을 운영하면서 직업훈련 과정을 병설운영하는 교육 · 훈련기관을 말한다.

3) 직업능력개발훈련의 기본 원칙

① 직업능력개발훈련은 근로자 개인의 희망 · 적성 · 능력에 맞게 근로자의 생애에 걸쳐 체계적으로 실시되어야 한다.

② 직업능력개발훈련은 민간의 자율과 창의성이 존중되도록 하여야 하며, 노사의 참여와 협력을 바탕으로 실시되어야 한다.

③ 직업능력개발훈련은 근로자의 성별, 연령, 신체적 조건, 고용형태, 신앙 또는 사회적 신분 등에 따라 차별하여 실시되어서는 아니 되며, 모든 근로자에게 균등한 기회가 보장되도록 하여야 한다.

④ 다음 각호의 사람을 대상으로 하는 직업능력개발훈련은 중요시되어야 한다.

※ **직업능력개발훈련의 중요한 대상자**

1. 고령자 · 장애인
2. 국민기초생활 보장법에 따른 수급권자
3. 「국가유공자 등 예우 및 지원에 관한 법률」에 따른 국가유공자와 그 유족 또는 가족이나 「보훈보상대상자 지원에 관한 법률」에 따른 보훈보상대상자와 그 유족 또는 가족
4. 「5 · 18민주유공자예우에 관한 법률」에 따른 5 · 18민주유공자와 그 유족 또는 가족
5. 「제대군인지원에 관한 법률」에 따른 제대군인 및 전역예정자
6. 여성근로자
7. 중소기업기본법에 따른 중소기업의 근로자
8. 삭제 〈2016.1.27〉 : 제조업의 생산직근로자 삭제
9. 일용근로자, 단시간근로자, 기간을 정하여 근로계약을 체결한 근로자, 일시적 사업에 고용된 근로자
10. 「파견근로자보호 등에 관한 법률」에 따른 파견근로자

가령 근로자직업능력 개발법상 직업능력개발훈련이 중요시되어야 할 사람은 고령자 · 장애인, 국민기초생활 보장법에 따른 수급권자 등이 해당된다(비진학 청소년 X).

⑤ 직업능력개발훈련은 교육관계법에 따른 학교교육 및 산업현장과 긴밀하게 연계될 수 있도록 하여야 한다.

⑥ 직업능력개발훈련은 근로자의 직무능력과 고용가능성을 높일 수 있도록 지역 · 산업현장의 수요가 반영되어야 한다. 〈신설 2016.1.27〉

4) 국가 및 사업자 등의 책무

① 국가와 지방자치단체는 근로자의 생애에 걸친 직업능력개발을 위하여 사업자 · 사업자단체 및 근로자단체 등이 하는 직업능력개발사업과 근로자가 자율적으로 수강하는 직업능력개발훈련 등을 촉진 · 지원하기 위하여 필요한 시책을 마련하여야 한다. 이 경우 국가는 지방자치단체가 마련한 시책을 시행하는 데에 필요한 지원을 할 수 있다.

② 사업자는 근로자를 대상으로 직업능력개발훈련을 실시하고, 직업능력개발훈련에 많은 근로자가 참여하도록 하며, 근로자에게 직업능력개발을 위한 휴가를 주거나 인력개발담당자(직업능력개발훈련시설 및 기업 등에서 직업능력개발사업의 기획 · 운영 · 평가 등을 하는 사람)를 선임하는 등 직업능력개발훈련 여건을 조성하기 위한 노력을 하여야 한다.

③ 근로자는 자신의 적성과 능력에 따른 직업능력개발을 위하여 노력하여야 하고, 국가 · 지방자치단체 또는 사업자 등이 하는 직업능력개발사업에 협조하여야 한다.

④ 사업자단체, 근로자단체, 지역인적자원개발위원회 및 산업발전법에 따른 산업부문별 인적자원개발협의체 등은 직업능력개발훈련이 산업현장의 수요에 맞추어 이루어지도록 지역별 · 산업부문별 직업능력개발훈련 수요조사 등 필요한 노력을 하여야 한다.

⑤ 직업능력개발훈련을 실시하는 자는 직업능력개발훈련에 관한 상담 · 취업지도, 선발기준 마련 등을 함으로써 근로자가 자신의 적성과 능력에 맞는 직업능력개발훈련을 받을 수 있도록 노력하여야 한다.

5) 직업능력개발기본계획의 수립

① 고용노동부장관은 관계 중앙행정기관의 장과 협의하고 고용정책 기본법에 따른 고용정책심의회의 심의를 거쳐 근로자의 직업능력개발 촉진에 관한 기본계획(직업능력개발기본계획)을 5년마다 수립 · 시행하여야 한다.

② 직업능력개발기본계획에는 다음 각호의 사항이 포함되어야 한다.

1. 직업능력개발에 관한 정책의 기본 방향
2. 직전 직업능력개발기본계획에 대한 평가
3. 고용정책 기본법에 따른 인력의 수급 동향 및 전망을 반영한 직업능력개발훈련의 수급에 관한 사항
4. 근로자가 자율적으로 행하는 직업능력개발훈련에 대한 지원에 관한 사항
5. 사업자가 근로자를 위하여 실시하는 직업능력개발사업에 대한 지원에 관한 사항
6. 근로자단체, 사업자단체 또는 산업부문별 인적자원개발협의체 등이 하는 직업능력개발사업에 대한 지원에 관한 사항
7. 산업발전의 추이와 노동시장의 인력수급 상황을 감안하여 국가경제의 지속적인 발전에 필요한 인력의 양성에 관한 사항
8. 직업능력개발훈련의 표준 설정, 직업능력개발훈련교사 및 인력개발담당자의 육성 · 지원, 직업능력개발훈련 매체 및 방법의 개발 · 보급 등 직업능력개발훈련의 여건 조성에 관한 사항
9. 직업능력개발훈련과 자격의 연계에 관한 사항
10. 직업능력개발사업의 평가에 관한 사항
11. 그 밖에 근로자의 고용촉진 및 고용안정을 위하여 직업능력개발사업을 할 필요가 있다고 인정되는 사항

③ 고용노동부장관은 직업능력개발기본계획을 수립하는 경우에는 사업자단체 및 근로자단체 등 관련 기관 · 단체 등의 의견을 수렴하여야 한다.

④ 고용노동부장관이 직업능력개발기본계획을 수립한 때에는 지체 없이 국회 소관 상임위원회에 보고하여야 한다. 〈신설 2016.1.27〉

6) 직업능력개발정보망의 구축

① 고용노동부장관은 직업능력개발에 관한 정보의 수집 · 관리 · 제공, 근로자의 직업능

력개발 경력의 관리 및 직업능력개발과 자격의 효율적 연계를 위하여 직업능력개발정보망을 구축하여야 한다.

② 고용노동부장관은 직업능력개발사업을 하는 자 또는 관계행정기관장 등에게 직업능력개발정보망의 구축·운영에 필요한 자료 제출을 요구할 수 있다. 직업능력개발사업을 하는 자 또는 관계행정기관장 등은 특별한 사정이 없으면 그 요구에 적극 협조하여야 한다.

③ 고용노동부장관은 관계행정기관장 등이 직업능력개발정보망을 활용하여 업무를 처리할 수 있도록 필요한 조치를 취하여야 한다.

2. 직업능력개발훈련

1) 직업능력개발훈련의 관리

고용노동부장관은 직업능력개발훈련이 보다 높은 성과를 달성할 수 있도록 다음의 업무를 수행할 수 있다. [본조신설 2016.1.27]

1. 직종별·수준별 직업능력개발훈련 지원기준 마련
2. 직업능력개발훈련시설 등에 대한 인증
3. 직업능력개발훈련시설 등이 국가 또는 지방자치단체로부터 받은 지원금·융자금 등의 운용실태에 대한 감사
4. 직업능력개발훈련 과정에 대한 심사 등 성과관리를 위한 업무
5. 직업능력개발훈련 과정에 대한 부정행위 조사 및 분석
6. 그 밖에 직업능력개발훈련의 성과를 높이기 위하여 필요한 사항

2) 직업능력개발훈련의 구분 및 실시방법(시행령 제3조)

① 직업능력개발훈련은 훈련의 목적에 따라 다음 각호와 같이 구분한다.

> 1. 양성훈련 : 근로자에게 작업에 필요한 기초적 직무수행 능력을 습득시키기 위하여 실시하는 직업능력개발훈련
> 2. 향상훈련 : 양성훈련을 받은 사람이나 직업에 필요한 기초적 직무수행 능력을 가지고 있는 사람에게 더 높은 직무수행 능력을 습득시키거나 기술발전에 맞추어 지식 · 기능을 보충하게 하기 위하여 실시하는 직업능력개발훈련
> 3. 전직훈련 : 근로자에게 종전의 직업과 유사하거나 새로운 직업에 필요한 직무수행 능력을 습득시키기 위하여 실시하는 직업능력개발훈련

② 직업능력개발훈련은 다음 각호의 방법으로 실시한다(직업능력개발훈련의 실시방법 구분).

> 1. 집체훈련 : 직업능력개발훈련을 실시하기 위하여 설치한 훈련전용시설이나 그 밖에 훈련을 실시하기에 적합한 시설(산업체의 생산시설 및 근무장소 제외)에서 실시하는 방법
> 2. 현장훈련 : 산업체의 생산시설 또는 근무장소에서 실시하는 방법
> 3. 원격훈련 : 먼 곳에 있는 사람에게 정보통신매체 등을 이용하여 실시하는 방법
> 4. 혼합훈련 : 제1호부터 제3호까지의 훈련방법을 2개 이상 병행하여 실시하는 방법

※ **직업능력개발훈련의 대상 연령** : 직업능력개발훈련은 15세 이상인 사람에게 실시하되, 직업능력개발훈련시설의 장은 훈련의 직종 및 내용에 따라 15세 이상으로서 훈련대상자의 연령범위를 따로 정하거나 필요한 학력, 경력 또는 자격을 정할 수 있다.

3) 직업능력개발훈련의 표준

① 고용노동부장관은 직업능력개발훈련의 상호호환 · 인정 · 교류가 가능하도록 직업능력개발훈련과 관련된 기술 · 자원 · 운영 등에 관한 표준(직업능력개발훈련의 표준)을 정할 수 있다.

② 고용노동부장관은 직업능력개발훈련의 표준을 정하려는 경우에는 사업자단체 및 근로자단체 등 관련 기관 · 단체 등의 의견을 수렴하여야 한다.

③ 고용노동부장관은 교육부장관과 협의하여 자격기본법에 따른 국가직무능력표준에 근거하여 직업능력개발훈련과 자격을 연계하는 체계를 구축하는 등 직업능력개발훈련이 자격 또는 학력과 연계되도록 노력하여야 한다.

4) 훈련계약과 권리 · 의무

① 사업자와 직업능력개발훈련을 받으려는 근로자는 직업능력개발훈련에 따른 권리 · 의무 등에 관하여 훈련계약을 체결할 수 있다.

② 사업자는 훈련계약을 체결할 때에는 해당 직업능력개발훈련을 받는 사람이 직업능력개발훈련을 이수한 후에 사업자가 지정하는 업무에 일정 기간 종사하도록 할 수 있다. 이 경우 그 기간은 5년 이내로 하되, 직업능력개발훈련 기간의 3배를 초과할 수 없다.

③ 훈련계약을 체결하지 아니한 경우에 고용근로자가 받은 직업능력개발훈련에 대하여는 그 근로자가 근로를 제공한 것으로 본다.

④ 훈련계약을 체결하지 아니한 사업자는 직업능력개발훈련을 근로기준법에 따른 근로시간(기준근로시간) 내에 실시하되, 해당 근로자와 합의한 경우에는 기준근로시간 외의 시간에 직업능력개발훈련을 실시할 수 있다.

⑤ 기준근로시간 외의 훈련시간에 대하여는 생산시설을 이용하거나 근무장소에서 하는 직업능력개발훈련의 경우를 제외하고는 연장근로와 야간근로에 해당하는 임금을 지급하지 아니할 수 있다.

5) 훈련수당

직업능력개발훈련을 실시하는 자는 직업능력개발훈련을 받는 훈련생에게 훈련수당을 지급할 수 있다.

6) 재해 위로금

① 직업능력개발훈련을 실시하는 자는 해당 훈련시설에서 직업능력개발훈련을 받는 근로자(산업재해보상보험법을 적용받는 사람 제외)가 직업능력개발훈련 중에 그 직업능력개발훈련으로 인하여 재해를 입은 경우에는 재해 위로금을 지급하여야 한다.

② 이 경우 위탁에 의한 직업능력개발훈련을 받는 근로자에 대하여는 그 위탁자가 재해 위로금을 부담하되, 위탁받은 자의 훈련시설의 결함이나 그 밖에 위탁받은 자에게 책임이 있는 사유로 인하여 재해가 발생한 경우에는 위탁받은 자가 재해 위로금을 지급하여야 한다.

> **※ 재해 위로금의 산정기준**
> 재해 위로금의 지급에 관하여는 근로기준법 제8장(재해보상 규정)을 준용한다(제79조 : 휴업보상 규정 제외). 이 경우 재해 위로금의 산정기준이 되는 평균임금은 산업재해보상보험법에 따라 고용노동부장관이 매년 정하여 고시하는 최고 보상기준 금액 및 최저 보상기준 금액을 각각 그 상한 및 하한으로 한다.

7) 공공단체의 직업능력개발사업

공공단체는 근로자의 직업능력개발을 위하여 다음 각호의 사업을 할 수 있다.

1. 사람에 대한 직업능력개발훈련
2. 국가기간 · 전략산업직종의 인력수급을 위한 직업능력개발훈련
3. 직업능력개발사업에 관한 조사 · 교육 · 홍보사업
4. 직업능력개발훈련 과정 · 매체 및 방법 등의 개발 · 보급사업
5. 직업능력개발훈련교사와 인력개발담당자의 양성 및 능력개발사업
6. 그 밖에 대통령령으로 정하는 사업

3. 근로자의 자율적인 직업능력개발 지원

1) 실업자 등에 대한 직업능력개발훈련 지원

① 국가와 지방자치단체는 다음 각호의 어느 하나에 해당하는 사람(실업자 등)의 고용촉진 및 고용안정을 위하여 직업능력개발훈련을 실시하거나 직업능력개발훈련을 받는 사람에게 비용을 지원할 수 있다.

※ **직업능력개발훈련 지원에 관한 실업자 등에 해당하는 사람**

1. 실업자
2. 국민기초생활 보장법에 따른 수급권자, 여성가장 또는 청소년으로서 대통령령으로 정하는 요건에 해당하는 사람

> 1. 국민기초생활 보장법에 따라 생계급여를 받는 사람 중 국민기초생활 보장법 시행령에 따른 취업대상자

> 2. 국민기초생활 보장법에 따른 자활급여를 받는 사람 중 기능 습득의 지원대상자
> 3. 그 밖에 국민기초생활 보장법에 따른 생계급여를 받거나 자활급여를 받는 사람 중 직업능력개발훈련이 필요한 사람으로서 고용노동부장관이 정하여 고시하는 사람

3. 다음 각 목의 어느 하나에 해당하는 여성가장

> 1. 이혼, 사별 등의 사유로 배우자가 없는 사람
> 2. 미혼여성으로 부모가 모두 없거나 부모가 모두 부양능력이 없는 사람
> 3. 본인과 주민등록표상 세대를 같이하는 배우자, 본인 또는 배우자의 직계혈족 및 형제 · 자매로서 60세 이상 또는 18세 미만이거나 장애, 질병, 군복무 및 재학 등의 사유로 근로능력이 없다고 인정되는 사람을 부양하는 사람
> 4. 그 밖에 취업 촉진을 위한 직업능력개발훈련이 필요한 여성가장으로서 고용노동부장관이 정하여 고시하는 사람

3. 초 · 중등교육법에 따른 고등학교(동등수준의 학력을 인정받는 학교 포함) 또는 고등교육법에 따른 학교에 진학하지 아니할 것으로 예정된 사람 중 고용노동부령으로 정하는 청소년
4. 그 밖에 대통령령으로 정하는 사람

> 1. 한부모가족 지원법에 따른 지원대상자
> 2. 자영업자 중 직업능력개발훈련이 필요한 사람으로서 고용노동부장관이 정하여 고시하는 사람
> 3. 「고용상 연령차별금지 및 고령자고용촉진에 관한 법률」에 따른 고령자 및 준고령자
> 4. 장애인고용촉진 및 직업재활법에 따른 장애인
> 5. 「국가유공자 등 예우 및 지원에 관한 법률」에 따른 국가유공자와 그 유족 또는 가족
> 6. 「5 · 18민주유공자예우에 관한 법률」에 따른 5 · 18민주유공자와 그 유족 또는 가족
> 7. 「특수임무유공자 예우 및 단체설립에 관한 법률」에 따른 특수임무유공자로서 등록된 자와 그 유족 또는 가족
> 8. 「제대군인지원에 관한 법률」에 따른 제대군인(전역예정자 포함)
> 9. 농업 · 농촌 및 식품산업 기본법에 따른 농업인 또는 수산업 · 어촌 발전 기본법에 따른 어업인으로서 농어업 이외의 직업에 취업하려는 사람과 그 가족
> 10. 「북한이탈주민의 보호 및 정착지원에 관한 법률」에 따른 북한이탈주민
> 11. 다문화가족지원법에 따른 다문화가족의 구성원

> 12. 난민법에 따른 난민인정자로서 법무부장관이 직업능력개발훈련이 필요하다고 인정하여 고용노동부장관에게 추천하는 사람
> 13. 고등교육법에 따른 학교의 재학생으로서 졸업이 예정된 사람

2) 국가기간 · 전략산업직종에 대한 직업능력개발훈련의 실시

국가와 지방자치단체는 다음 각호의 직종(국가기간 · 전략산업직종)에 대한 원활한 인력수급을 위하여 필요한 직업능력개발훈련을 실시할 수 있다.

> 1. 국가경제의 기간(基幹)이 되는 산업 중 인력이 부족한 직종
> 2. 정보통신산업 · 자동차산업 등 국가전략산업 중 인력이 부족한 직종
> 3. 산업현장의 인력수요 증대에 따라 인력을 양성할 필요가 있다고 고용노동부장관이 고시한 직종

※ **직업능력개발훈련의 위탁** : 직업능력개발훈련을 실시하려는 국가 또는 지방자치단체는 대통령령으로 정하는 자와 위탁계약을 체결하여 직업능력개발훈련을 실시할 수 있다.

3) 근로자의 자율적 직업능력개발 지원

① 고용노동부장관은 근로자(실업자 등은 제외)의 자율적인 직업능력개발을 지원하기 위하여 근로자에게 다음 각호의 비용을 지원하거나 융자할 수 있다.

> 1. 고용노동부장관의 인정을 받은 직업능력개발훈련 과정의 수강 비용
> 2. 고등교육법에 따른 전문대학 또는 이와 같은 수준 이상의 학력이 인정되는 교육과정의 수업료 및 그 밖의 납부금
> 3. 그 밖에 제1호 및 제2호의 비용에 준하는 비용으로서 대통령령으로 정하는 비용

② 고용노동부장관은 지원 또는 융자를 하는 경우에 다음 각호의 근로자를 우대할 수 있다.

> 1. 우선지원 대상기업에 고용된 근로자
> 2. 일용근로자
> 3. 「기간제 및 단시간근로자 보호 등에 관한 법률」에 따른 기간제근로자
> 4. 「기간제 및 단시간근로자 보호 등에 관한 법률」에 따른 단시간근로자
> 5. 「파견근로자보호 등에 관한 법률」에 따른 파견근로자

4) 직업능력개발계좌의 발급 및 운영

① 고용노동부장관은 다음의 어느 하나에 해당하는 사람의 자율적 직업능력개발을 지원하기 위하여 직업능력개발훈련 비용을 지원하는 계좌(직업능력개발계좌)를 발급하고 이들의 직업능력개발에 관한 이력을 종합적으로 관리하는 제도를 운영할 수 있다.

1. 실업자 등 2. 전직 · 창업 등을 준비하는 취업 중인 근로자로서 고용노동부장관이 정하는 사람

② 고용노동부장관은 제1항 각호의 어느 하나에 해당하는 사람이 직업능력개발계좌를 활용하여 필요한 직업능력개발훈련을 받을 수 있도록 직업능력개발계좌에서 훈련비용이 지급되는 직업능력개발훈련 과정(계좌적합훈련 과정)에 대한 정보를 제공하여야 한다.

※ **직업능력개발계좌제도**

① 고용노동부장관은 직업능력개발계좌의 발급을 신청한 근로자가 직업능력개발훈련이 필요하다고 판단되는 경우에는 직업능력개발훈련 비용과 직업능력개발에 관한 이력을 전산으로 종합관리하는 직업능력개발계좌를 발급할 수 있다.

② 고용노동부장관은 직업능력개발계좌를 발급받은 근로자가 계좌적합훈련 과정을 수강하는 경우에 고용노동부령으로 정하는 한도(직업능력개발계좌가 개설된 근로자 1명당 1년에 한하여 200만 원)에서 그 훈련비용의 전부 또는 일부를 지원할 수 있다(저소득층근로자 제외). 이 경우 고용노동부장관은 훈련직종, 훈련대상자의 특성 등을 고려하여 훈련비용의 지원수준을 달리 정할 수 있다.

※ **직업능력개발훈련과정 · 계좌적합훈련과정의 인정** : 근로자가 훈련비용을 지원 또는 융자받을 수 있는 직업능력개발훈련을 실시하려는 자와 계좌적합훈련 과정을 운영하려는 자는 그 직업능력개발훈련 과정(계좌적합훈련 과정 포함)에 대하여 고용노동부장관으로부터 인정을 받아야 한다.

4. 사업자 등의 직업능력개발사업 지원

1) 사업자 및 사업자단체 등에 대한 직업능력개발 지원

① 고용노동부장관은 다음 각호의 어느 하나에 해당하는 직업능력개발사업을 하는 사업자나 사업자단체 · 근로자단체 또는 그 연합체(사업자단체 등)에게 그 사업에 필요한 비용을 지원하거나 융자할 수 있다.

> ※ 직업능력개발사업을 하는 사업자단체 등에게 지원
> 1. 근로자 직업능력개발훈련(위탁하여 실시하는 경우 포함)
> 2. 근로자를 대상으로 하는 자격검정사업
> 3. 고용보험법 우선지원대상기업 또는 중소기업과 공동으로 우선지원대상기업 또는 중소기업에서 근무하는 근로자 등을 위하여 실시하는 직업능력개발사업
> 4. 직업능력개발훈련을 위하여 필요한 시설(기숙사) 및 장비 · 기자재를 설치 · 보수하는 등의 사업
> 5. 직업능력개발에 대한 조사 · 연구, 직업능력개발훈련 과정 및 매체의 개발 · 보급 등의 사업
> 6. 그 밖에 대통령령으로 정하는 사업
>
> > 1. 기업의 학습조직 · 인적자원 개발체제를 구축하기 위하여 실시하는 사업
> > 2. 근로자의 경력개발 관리를 위하여 실시하는 사업
> > 3. 근로자의 직업능력개발을 위한 정보망 구축사업
> > 4. 직업능력개발사업에 관한 교육 및 홍보 사업
> > 5. 건설근로자의 직업능력개발 지원사업
> > 6. 직업능력개발훈련교사 및 인력개발담당자(직업능력개발훈련 시설 및 기업 등에서 직업능력개발사업의 기획 · 운영 · 평가 등을 하는 사람을 말함)의 능력개발사업

② 고용노동부장관은 지원 또는 융자를 하는 경우에 해당 사업자 외의 다른 사업자에게 고용된 근로자를 대상으로 하는 직업능력개발훈련이나 국가기간 · 전략산업직종에 대한 직업능력개발훈련 등에 해당하는 직업능력개발사업을 하는 사업자 또는 사업자단체 등을 우대할 수 있다.

2) 산업부문별 직업능력개발사업 지원

① 고용노동부장관은 산업부문별 직업능력개발사업을 촉진하기 위하여 산업부문별 인적자원개발협의체, 근로자단체 및 사업자단체 등이 다음 각호의 어느 하나에 해당하는 사업을 실시하는 경우 필요한 비용을 지원하거나 융자할 수 있다.

> 1. 산업부문별 인력수급 및 직업능력개발훈련 수요에 대한 조사 · 분석
> 2. 자격 및 직업능력개발훈련 기준의 개발 · 보급
> 3. 직업능력개발훈련 과정 및 매체 등의 개발 · 보완 · 보급사업
> 4. 제1호부터 제3호까지의 사업에 준하는 직업능력개발사업으로서 대통령령으로 정하는 사업

3) 지역인적자원개발위원회의 구성 · 운영 [본조신설 2016.1.27]

고용노동부장관은 다음 각호에 관한 사항을 심의하기 위하여 지역별로 인적자원개발위원회(지역인적자원개발위원회)를 설치 · 운영할 수 있다.

1. 지역 인력양성 기본계획의 수립
2. 지역 내 인력 및 교육훈련 수요조사
3. 지역 교육훈련기관 및 과정에 대한 현황 조사
4. 지역 내 인적자원개발 관련 재원 배분 및 조정
5. 지역 내 인력양성사업의 연계와 평가
6. 해당 지역에서 중앙행정기관 및 지방자치단체가 실시하는 인력양성사업의 효율화를 위한 개선 및 예산 반영 의견 제시
7. 그 밖에 지역의 인적자원개발 활성화를 위하여 필요한 사항으로서 대통령령으로 정하는 사항

4) 지역인적자원개발위원회에 대한 지원 [본조신설 2016.1.27]

① 고용노동부장관 또는 지방자치단체의 장은 예산의 범위에서 지역인적자원개발위원회의 운영에 필요한 비용의 전부 또는 일부를 지원할 수 있다.

② 중앙행정기관의 장, 지방자치단체의 장 등이 지역 단위 인력양성사업을 추진하거나 그 계획을 수립할 때에는 지역인적자원개발위원회의 의견을 들어야 한다.

③ 고용노동부장관은 지역인적자원개발위원회가 실시하는 교육훈련 수요조사와 인력양성 기본계획 수립을 지원하기 위하여 전문연구기관을 지정할 수 있다.

5) 직업능력개발단체의 직업능력개발사업 지원

고용노동부장관은 대통령령으로 정하는 비영리법인 또는 비영리단체(직업능력개발단체)가 실시하는 직업능력개발사업에 필요한 비용을 지원하거나 융자할 수 있다.

※ 대통령령으로 정하는 비영리법인 또는 비영리단체

1. 다른 법률에 따라 직업능력개발사업을 실시할 목적으로 설립된 비영리법인 또는 비영리단체
2. 「정부출연연구기관 등의 설립 · 운영 및 육성에 관한 법률」 및 「과학기술분야 정부출연연구 기관 등의 설립 · 운영 및 육성에 관한 법률」에 따른 연구기관 중 직업능력개발사업과 관련되는 조사 · 연구를 수행하는 연구기관

3. 국가나 지방자치단체가 출연하여 설립한 비영리법인(제2조 각호의 공공단체는 제외한다) 중 고용노동부장관이 정하는 비영리법인
4. 고등교육법에 따른 학교

6) 직업능력개발훈련과정의 인정 및 인정취소

① 직업능력개발훈련을 실시하려는 자(직업능력개발훈련을 위탁받아 실시하려는 자 포함)는 그 직업능력개발훈련 과정에 대하여 고용노동부장관으로부터 인정을 받아야 한다.

② 고용노동부장관은 직업능력개발훈련 과정의 인정을 받은 자가 다음 각호의 어느 하나에 해당하면 시정을 명하거나 그 훈련과정의 인정을 취소할 수 있다. 다만, 제1호부터 제4호까지의 규정에 해당하는 경우에는 인정을 취소하여야 한다.

1. 거짓이나 그 밖의 부정한 방법으로 인정을 받은 경우
2. 거짓이나 그 밖의 부정한 방법으로 비용 또는 융자를 받았거나 받으려고 한 경우
3. 직업능력개발훈련을 위탁한 사업자·사업자단체 등으로부터 거짓이나 그 밖의 부정한 방법으로 비용을 받았거나 받으려고 한 경우
4. 직업능력개발훈련을 위탁한 사업자·사업자단체 등이 거짓이나 그 밖의 부정한 방법으로 훈련비용을 지원 또는 융자받게 한 경우
5. 인정받은 내용을 위반하여 직업능력개발훈련을 실시한 경우
6. 시정명령에 따르지 아니한 경우
7. 보고 및 자료 제출 명령에 따르지 아니하거나 거짓으로 따른 경우

5. 직업능력개발훈련시설 및 직업능력개발훈련교사

1) 공공직업훈련시설의 설치

① 국가, 지방자치단체 또는 공공단체는 공공직업훈련시설을 설치·운영할 수 있다. 이 경우 국가 또는 지방자치단체가 공공직업훈련시설을 설치하려는 때에는 고용노동부장관과 협의하여야 하며, 공공단체가 공공직업훈련시설을 설치하려는 때에는 고용노동부장관의 승인을 받아야 한다.

※ 직업능력개발훈련시설을 설치할 수 있는 공공단체의 범위(시행령 제2조)
1. 한국산업인력공단법에 따른 한국산업인력공단(한국산업인력공단이 출연하여 설립한 학교법인 포함)
2. 장애인고용촉진 및 직업재활법에 따른 한국장애인고용공단
3. 산업재해보상보험법에 따른 근로복지공단

가령 근로자직업능력 개발법령상 직업능력개발훈련시설을 설치할 수 있는 공공단체에는 한국산업인력공단, 한국장애인고용공단, 근로복지공단, 한국산업인력공단이 출연하여 설립한 학교법인 등이 해당된다.

② 고용노동부장관은 승인을 받은 공공직업훈련시설이 다음 각호의 어느 하나에 해당되면 그 승인을 취소할 수 있다. 다만, 제1호에 해당되는 경우에는 그 승인을 취소하여야 한다.

1. 거짓이나 그 밖의 부정한 방법으로 승인을 받은 경우(반드시 승인취소 의무)
2. 정당한 사유 없이 계속하여 1년 이상 직업능력개발훈련을 실시하지 아니한 경우
3. 그 밖에 이 법 또는 이 법에 따른 명령을 위반한 경우

2) 지정직업훈련시설

① 지정직업훈련시설을 설립 · 설치하여 운영하려는 자는 다음 각호의 요건을 갖추어 고용노동부장관의 지정을 받아야 한다. 다만, 소속 근로자 등의 직업능력개발훈련을 위한 전용시설을 운영하는 사업자 또는 사업자단체 등이 지정을 받으려는 경우에는 제2호 및 제3호의 요건을 갖추지 아니할 수 있고, 위탁받아 직업능력개발훈련을 실시하려는 자가 지정을 받으려는 경우에는 제3호의 요건을 갖추지 아니할 수 있다.

1. 해당 훈련시설을 적절하게 운영할 수 있는 인력 · 시설 및 장비 등을 갖추고 있을 것
2. 해당 훈련시설을 적절하게 운영할 수 있는 교육훈련 실시 경력을 갖추고 있을 것
3. 직업능력개발훈련을 실시하려는 훈련 직종별로 해당 직종과 관련된 제33조에 따른 직업능력개발훈련교사 1명 이상을 둘 것. 다만, 그 훈련 직종에 관련된 직업능력개발훈련교사가 정하여지지 아니한 경우에는 그러하지 아니하다.
4. 그 밖에 직업능력개발훈련시설의 운영에 필요하다고 대통령령으로 정하는 요건을 갖출 것

② 지정을 받은 자가 해당 시설에서 3개월 이상 직업능력개발훈련을 실시하지 아니하거나 폐업을 하려는 경우 또는 제2항에 따라 대통령령으로 정한 사항 외의 지정내용을 변경하려는 경우에는 고용노동부장관에게 신고하여야 한다.

3) 지정직업훈련시설 지정받으려는 자의 결격사유

지정직업훈련시설을 지정받으려는 자가 다음의 어느 하나에 해당하면 지정을 받을 수 없다.

1. 피성년후견인 · 피한정후견인 · 미성년자
2. 파산선고를 받고 복권되지 아니한 자
3. 금고 이상의 형을 선고받고 그 집행이 끝나거나(집행이 끝난 것으로 보는 경우 포함) 집행이 면제된 날부터 2년이 지나지 아니한 자
4. 금고 이상의 형의 집행유예를 선고받고 그 유예기간 중에 있는 자
5. 법원의 판결에 따라 자격이 정지되거나 상실된 자
6. 지정직업훈련시설의 지정이 취소된 날부터 1년이 지나지 아니한 자 또는 직업능력개발훈련의 정지처분을 받고 그 정지기간 중에 있는 자
7. 평생교육법에 따라 평생교육시설의 설치인가취소 또는 등록취소를 처분받고 1년이 지나지 아니한 자 또는 평생교육과정의 운영정지처분을 받고 그 정지기간 중에 있는 자
8. 「학원의 설립 · 운영 및 과외교습에 관한 법률」에 따라 학원의 등록말소 또는 교습소의 폐지처분을 받고 1년이 지나지 아니한 자 또는 학원 · 교습소의 교습정지처분을 받고 그 정지기간 중에 있는 자
9. 위탁의 제한 또는 인정의 제한을 받고 있는 자
10. 법인의 임원 중 제1호부터 제9호까지의 어느 하나에 해당하는 사람이 있는 법인

4) 직업능력개발훈련교사의 자격

① 직업능력개발훈련교사나 그 밖에 해당 분야에 전문지식이 있는 사람 등으로서 대통령령으로 정하는 사람은 직업능력개발훈련을 위하여 근로자를 가르칠 수 있다.

※ **직업능력개발훈련을 위하여 근로자를 가르칠 수 있는 사람**(시행령 제27조)

1. 고등교육법에 따른 학교를 졸업하였거나 이와 같은 수준 이상의 학력을 인정받은 후 해당 분야의 교육훈련경력이 1년 이상인 사람
2. 「정부출연연구기관 등의 설립 · 운영 및 육성에 관한 법률」, 「과학기술분야 정부출연연구기관 등의 설립 · 운영 및 육성에 관한 법률」에 따른 연구기관 및 「기초연구진흥 및 기술개발지원에 관한 법률」에 따른 기업부설연구소 등에서 해당 분야의 연구경력이 1년 이상인 사람
3. 국가기술자격법이나 그 밖의 법령에 따라 국가가 신설하여 관리 · 운영하는 해당 분야의 자격증을 취득한 사람
4. 해당 분야에서 1년 이상의 실무경력이 있는 사람
5. 그 밖에 해당 분야의 훈련생을 가르칠 수 있는 전문지식이 있는 사람으로서 고용노동부령으로 정하는 사람(교직훈련과정을 이수한 사람)

> 1. 기능대학 졸업자로서 재학 중 6학점 이상의 교직과목을 이수한 사람
> 2. 초 · 중등교육법에 따른 중등학교 정교사 2급 이상의 자격증 소지자 또는 고등교육법에 따른 학교의 교원(조교 제외)으로서 고용노동부장관이 정하여 고시하는 경력을 갖춘 사람
> 3. 직업능력개발훈련교사 훈련과정 중 양성훈련 과정을 이수한 사람(2급 훈련교사 자격을 취득하려는 경우만 해당함)
> 4. 그 밖에 교직훈련 과정의 이수와 같은 수준의 것으로 고용노동부장관이 정하여 고시하는 훈련을 이수한 사람

② 직업능력개발훈련교사가 되려는 사람은 직업능력개발훈련교사 양성을 위한 훈련과정을 수료하는 등 대통령령으로 정하는 기준을 갖추어 고용노동부장관으로부터 직업능력개발훈련교사 자격증을 발급받아야 한다.

③ 직업능력개발훈련교사 자격증을 발급받으려는 사람은 고용노동부령으로 정하는 바에 따라 수수료를 내야 한다.

④ 직업능력개발훈련교사의 종류, 등급, 자격기준, 그 밖에 직업능력개발훈련교사에 관하여 필요한 사항은 대통령령으로 정한다. 가령 직업능력개발훈련교사는 1급 · 2급 및 3급으로 구분한다.

[별표 2] 〈개정 2017. 3. 27〉

직업능력개발훈련교사 자격기준(시행령 제28조 제2항 관련)

구 분	자격기준
1급	직업능력개발훈련교사 2급의 자격을 취득하고 3년 이상의 교육훈련경력이 있는 사람으로서 향상훈련을 받은 사람
2급	1. 직업능력개발훈련교사 3급의 자격을 취득하고 3년 이상의 교육훈련경력이 있는 사람으로서 향상훈련을 받은 사람 2. 기술사 또는 기능장 자격을 취득하고 고용노동부령으로 정하는 훈련을 받은 사람 3. 전문대학 · 기능대학 및 대학의 조교수 이상으로 2년 이상의 교육훈련경력이 있는 사람
3급	1. 기술교육대학을 졸업한 사람 2. 고용노동부장관이 정하여 고시하는 직종 분야의 학사 이상의 학위를 취득한 후 해당 직종 분야에서 2년 이상의 교육훈련경력 또는 실무경력이 있는 사람으로서 고용노동부령으로 정하는 훈련을 받은 사람 3. 고용노동부장관이 정하여 고시하는 직종 분야의 학사 이상의 학위를 취득한 후 해당 직종 분야와 관련된 과목의 중등학교 정교사 1급 또는 2급의 자격을 취득한 사람 4. 기술 · 기능 분야의 기사 자격증을 취득한 후 고용노동부장관이 정하여 고시하는 직종 분야 중 해당 자격 분야와 관련된 직종 분야에서 1년 이상의 교육훈련경력 또는 실무경력이 있는 사람으로서 고용노동부령으로 정하는 훈련을 받은 사람 5. 기술 · 기능 분야의 산업기사 · 기능사 자격증, 서비스 분야의 국가기술자격증 또는 그 밖의 법령에 따라 국가가 신설하여 관리 · 운영하는 자격증을 취득한 후 고용노동부장관이 정하여 고시하는 직종 분야 중 해당 자격 분야와 관련된 직종 분야에서 2년 이상의 교육훈련경력 또는 실무경력이 있는 사람으로서 고용노동부령으로 정하는 훈련을 받은 사람 6. 고용노동부장관이 정하여 고시하는 직종 분야에서 5년 이상의 교육훈련경력 또는 실무경력이 있는 사람으로서 고용노동부령으로 정하는 훈련을 받은 사람 7. 그 밖에 고용노동부장관이 정하여 고시하는 기준에 적합한 사람으로서 고용노동부령으로 정하는 훈련을 받은 사람

비고 : 교육훈련경력 및 실무경력의 인정기준은 고용노동부장관이 정하여 고시한다.

5) 직업능력개발훈련교사의 결격사유

다음 각호의 어느 하나에 해당하는 사람은 직업능력개발훈련교사가 될 수 없다.

1. 피성년후견인 · 피한정후견인
2. 금고 이상의 형을 선고받고 그 집행이 끝나거나(집행이 끝난 것으로 보는 경우 포함) 집행이 면제된 날부터 2년이 지나지 아니한 사람
3. 금고 이상의 형의 집행유예를 선고받고 그 유예기간 중에 있는 사람

4. 법원의 판결에 따라 자격이 상실되거나 정지된 사람
5. 자격이 취소된 후 3년이 지나지 아니한 사람

6) 직업능력개발훈련교사의 자격취소

고용노동부장관은 직업능력개발훈련교사의 자격을 취득한 사람이 다음 각호의 어느 하나에 해당하면 그 자격을 취소하거나 3년의 범위에서 그 자격을 정지시킬 수 있다. 다만, 제1호 또는 제2호에 해당하는 경우에는 자격을 취소하여야 한다.

1. 거짓이나 그 밖의 부정한 방법으로 자격증을 발급받은 경우
2. 제34조 제1호부터 제4호까지의 어느 하나에 해당하게 된 경우

   1. 피성년후견인 · 피한정후견인
   2. 금고 이상의 형을 선고받고 그 집행이 끝나거나(집행이 끝난 것으로 보는 경우 포함) 집행이 면제된 날부터 2년이 지나지 아니한 사람
   3. 금고 이상의 형의 집행유예를 선고받고 그 유예기간 중에 있는 사람
   4. 법원의 판결에 따라 자격이 상실되거나 정지된 사람

3. 고의 또는 중대한 과실로 직업능력개발훈련에 중대한 지장을 준 경우
4. 자격증을 빌려 준 경우

7) 직업능력개발훈련교시의 양성

직업능력개발훈련교사의 양성을 위한 훈련과정은 양성훈련 과정, 향상훈련 과정 및 교직훈련 과정으로 구분한다.

① 국가, 지방자치단체, 공공단체 또는 고용노동부장관이 고시하는 법인 · 단체는 직업능력개발훈련교사 양성을 위한 훈련과정을 설치 · 운영할 수 있다. 이 경우 국가 및 지방자치단체가 아닌 자가 훈련과정을 설치 · 운영하려면 고용노동부장관의 승인을 받아야 한다.

② 승인을 받으려는 자는 다음의 요건을 갖추어야 한다(승인의 요건).

1. 직업능력개발훈련교사 양성을 위한 훈련과정을 적절하게 운영할 수 있는 인력 · 시설 및 장비를 갖추고 있을 것
2. 해당 승인을 받으려는 자는 그 훈련과정을 적절하게 운영할 수 있는 교육훈련경력을 갖춘 자일 것
3. 결격사유에 해당하지 아니할 것
4. 그 밖에 직업능력개발훈련교사 양성을 위하여 필요하다고 대통령령으로 정하는 요건을 갖출 것

※ **직업능력개발훈련교사의 능력개발** : 고용노동부장관은 직업능력개발훈련교사의 능력 개발을 위하여 직업능력개발사업을 할 수 있다. 직업능력개발훈련교사의 능력 개발을 위한 직업능력개발사업을 하는 자에게 필요한 비용을 지원하거나 융자할 수 있다.

6. 기능대학 및 기술교육대학

1) 기능대학의 설립

① 국가, 지방자치단체 또는 사립학교법에 따른 학교법인은 산업현장에서 필요로 하는 인력을 양성하고 근로자의 직업능력개발을 지원하기 위하여 기능대학을 설립 · 경영할 수 있다.

② 국가가 기능대학을 설립 · 경영하려면 관계 중앙행정기관의 장은 교육부장관 및 고용노동부장관과 각각 협의하여야 하며, 지방자치단체가 기능대학을 설립 · 경영하려면 해당 지방자치단체의 장은 고용노동부장관과 협의를 한 후 교육부장관의 인가를 받아야 한다.

③ 학교법인이 기능대학을 설립 · 경영하려면 고용노동부장관의 추천을 거쳐 교육부장관의 인가를 받아야 한다.

④ 기능대학을 설립 · 경영하려는 자는 시설 · 설비 등 대통령령으로 정하는 설립기준을 갖추어야 한다.

⑤ 교육부장관의 인가를 받은 기능대학은 직업능력개발훈련시설로 보며, 기능대학은 그 특성을 고려하여 다른 명칭을 사용할 수 있다.

2) 과정의 구분

① 기능대학의 교육 · 훈련과정은 다음 각호의 과정으로 구분한다.

② 기능대학의 장은 다기능기술자 과정과 직업훈련 과정이 균형을 이루도록 노력하여야 한다.

③ 기능대학은 교육 · 훈련과정 외에 다음 각호의 사업을 수행할 수 있다.

1. 직업능력개발사업(직업능력개발훈련 제외) 2. 중소기업기술지도 및 창업보육센터 운영 등 산학협력사업 3. 고용노동부장관, 다른 중앙행정기관의 장, 지방자치단체의 장 또는 사업자 등이 위탁하는 사업 4. 교육 · 훈련생의 직업상담 및 고용촉진사업 5. 그 밖에 지역주민의 평생능력개발 등 지역발전에 기여할 수 있는 사업

④ 다기능기술자 과정, 학위전공심화 과정 및 직업훈련 과정의 설치 · 운영에 관한 사항은 대통령령으로 정한다.

3) 기능대학 및 학생 등에 대한 지원

① 국가 · 지방자치단체 또는 사업자 등은 기능대학(부설학교 포함) 설립 · 경영자에게 교육 · 훈련시설의 설치, 장비구입, 학교운영 등에 필요한 비용의 전부 또는 일부를 지원할 수 있다.

② 국가 또는 지방자치단체는 기능대학의 설립 · 경영을 위하여 필요한 때에는 국유재산법 또는 공유재산 및 물품 관리법에도 불구하고 기능대학의 설립 · 경영자(국가, 지방자치단체 또는 공공단체가 설립한 학교법인에 한정함)에게 국유 · 공유재산을 무상으로 대부할 수 있으며, 건물이나 그 밖의 시설물을 축조하기 위한 사용 · 수익을 허가할 수 있다.

③ 국가 또는 지방자치단체는 기능대학의 다기능기술자 과정, 학위전공심화 과정 및 직업훈련 과정 등의 학생 및 훈련생에 대하여 그 재학기간 중의 교육 · 훈련에 필요한 비용의 전부 또는 일부를 지원할 수 있다.

4) 인가의 취소

① 교육부장관은 기능대학이 다음 각호의 어느 하나에 해당하는 때에는 그 설립인가를 취소할 수 있다.

> 1. 거짓이나 그 밖의 부정한 방법으로 인가를 받은 때
> 2. 시설 · 설비 등 설립기준에 미달하게 된 때
> 3. 정하여진 휴가기간을 제외하고 정당한 사유 없이 2개월 이상 수업을 하지 아니한 때

② 교육부장관이 제1항에 따라 기능대학의 설립인가를 취소하려면 고용노동부장관과 협의하여야 한다.

③ 교육부장관은 제1항에 따라 기능대학 설립인가를 취소하려면 청문을 하여야 한다.

7. 보 칙

1) 청 문

고용노동부장관은 다음의 어느 하나에 해당하는 처분을 하려면 청문을 실시하여야 한다.

1. 직업능력개발훈련 과정의 인정취소	2. 공공직업훈련시설의 승인취소
3. 지정직업훈련시설의 지정취소	4. 직업능력개발훈련법인의 설립허가취소
5. 직업능력개발훈련교사의 자격취소	6. 훈련시설 또는 훈련과정의 승인취소
7. 학위전공심화 과정 설치인가의 취소	

2) 벌 칙

(1) 3년 이하의 징역 또는 3천만 원 이하의 벌금

거짓이나 그 밖의 부정한 방법으로 이 법에 따른 지원 또는 융자를 받은 자는 3년 이하의 징역 또는 3천만 원 이하의 벌금에 처한다. [본조신설 2016.1.27]

(2) 과태료 : 300만 원 이하의 과태료 부과

1. 재해 위로금을 지급하지 아니한 자
2. 비용 지원·융자 관련 서류를 보존하지 아니한 자
3. 신고를 하지 아니한 자
4. 훈련비를 반환하지 아니한 자

4의2. 기능대학이 아닌 자가 기능대학 또는 이와 유사한 명칭을 사용한 자

5. 보고를 하지 아니하거나 거짓으로 보고한 자
6. 자료 제출 명령에 따르지 아니하거나 거짓 자료를 제출한 자
7. 관계공무원의 질문에 거짓으로 답변한 자 또는 관계공무원의 지도·감독을 거부·방해·기피한 자

학습 핵심문제

01 근로자직업능력 개발법에서 사용하는 용어의 정의로 틀린 것은?

① "직업능력개발훈련"이란 근로자에게 직업에 필요한 직무수행 능력을 습득 · 향상시키기 위하여 실시하는 훈련을 말한다.
② "근로자"란 사업주에게 고용된 사람과 직업훈련을 받고 있는 사람을 말한다.
③ "양성훈련"이란 근로자가 작업에 필요한 기초적 직무수행 능력을 습득시키기 위하여 실시하는 직업능력개발훈련을 말한다.
④ "집체훈련"이란 직업능력개발훈련을 실시하기 위하여 설치한 훈련전용시설이나 그 밖에 훈련을 실시하기에 적합한 시설(산업체의 생산시설 및 근무장소는 제외)에서 실시하는 직업능력개발훈련을 말한다.

02 근로자직업능력 개발법상 직업능력개발훈련의 기본 원칙으로 가장 적합하지 않은 것은?

① 직업능력개발훈련은 근로자 개인의 희망 · 적성 · 능력에 맞게 근로자의 생애에 걸쳐 체계적으로 실시되어야 한다.
② 직업능력개발훈련은 사회적 공공성의 원리에 따라 국가주도로 진행되어야 한다.
③ 직업능력개발훈련이 필요한 근로자에 대하여 균등한 기회가 보장되도록 실시되어야 한다.
④ 직업능력개발훈련은 교육관계법에 따른 학교교육 및 산업현장과 긴밀하게 연계될 수 있도록 하여야 한다.

03 근로자직업능력 개발법상 근로자 직업능력개발훈련이 중요시되어야 할 대상이 아닌 것은?

① 제조업에서 사무직으로 종사하는 근로자
② 제대군인 및 전역예정자
③ 여성근로자
④ 고령자, 장애인

04 **근로자직업능력 개발법상 훈련계약에 관한 설명으로 틀린 것은?**

① 사업주와 직업능력개발훈련을 받으려는 근로자는 직업능력개발훈련에 따른 권리 · 의무 등에 관하여 훈련계약을 체결하여야 한다.
② 기준근로시간 외의 훈련시간에 대하여는 생산시설을 이용하거나 근무장소에서 하는 직업능력개발훈련의 경우를 제외하고는 연장근로와 야간근로에 해당하는 임금을 지급하지 아니할 수 있다.
③ 훈련계약을 체결할 때에는 해당 직업능력개발훈련을 받는 사람이 직업능력개발훈련을 이수한 후에 사업주가 지정하는 업무에 일정 기간 동안 종사하도록 할 수 있다.
④ 훈련계약을 체결하지 아니한 경우에 고용근로자가 받은 직업능력개발훈련에 대하여는 그 근로자가 근로를 제공한 것으로 본다.

05 **근로자직업능력 개발법상 직업능력개발훈련을 받는 근로자가 훈련 중에 그 훈련으로 인하여 재해를 입은 경우 지급받는 재해위로금에 관한 설명으로 틀린 것은?**

① 산업재해보상보험법의 적용을 받는 사람은 제외된다.
② 재해위로금의 지급에 관하여는 휴업보상을 제외한 근로기준법을 준용한다.
③ 위탁에 의한 직업능력개발훈련을 받는 근로자에 대하여는 위탁받은 자의 훈련시설의 결함으로 인하여 재해가 발생한 경우라도 위탁자가 재해위로금을 지급하여야 한다.
④ 재해위로금의 산정기준이 되는 평균임금은 산업재해보상보험법에 따라 고용노동부장관이 매년 정하여 고시하는 최고 보상기준 금액 및 최저 보상기준 금액을 각각 그 상한 및 하한으로 한다.

06 **근로자직업능력 개발법상 훈련의 목적에 따라 구분한 직업능력개발훈련에 해당하지 않는 것은?**

① 집체훈련　② 양성훈련
③ 향상훈련　④ 전직훈련

07 **근로자직업능력 개발법상 공공직업훈련시설을 설치할 수 있는 공공단체가 아닌 것은?**

① 대한상공회의소　② 한국산업인력공단
③ 근로복지공단　④ 한국장애인고용공단

08 근로자직업능력 개발법상 직업능력개발훈련교사에 관한 설명으로 틀린 것은?

① 직업능력개발훈련교사의 자격증이 있는 자만이 직업능력개발훈련을 위하여 훈련생을 가르칠 수 있다.
② 금고 이상의 형의 집행유예 선고를 받고 그 유예기간 중에 있는 자는 직업능력개발훈련교사가 될 수 없다.
③ 직업능력개발훈련교사의 자격증을 대여한 자에 대하여는 그 자격을 취소할 수 있다.
④ 지방자치단체도 직업능력개발훈련교사의 양성을 위한 훈련과정을 설치 · 운영할 수 있다.

09 근로자직업능력 개발법상 직업능력개발훈련교사 2급의 자격기준으로 틀린 것은?

① 직업능력개발훈련교사 3급의 자격을 취득하고 3년 이상의 교육훈련 경력이 있는 사람으로서 향상훈련을 받은 사람
② 서비스 및 사무관리 분야 자격직종의 중등학교 교사 또는 실기교사 자격 이상의 자격을 취득한 사람
③ 기술사 또는 기능장 자격을 취득하고 노동부령으로 정하는 훈련을 받은 사람
④ 전문대학 · 기능대학 및 대학의 전임강사 이상으로 2년 이상의 교육훈련 경력이 있는 사람

10 근로자직업능력 개발법상 직업능력개발훈련교사의 결격사유가 아닌 것은?

① 피성년후견인 · 피한정후견인
② 금고 이상의 형의 집행유예를 선고받고 그 유예기간 중에 있는 사람
③ 금고 이상의 형을 선고받고 그 집행이 끝나거나 (집행이 끝난 것으로 보는 경우를 포함한다) 집행이 면제된 날부터 3년이 지나지 아니한 사람
④ 법원의 판결에 따라 자격이 상실되거나 정지된 사람

11 근로자직업능력 개발법상 고용노동부장관이 비용을 지원하거나 융자할 수 있는 산업부문별 인적자원개발협의체의 직업능력개발사업이 아닌 것은?

① 산업부문별 인력수급 및 직업능력개발훈련 수요에 대한 조사 · 분석
② 자격 및 직업능력개발훈련 기준의 개발 · 보급
③ 직업능력개발훈련을 실시하는 기관 및 그 훈련과정 등에 대한 인증사업
④ 직업능력개발훈련 과정 및 매체 등의 개발 보완 · 보급사업

12 **근로자직업능력 개발법상 직업능력개발훈련교사의 양성을 위한 훈련과정에 해당하지 않는 것은?**

① 양성훈련 과정 ② 향상훈련 과정
③ 전직훈련 과정 ④ 교직훈련 과정

13 **근로자직업능력 개발법상 기능대학에 관한 설명으로 옳은 것은?**

① 사립학교법에 따른 학교법인은 기능대학을 설립 · 경영할 수 없다.
② 지방자치단체가 기능대학을 설립 · 경영하려면 해당 지방자치단체의 장은 교육부장관과 협의를 한 후 고용노동부장관의 인가를 받아야 한다.
③ 국가가 기능대학을 설립 · 경영하려면 관계 중앙행정기관의 장은 교육부장관 및 고용노동부장관과 각각 협의하여야 한다.
④ 기능대학은 그 특성을 고려하여 다른 명칭을 사용할 수 없다.

14 **근로자직업능력 개발법상 근로자의 정의로서 가장 적합한 것은?**

① 사업주에게 고용되어 근로를 제공하는 자
② 직업의 종류와 관계없이 임금을 목적으로 사업이나 사업장에 근로를 제공하는 자
③ 직업의 종류를 불문하고 임금 · 급료, 기타 이에 준하는 수입에 의하여 생활하는 자
④ 사업주에게 고용된 자와 취업할 의사가 있는 자

15 **근로자직업능력 개발법상 직업능력개발훈련을 실시하기 위하여 설치한 훈련전용시설이나 그 밖에 훈련을 실시하기에 적합한 시설에서 실시하는 훈련은?**

① 향상훈련 ② 전직훈련
③ 집체훈련 ④ 통신훈련

16 **근로자직업능력 개발법상 훈련계약과 권리 · 의무에 관한 내용으로 틀린 것은?**

① 사업주와 직업능력개발훈련을 받으려는 근로자는 직업능력개발훈련에 따른 권리 · 의무 등에 관하여 훈련계약을 체결할 수 있다.
② 사업주는 훈련계약을 체결할 때에는 해당 직업능력개발훈련을 받는 사람이 직업능력개발훈련을 이수한 후에 사업주가 지정하는 업무에 일정 기간 종사하도록 할 수 있다.

③ 훈련계약을 체결하지 아니한 경우에 고용근로자가 받은 직업능력개발훈련에 대하여는 그 근로자가 근로를 제공하지 아니한 것으로 본다.

④ 기준근로시간 외의 훈련시간에 대하여는 생산시설을 이용하거나 근무장소에서 하는 직업능력개발훈련의 경우를 제외하고는 연장근로와 야간근로에 해당하는 임금을 지급하지 아니할 수 있다.

17 근로자직업능력 개발법상의 재해위로금을 받을 수 없는 자는?

① 수탁자의 구책사유로 인하여 훈련생이 직업능력개발훈련 중 재해를 입은 경우

② 수탁자의 훈련시설의 하자에 의하여 훈련생이 직업능력개발훈련 중 재해를 입은 경우

③ 산업재해보상보험법의 적용을 받는 훈련생이 훈련 중에 그 훈련으로 인하여 재해를 입은 경우

④ 위탁에 의한 직업능력개발훈련을 받는 근로자가 위탁에 의한 훈련으로 인하여 재해를 입은 경우

정답 01. ② 02. ② 03. ① 04. ① 05. ③ 06. ① 07. ① 08. ① 09. ② 10. ③ 11. ③ 12. ③ 13. ③ 14. ④ 15. ③ 16. ③ 17. ③

참 고 문 헌

1. 국내 단행본

강대성(2003). 법과 생활. 서울 : 삼영사.
건국대학교(2001). 법의 이해. 서울 : 건국대학교출판부.
곽윤직(1990). 민법총칙. 서울 : 박영사.
권영성(2010). 헌법학원론. 경기 : 법문사.
김도창(1989). 행정법론(상). 서울 : 박영사.
김동희(2006). 행정법 1. 서울 : 박영사.
김백유(2009). 헌법학 2 기본권론. 서울 : 조은.
김상균(1987). 현대사회와 사회정책. 서울 : 서울대학교출판부.
김영옥(1996). 법학개론. 서울 : 학문사.
김우창(2008). 정의와 정의의 조건. 서울 : 생각의 나무.
김유성(1999). 한국사회보장법론. 서울 : 법문사.
김재광(2007). 법학이야기. 경기 : 한국학술정보(주).
김중권(2010). 행정법 기본연구. 경기 : 법문사.
김철수(2004). 헌법학신론. 서울 : 박영사.
김춘환(2000). 행정구제법 강의. 서울 : 조선대학교출판부.
김형배(2016). 노동법. 서울 : 박영사.
노동법실무연구회(2015). 노동조합 및 노동관계조정법 주해 I. 서울 : 박영사.
단국대학교(2002). 법학통론. 서울 : 신양사.
류지태(1996). 행정법신론. 서울 : 신영사.
이상윤(2015). 노동법. 서울 : 법문사.
임종률(2016). 노동법. 서울 : 박영사.
장영수(2003). 기본권론. 서울 : 홍문사.
정영석(1986). 법학통론. 서울 : 법문사.
조효제(2007). 인권의 문법. 서울 : 후마니타스.
최종고(2003). 법학통론. 서울 : 박영사.
하갑래(2016). 노동법 총서. 서울 : 중앙경제.
허영민(1991). 법학개론(일반). 서울 : 박영사.
홍정선(2011). (신)행정법입문. 서울 : 박영사.
홍준형(1993). 행정구제법 : 국가보상법 · 행정쟁송법. 서울 : 한울.
황근수(2010). 법학의 이해. 경기 : 한국학술정보(주).

2. 국내 논문

김선택(1998). "기본권의 개념". 『법정고시』, 제4권 제6호(통권 제33호). 육서당 법률행정연구원.
______(1998). "인간다운 생활을 할 권리의 헌법규범성". 『판례연구』, 제9집. 고려대학교 법학연구.
김철수(1987). "생존권적 기본권의 법적보장". 『고시연구』.
나항규(1996). "행정절차법상 청문에 대한 실천적 논증이론의 적용요건". 『한국행정학보』, 제30권 제4호.
맹장섭(1986). "의무이행소송의 법적 성격과 유형". 『고시연구』.
박윤흔(1985). "새행정심판법상의 심판청구의 고지". 『고시연구』.
박일경(1981). "인간다운 생활권의 법적 성질". 『사법행정』.
안치민(2003). "복지권의 구성과 성격". 『한국 노동학』, 통권 제55호.
윤찬영(2005). "기본적 인권으로서 복지권의 이해". 『복지동향』, 통권 제79호.
이강혁(1997). "인간다운 생활을 할 권리". 『법정』.
이헌석(1994). "사회보장행정법상 행정재량에 관한 소고". 『김영훈 교수 회갑 기념 논문집』.
이호용(2001). "사회보장행정법의 법리에 관한 연구". 한양대학교 대학원 박사학위논문.
한병호(1993). "인간다운 생존의 헌법적 보장에 관한 연구". 서울대학교 대학원 박사학위논문.

3. 국외 문헌

大橋洋一(1996). 行政法學の構造的變革. 東京 : 有斐閣.
大須賀明(1984). 生活權論. 東京 : 日本評論社.
西原道雄(1997). 社會保障法. 東京 : 有斐閣.
神長 勳(1982). "福祉と行政法". 『法の科學』 제10호.
片岡昇 · 乾昭三 · 中山研一 [共]編(1979). 法學の基礎. 東京 : 有斐閣.

4. 인터넷 자료

구 글. http://www.google.co.kr
근로복지공단. http://www.kcomwel.or.kr
네이버. http://www.naver.com
대법원. http://www.scourt.go.kr
법원도서관. http://library.scourt.go.kr
법제처. http://www.moleg.go.kr
복지로. http://www.bokjiro.go.kr
21세기 정치학대사전/ 워커백과/ 한민족문화대백과/ 두산백과

저/자/약/력

■ 노기남

법학사 · 행정학석사 · 사회복지학석사 · 법학박사
한국부동산학회 학술이사 역임
국가정책연구단 강원정책위원 역임
남서울 부동산경제연구소 연구위원 역임
상지대학교 교수 역임
서울여자대학교 · 삼육대학교 · 경희대학교 등 외래교수

현) 상지대학교 초빙교수

| 저서 |
2012년 사회복지법제론 출간
2016년 정석 사회복지법제론 출간

■ 박주월

한국요양보호사협회 자문위원
직업능력개발훈련교사 2급(직업상담사직종)

현) 경안신학대학원대학교 사회복지학과 교수

노동관계법규

|공저자| 노기남 · 박주월

|1판 1쇄| 발행 2017년 7월 31일

|발행인| 김 동 훈
|발행처| 공동체

|주소| 경기도 고양시 일산동구 호수로 358-39 동문타워 I 905호
|전화| 031) 920-8305(대표)
|팩스| 031) 920-8308
|e-mail| compub@naver.com
|출판등록| 2005년 10월 6일
|등록번호| 제396-2005-36호

|ISBN| 979-11-6105-136-9
정가 17,000원

memo

memo